NOVOS ESTUDOS SOBRE
LÍNGUAS INDÍGENAS

Novos estudos sobre línguas indígenas

Aryon Dall'Igna Rodrigues
Ana Suelly Arruda Câmara Cabral

(*Organizadores*)

EDITORA
UnB

Equipe editorial

Supervisão Editorial: Rejane de Meneses

Acompanhamento Editorial: Sonja Cavalcanti

Revisão: Adriana Viana, Dioney Moreira Gomes, Eliete de Jesus Bararuá Solano, Poliana Maria Alves

Capa: Jacó Cinta Larga (desenho); Rudá Cabral de Medeiros Barros (desenho); Heonir Valentim (arte-finalização da capa)

Wilmar da Rocha D'Angelis – Coordenador do Grupo de Trabalho sobre Línguas Indígenas (GTLI), da ANPOLL; Ana Suelly A. C. Cabral – Vice-coordenadora do GTLI

Impresso no Brasil

Direitos exclusivos para esta edição:
Editora Universidade de Brasília
SCS Q. 2 – Bloco C – nº 78 – Ed. OK – 2º andar
70300-500 Brasília-DF
tel: (0xx61) 226 6874
fax: (0xx61) 225 5611
editora@unb.br

Ficha catalográfica elaborada pela
Biblioteca Central da Universidade de Brasília

N945 Novos estudos sobre línguas indígenas / Aryon Dall'Igna Rodrigues e Ana Suelly Arruda Câmara Cabral (Organizadores). – Brasília : Editora Universidade de Brasília, 2005.
244 p.

1. Línguas indígenas 2. Lingüística. 3. Fonologia. 4. Gramática. I. Rodrigues, Aryon Dall'Igna. II. Cabral, Ana Suelly Arruda Câmara.

CDU 809.8(81)

Sumário

APRESENTAÇÃO

Novos estudos sobre línguas indígenas concretiza a idéia de estimular a produção científica brasileira na área dos estudos lingüísticos voltados para as línguas nativas da América do Sul, especialmente as línguas indígenas brasileiras, e contribuir para tornar cada vez mais conhecida e reconhecida essa produção.

Neste volume são publicados 16 artigos elaborados a partir de comunicações apresentadas na XVI Reunião da Associação Nacional de Pós-Graduação e Pesquisa em Letras e Lingüística (ANPOLL), realizada em junho de 2002, na cidade de Gramado, RS.

Os textos, lidos criticamente por leitores anônimos, foram reajustados por seus respectivos autores. Esses textos consistem em estudos de fonologia, de gramática, de tipologia, de lingüística histórica e de lingüística aplicada sobre línguas das famílias Puruborá, Tupí-Guaraní,* Mawé, Jê, Karajá, Karíb, Páno, Katukína, Jívaro, Tikúna e Irántxe.

Os autores dos artigos representam várias universidades brasileiras, a saber: Universidade Estadual de Campinas – Corbera e D'Angelis; Universidade Federal do Rio de Janeiro (Faculdade de Letras) – Monserrat; e Museu Nacional – Costa,** Dorigo e Facó Soares); Universidade Federal do Amazonas – Franceschini; Universidade

* A grafia dos nomes de línguas e povos indígenas, neste livro, segue basicamente a convenção para escritos científicos sobre índios brasileiros aprovada em 1953 pela Associação Brasileira de Antropologia (*Revista de Antropologia*, vol. 2, nº 2, p. 50-52 e vol. 3, nº 2, p. 125-132).

** A Dra. Raquel Costa, que vinha tornando-se uma das mais destacadas pesquisadoras de línguas da família Páno, faleceu prematuramente em fevereiro de 2004.

de São Paulo – Camargo e Pacheco; Universidade Federal de Goiás – Ribeiro; e Universidade de Brasília – Cabral, Dourado, Grannier, Queixalós e Rodrigues.

Nossos agradecimentos a Henryk Siewierski, diretor do Instituto de Letras da Universidade de Brasília, pelo seu inestimável incentivo ao estudo das línguas indígenas brasileiras nesta universidade e pelo estímulo que tem dado para a divulgação de seus resultados.

Aryon Dall'Igna Rodrigues

Ana Suelly Arruda Câmara Cabral

(Organizadores)

1

NOTÍCIA SOBRE A LÍNGUA PURUBORÁ[1]

Ruth Maria Fonini Monserrat

0. INTRODUÇÃO

Em 17 de outubro de 2001, pela primeira vez em muitas décadas reuniram-se, num "Encontro de Parentes Puruborá", cerca de 40 representantes remanescentes desse povo outrora muito maior. O evento, patrocinado pelo Conselho Indigenista Missionário (Cimi-RO), ocorreu no sítio de Dona Emília, na rodovia BR-429, a 32 km do município de Seringueira, Rondônia. Os participantes produziram um documento final, reivindicando junto às autoridades competentes uma área no território original puruborá. A convite do Cimi, estive presente no encontro e depois em Costa Marques e Guajará-Mirim, para auxiliar no processo de reivindicação da terra, documentando, na medida do possível, o que ainda pode ser resgatado da língua indígena. O Puru-

[1] Comunicação apresentada no GT "Línguas Indígenas" da ANPOLL durante seu XVII Encontro, realizado em Gramado/RS, de 24 a 28/06/2002.

borá integra-se ao tronco Tupí como família isolada. Os atuais representantes do povo têm o português como língua materna, mas três deles, dois homens e uma mulher mais idosos, puderam recordar cerca de 200 palavras e expressões diversas, que registrei em cassete e transcrevi foneticamente. A pedido dos jovens, registrei o material coletado também num alfabeto funcional (do ponto de vista do português), para que, no dizer deles, "nós possamos aprender pelo menos alguma coisa da nossa língua antiga". Apresentarei, nesta notícia, alguns aspectos da estrutura sonora da língua ainda perceptíveis nos dados fornecidos por Emília, Paulo Roberto e Nilo. Mas, antes, convém dar algumas informações sobre o povo e sua história reunidas pelo Cimi-RO:

"Os remanescentes do povo Puruborá, cerca de 200 pessoas desaldeadas, se encontram nos municípios de Seringueiras, São Francisco, Costa Marques, Porto Velho e de Guajará-Mirim. Sua terra tradicional localiza-se na região do rio Manoel Correia, afluente do rio São Miguel. No mapa das Terras Indígenas da Funai em Brasília, a terra dos Puruborá, demarcada pelo Marechal Rondon, não consta nem como "terra a identificar"; para a Funai o povo Puruborá já está extinto. O Marechal Rondon contatou os Puruborá em 1919, deixando-os na região do rio Manoel Correia, afluente do rio São Miguel, aos cuidados de um encarregado do SPI, José Felix do Nascimento, no lugar conhecido como Colônia ou Posto Dois de Maio. No mesmo ano, Rondon demarcou a terra dos Puruborá com marcos de madeira fincados no chão. Em 1925, o doutor Benjamim Rondon, filho do Marechal, reabriu a demarcação. Nos anos que se seguiram ao contato, os Puruborá foram acometidos e muitos dizimados por epidemias de gripe, sarampo, catapora e caxumba. O encarregado José Felix deixou seringueiros nordestinos trabalharem dentro da área. Ele não autorizava a realização de festas tradicionais, mas organizava as festas de brancos durante as quais as moças Puruborá se aproximavam dos seringueiros e depois se juntavam a eles. Ele mesmo entregava para os seringueiros as moças indígenas que eram órfãs. Muitas crianças órfãs, cujos pais tinham sido vítimas das epidemias, foram criadas pelos seringueiros com a ajuda de mulheres Puruborá. Os Puruborá trabalhavam para o "patrão" do SPI, cortando seringa em troca de mercadoria.

Depois da morte do Sr. Felix em 1949, eles pediram um novo encarregado para o Posto, mas o SPI se negou, alegando que o povo já era mestiçado. Em função disso, a maioria das famílias saiu para Limoeiro, no rio São Miguel, onde passaram a trabalhar para os seringalistas do local. A família do Paulo Aporeti, entretanto, permaneceu na terra até o ano 1983, quando saiu por motivos de saúde. Profundo conhecedor da mata na região, ele foi contratado para abrir o pique da futura BR 42, que liga Costa Marques a Presidente Médici. Em 1955, a família de dona Emília, irmã de Paulo, voltou para a terra Puruborá no rio Manoel Correia, onde criou seus nove filhos. Em 1994, dona Emília e sua família foram expulsas da terra pela FUNAI porque se encontravam na divisa da Terra Indígena Uru Eu Wau Wau. Passaram então a morar na beira da BR 429, próximo ao rio Manoel Correia, onde sobrevivem até hoje com bastante dificuldade.

Hoje, ainda vivem 11 idosos, todos nascidos no rio Manoel Correia no tempo do SPI. A maioria deles foi criada pelo encarregado do SPI, Félix, porque seus pais faleceram devido às epidemias que assolaram a aldeia Colônia na década de 30. Paulo Aporeti, o mais idoso, com 78 anos, é a memória mais fiel do passado. Ele foi criado com seus pais e começou a ser iniciado como pajé pelo pai e pelo sogro".

1. Breve relato do Encontro. Apresentação dos participantes

O Dr. Gil começa agradecendo a acolhida de Dona Emília: "Hoje está se realizando o sonho de rever os parentes que há muito não se viam. Seria bom que cada um se apresentasse". Ele conta que veio da França há 19 anos e andou sempre pela região de Guajará-Mirim. No ano passado (2000), em dezembro, saiu com Marcelino e Volmir, em missão do Cimi para encontrar os remanescentes indígenas espalhados de vários povos, para a conquista de um pedaço de terra. Foram a Porto Murtinho e lá ouviram falar da existência de Dona Emília. Indo ao seu sítio, souberam que era Puruborá. Sabiam de mais alguns Puruborá em Guajará. O resultado do encontro dos Miguelenhos, em Porto Murtinho, foi um documento sobre o povo. Então pensaram em fazer a mesma coisa com os Puruborá. E a Dona Emília queria muito isso. Então foi preparado este encontro aqui, neste lugar, principalmente porque é perto do lugar de onde eles saíram, do rio Manoel Correia. É simbólico, então.

Todos falaram, os mais velhos, os "coroas", os adultos mais novos e a criançada em peso. Foram ao todo 39 apresentações. Aqui nos interessa principalmente o depoimento dos mais velhos, as primas Emília, Maria Luiza, Bernarda e Esmeraldina. Paulo Roberto, primeiro marido de Bernarda, mora em Costa Marques e veio somente no segundo dia do encontro. Nilo, irmão de Bernarda, que mora em Guajará Mirim, não pôde comparecer, por motivos de saúde. Eis os depoimentos:

Bernarda: Nasceu na maloca Pẽpẽ, no Manoel Correia. O pai era João Evangelista do Nascimento. Separou-se do marido (Paulo Roberto) e saiu de lá por volta de 67, indo para Sagarana com quatro filhos.

Maria Luiza: O pai era José Tameruã e a mãe, Maria Toyay. Casou-se com um "servengonha", depois se casou com um velho "que gostava dela" e foi de avião para Guajará. Tem uma filha nascida no Manoel Correia. Dos 11 filhos que teve, 5 estão vivos.

Emília: Nasceu por aqui, aqui fez família, teve 12 filhos "de tempo", 7 ainda vivos. A mãe era Botoí, o pai, pernambucano, Lúcio Nunes de Castro. O padrinho, "pai dos índios", segundo ela conta e as outras primas confirmam, era o Capitão José Félix do Nascimento. "O Coronel Rondon deixou ele encarregado de cuidar dos índios e não misturar com eles, mas ele mesmo casou com uma 'cabocla' e trouxe gente do Nordeste que também se misturou com as 'caboclas'. Saíram da área "tirados" pela Funai há uns sete anos. Em 84, a Funai criou a reserva dos Uru-Eu na terra dos Puruborá. Eles ficaram ainda 10 anos em Cigana e aí tiveram de sair de vez da área, com muita tristeza e raiva. Tinham chegado em Cigana em 69. Os filhos todos nasceram aí, toda a vida moraram pelo Manoel Correia, só mudando de colocação.

Esmeraldina (conhecida como *Esmeralda*): Nasceu no Manoel Correia, em 1933. Seus pais morreram quando era bem pequena e quem a criou foi o "Pai dos índios", Félix do Nascimento, que morreu em 49.

Paulo (que veio de Costa Marques só no dia seguinte) conta que seu nome era Aperoy, mas o pai do pai, Adão, o trocou por Aporeti, então ele agora é Paulo Aporeti Filho. Explica também que Puruborá quer dizer "o pessoal da onça", pois 'onça' na língua é *puru*.

2. INFORMANTES E CORPUS COLETADO

Paulo, Nilo e Maria Luiza foram os informantes principais, especialmente os dois primeiros. Estivemos com Paulo primeiro em Costa Marques, na noite do encontro, e depois no dia seguinte no sítio de Emília. Dois dias após o encontro, entrevistamos Nilo em seu sítio em Guajará-Mirim; sua irmã Bernarda também estava presente. Entre as mulheres, Maria Luiza era quem mais lembrava da língua, mas também Emília, Bernarda, Esmeralda recordaram alguma coisa. Interessante que as primeiras palavras lembradas por todas as mulheres foram as relativas à genitália feminina e masculina (*ỹamɛ̃* e *bibɔrá*, respectivamente). Outras duas foram recordadas por todos, *šimiká* ~ *šimuká* 'café', e *šɛkó* 'macaco preto'. Do corpus total – 202 ítens –, 55 são termos referentes a animais, 25 a partes do corpo, 25 a parentesco e designativos de seres humanos, 20 a vegetais, 20 a objetos culturais, 18 a fenômenos naturais, 14 'adjetivos', 14 nomes próprios e 11 frases.

2.1. VOCABULÁRIO PURUBORÁ-PORTUGUÊS (TRANSCRIÇÃO FONÉTICA)

Informaram: Maria Luiza (M); Paulo Roberto (P); Nilo (N); Esmeralda (E); Bernarda (B); Emília (Em).

Nomes próprios:
Bako'ɛ ~ Baka'wɛ ~ Mbaka'wɛ pai de (M)
Tameruã pai de (M)'
Miruãi'ka mãe de (M)
Toy'ay mãe de (M)
Bɔtɔ'i mãe de (Em)

Iri'ka
Toi'ka ~ Toy'ka (mulher de José Felix)
Žʲapɛi'ka (mãe de Bakawɛ́)
Anhẽy (mãe de Marta)
Me'rẽy (nome de Teresa)
Kamũ'nũy (nome de homem)
Šawe'nõ irmão de Baka'wɛ
Boya'wa nosso avô
Apɛ'rɔy (nome anterior de Paulo, depois Aporɛ́ti)

PARENTESCO E OUTROS DESIGNATIVOS HUMANOS

a'ši 'avó' (M) ; a'šipɛi'ka (?)
a'ñã 'mãe'; 'mamãe!' (M) (P) (N)
a'pa 'pai'
bɛ'ru̯a ~ bɛro'a 'filho'
bɛ'ru̯a mɛ'ru̯ã 'filho pequeno' (M); mbɛ'ru̯a 'pequeno'(P)
yaki'dɔ 'cunhado(a)' (M); 'tia' (P)
a'ñũ 'cunhado e primo' (P)
o'wã 'minha irmã' (M); õ'w̃ã (N)
o'tay 'minha esposa' (P); ɔ'tay (N)
o'mɛn 'meu marido'(P); ɔ'mɛn (N)
oaβɨ'tay 'meu marido' (P); 'meu homem'(N)
aβɨt'ʔay 'homem' (N); apʊ'tay (E)
pakɔ'ya 'mulher' (P) (N)
pakɔ'ya mu'kã 'mulher preta' (P)
kira'pɔ 'espírito ruim' (M); 'satanás'(P)
wa'bəy 'Deus' (P); 'brancos' (N)
a'bap˺ 'pajé, avô' (P) (N)
a'ši 'pajé' (P)
koče'pay 'canoé' (P)
'ʔon 'eu' (P) (N)
'ʔɛ n 'você' (P) (N)
ɛa'ñã 'é sua mãe?' (P)
ɛa'pa 'é seu pai?' (P)

ona'pa 'é meu pai' (P)
ona'ỹã 'é minha mãe' (P)

ANIMAIS

šɛ'ko 'macaco preto' (M)
baša'ri 'galinha'(M) (P)
baša'ri a'kap˺ 'ovo de galinha' (P)
apu'ka 'porco' (M); apɨ'ka (P) (N)
ma'ỹũ ~ ma'ñũm 'cobra' (M) (P) (N)
ta'ni 'anta' (M) (P); ta'ñĩ (N)
ɨ'dɨ 'veado' (M) (P) (N)
amɛ'kɔ 'cachorro' (M) (P)
pu'ru 'onça' (M) (P)
mo'kõy 'gato de casa' (M)
ɔ'bay 'pato' (M)
'ɨp˺'bay 'peixe' (M); ɨp˺'ʔay (P) (N)
βaɔra 'macaco prego' (M); βaʔɔ'ra (P) (N)
šɛ'kɔ 'macaco preto (M) (N)
'ari'kar 'macaco paruacu' (M); 'ari'kare (P) (N)
puru'šĩ 'jaguatirica' (P)
aša'kĩn 'soim' (M) (N)
atɔpɔ'a 'zogue-zogue' (M) (N); adɔ'poa (P)
a'žɨ 'guariba' (M) (P) (N)
baša'rɛ 'jacaré' (M); ba'ša (P) (N)
šapɛ'rɛ 'tatu quinze quilos' (M) (N)
yɔrɔ'kɔ 'tatu canastra' (P) (N)
ya'yɔ 'tatu rabo de couro' (M) (P) (N)
šipa'ya 'arara' (M) (P)
ari'bɛu̯ 'jacu' (M) (P); ari'bɛo̯ (N)
wi'tap˺ ~ βi'tap˺ 'mutum' (M) (P)
šɔ'ap˺ 'nambu galinha'; šɔ'ʔap˺ (P) (N)
po'dɛ 'macuco, nambu azul' (P) (N)
ara'mɨm 'jacamim' (M)
šara'mɨm 'papagaio' (P) (N)

šiñirɔ'rap˺ 'nambu relógio' (P) ; šiwĩrɔ'rap˺ (N)
yaka'pɛm 'jacupemba' (M) (P)
šĩ aka?ap˺ 'cujubim' (P)
wã'kɨ̃ỹã 'cutia' (M) ; wa'kɨ̃yã (P); wa'kɨ̃ỹã (N)
ba'dɔp˺ 'rato' (M) (P) (N)
ši'pɛ̃ 'esp. morcego grande' (M) (P)
mɔrɔkõỹ(a) 'paquinha, esp. besouro' (M) (N)
i'yaw (P); i'yao̯ (N) 'arraia'
kokoí ~ kokʊ'i 'gavião' (P) (N)
daba'i 'marimbondo' (N)
ašu'kur (P) (N) 'tamanduá'
šapɛ'kɔt˺ (P) 'borboleta'
anɛ'wa (P); hənewã (N) 'queixada'
apɨ'ka 'cateto, porquinho' (P) (N)
ɨ'dɨ 'veado capoeiro' (P) (N)
wɛra'?ap˺ (P); wẽra'?ap˺ (N) 'veado roxo'
wĩ (P); wĩŋ (?) (N) 'saúva'
bašu'ka (P) (N) 'gongo'
ñɔ'kan (P); ỹo'kan (N) 'tucano'
pɨ'ñũ (P); pi'ñɨm (N) 'araçari, esp. tucano'
a'šapi'rip˺pi'kap˺ (P) 'araçari'
ñambu'ti 'jaboti'
wašiparɔ'rɔ 'pico de jaca' (P) (N)
ma'yũ šara'mɨm 'cobra-papagaio' (P) (N)
kɔt˺'?ap˺ 'sabiá' (P)
tar'kut˺'kut˺ 'formiga sacaçá' (N)

PARTES DO CORPO

yã'mɛ̃ ~ ñã'mɛ̜ 'genitália feminina' (M) (P) (N)
ya'mɛ̜ pe'tu (?) (E)
bibo'ra 'pênis' (M); bibɔ'ra (P) (N)
tɔ'ka 'olho e sol' (M); 'olho' (P)
u'ru'ap˺ 'boca' (M); uru'a (P)

uru'a'bɛp˺ 'sobejo da boca' (M); 'lamber (P)
a'šã 'cabeça' (M) (P)
ĩñũ'ã 'nariz' (M); iñu'ʔa (P)
ĩ'ka 'dente' (M) (P)
šapɛ'tɔ 'orelha' (M); šapɛ'kɔ (P); šapɛ'tɛ (N)
a'bapi'tɛy 'palma da mão' (M); mbapi'tɛ (P)
patɔ'ka 'dedo da mão' (M); batɔ'ka (P); mbatɔ'ka (N)
ba 'mão' (P)
ši'bɛ 'pé' (M) (P)
'ši 'sangue, menstruação' (M) (P)
taburu'kap˺ 'saco, testículo' (M) (N)
ta'bɔp˺ 'rabo' (M) ; ta'βɔp˺ (P)
waka'šɛt˺ 'bunda' (M) (P) (N)
'tap˺ 'pena' (P); 'cabelo' (N)
a'ša 'tɛp˺ (P) 'cabelo'
šuru̯a'ka 'barriga' (N)
mǝna'ka 'coração'
ɔrɔpɔ'pɔp˺ 'veia' (N)
bušu'ka 'pescoço' (N)
kɔ'bɛ 'língua' (N)

NATUREZA

šɛrɛ'rɛ 'água' (M); šɛ'rɛ (P);
tɔ'kap˺ 'sol' (P); tɔ'ka (M)
na'βɔp˺ 'vento' (M); na'wɔp˺ (P) (N)
'bɛ 'caminho' (N)
βere'ya 'lua' (B); βɛrɛ'ya (Em)
buru'a 'pedra' (M) ; mburu'a (P) (N)
tutuku'ɲ̃ũ (P); tutuku'ỹum (N) 'estrela'
ɨ'ya (P) 'igarapé;
ɨ'wɨy (N) 'rio grande'
šɛrɛ'ba 'igarapé' (N)
ka'tɛy 'mata' (N)

'kara 'relâmpago' (N)
nami'šə̃ 'ɔp˺ 'fogo' (N)
nami'šə̃ 'lenha' (N)
a'mən 'chuva' (N)
'ɨy 'terra' (N)
wa'ʔɨp˺ 'pau' (N)
ɨma'ᵐbɛ 'céu' (N)

VEGETAIS

ako'pak˺ 'algodão (P) (N)
akɨ'šap˺ 'buriti' (P)
i'kap˺ 'amendoim' (P); heʔẽ'kap˺ (N)
šaka'kɨy 'feijão'(M) (P)
hɨ'wa 'banana' (M) (P) (N)
hɨ'wa a'kap˺ 'patauá' (P) (N)
mam'ka 'castanha' (M) (P) ; ham'ka ~ am'ka (N)
ši'a 'milho' (M) (P) (N)
pɛb˺'ka 'cará' (P)
mɨ̃y'ka 'macaxeira, mandioca' (P) (N)
tɨ'ra 'sal' (de aricuri) (P) (N)
mə̃ñã'ʔap˺ 'palheira de ouricuri' (N); maña'ɔk˺ (P)
da'bə 'cipó' (P)
maka'rə̃ (P); makə̃'rə̃ (N) 'mamão'
mam'ka'ʔɨp˺ (P); ham'ka'ʔɨp˺ (N) 'castanheira'
žʲupi'kap˺ ~ yupi'kap˺ 'pupunha' (P)
tara'ka 'babaçu' (P) (N)
pe'tə 'fumo' (P) (N)
wiri'kap˺ ~ βiri'kap˺ 'coco de anajá' (P)
šamu'rum 'cabaça, cuia, pote (P) (N)

CULTURA

hu'pa 'terçado' (M) (P)
hupa'hu 'terçado grande' (M) (P)

hu'pa mɛ'ru̯ã 'faca' (M); hu'pa mbɛ'ru̯ã (P)
wi'ya 'machado' (M) (P)
tɨ'mɨ̃ 'arco' (P) (N)
kuya'bɛ 'flecha (P) (N); ari'ka (P), hari'ʔa 'flecha de tucum' (N)
ši'rap˺ (P) ; šɨ'ra (N) 'paneiro'
ya'bɛ (P) 'chapéu'
hə'raŋ 'bɛ 'chapéu' (N)
ša'bɛ 'roupa' (P) (N)
tɔrɔ'bɛ 'prato' (P) (N)
širi'ka 'panela' (P) (N)
ɛ'ka 'casa, aldeia' (P); ə'ka (N)
ani'kap˺ (P); həni'kap˺ (N) 'rede'
akɔ'kap˺ 'fósforo' (N)
ta'bɛ 'esteira' (E)
bɛʔɔ'ra 'comida' (B)
šimu'kã 'café'(M); šimɨ'ka̰ (P)
ši bɛ'bap˺ (P) 'chicha braba' (feita de milho preto com amendoim; é muito forte)
'mɨ̃y kaburu'ru 'farinha de mandioca' (N)

"ADJETIVOS"

aya'wat˺ 'branco' (N)
mɨ'kə̃ 'preto' (N)
'wəp˺ 'vermelho' (N)
hɛ'rɔp˺ 'verde' (N)
kap˺'šɛ 'gostoso' (N)
ipɛ'ku 'curto' (P)
tɨ'wa 'comprido (P)
biri'bi 'sem vergonha' (P)
ũa'šɛk˺ ~ wa'šɛk˺ 'enxerido, metido' (P)
wep˺ 'encarnado' (P)
i'pəy 'molhado' (P)
'wit˺ ~ 'βit˺ 'seco' (P)

mɛ'ru̯ã 'pequeno' (M); mbɛ'ru̯a (P)
ši'põ 'sujo, melado' (M) (P)

FRASES

wakašɛt˺ ši'põ 'bunda suja' (M); 'cu melado' (P)
oša'bɛ šu'pəy 'minha roupa está molhada' (P)
oša'bɛ 'wit˺ (w ~ β) 'minha roupa está seca' (P)
dža'ʔɔ na'šɛ 'vamos trepar' (E)
okɛ'ta 'vou dormir' (M)
arɛ'kɛra'ñã 'boa noite'
o'nã 'não' (P)
ã'hã 'sim' (P)
'mə̃y 'sim' (E)
'ʔen 'ma 'não' (E)
šɔmɔ'rɔm 'morreu'

INVENTÁRIO DE FONES

Consonânticos:	**p**		**t**		**k**	**ʔ**
	b	**mb**	**d**			
	m		**n**			
				š		**h**
	w		**r**	**y**		

Vocálicos:	**i**	**ɨ**	**u**	**ĩ**	**ɨ̃**	**ũ**
	e	ə	o	ẽ	ə̃	õ
	ɛ	a	ɔ		ã	

Obs.: As oclusivas em posição final de sílaba ou palavra são não explodidas.

VARIAÇÃO ENTRE OS INFORMANTES

- b (M) ~ mb (P, N): buruá / mburuá 'pedra'; bɛruá (M) ~ mbɛruá (P) 'filho'; batɔká (P) ~ mbatɔká (N) ~ patɔká (M) 'dedo da mão'; ɨmambɛ́ (N) 'céu';
- presença de glotal (P, N) ~ ausência (M);
- presença de h inicial (N) ~ ausência (M, P); Maria só realiza glotal em ʔɛn 'você';
- Bernarda é a única que lembra de 'comida' e a realiza com glotal: bɛʔɔrá;
- nasalização forte ~ ausência ou enfraquecimento de nasalização (em alguns ítens);
- e ~ ɛ; o ~ ɔ; Nilo pronuncia ɔ onde os outros fazem o;
- ã ~ ə̃; Nilo é quem mais realiza ə, principalmente antes de consoante nasal;
- ɨ ~ u em três palavras: šimɨkã/šimukã 'café'; apɨká/apuká 'porco'; piñɨm/piñũ 'araçari (esp. de tucano); nas demais situações, todos realizam ɨ ou u. Paulo produziu as duas formas para 'café', em momentos diferentes;
- β e w antes de vogal: naβɔ́p (M) x nawɔ́p (P, N);
- apenas Nilo realiza h, mas em raras instâncias, como harəŋbɛ́.

Cotejo dos dados Puruborá com os 67 termos da lista de cognatos comparados nas 10 famílias Tupí em Rodrigues (1985): 16 cognatos Puruborá, 5 casos duvidosos, 4 formas não cognatas.

Cotejo dos dados Puruborá com os 42 termos de Bontkes (1968): 29 cognatos; algumas formas diferentes: apïáp (Bontkes) 'pescoço', mas bušuká (Monserrat); biadɔ́ (B) 'barriga', mas šuruaká (M). Não há nenhum registro de glotal no material de Bontkes.

3. Conclusões preliminares

- trata-se de língua praticamente extinta, mas, apesar disso, mantêm-se as características fonéticas mais salientes do grupo Tupí em comparação com o português: vogal posterior alta não arredondada, oclusivas finais não explodidas, oclusão glotal, oclusiva bilabial surda pré-nasalizada
- a vogal puruborá a correspondente ao PT **o situa o Puruborá mais próximo do JU Juruna, MO e RA Karo, por exemplo, que também têm a, em oposição a AR Karitiana e MU, que têm ɨ , e AW, MA, TG, que têm o.
- a oscilação na realização das vogais médias, entre mais ou menos abertas, pode ser influência do português, assim como o desaparecimento da glotal em Maria Luiza.
- Se se pode falar em maior ou menor aproximação fonética à língua materna original, Maria Luiza é a mais distante, enquanto Paulo e Nilo se equiparam.

2

UNIFICAÇÃO X DIVERSIFICAÇÃO ORTOGRÁFICA: UM DILEMA INDÍGENA OU DE LINGÜISTAS?

Wilmar da Rocha D'Angelis

0. INTRODUÇÃO

Entre as recomendações freqüentemente presentes em trabalhos que discutem a definição de ortografias para línguas ágrafas está a da escrita única, ou seja, uma uniformização ortográfica que se sobreponha às diferenças dialetais. No caso brasileiro, das línguas indígenas, aquela recomendação vem reforçada pela preocupação com o caráter minoritário dessas línguas, o que as torna vulneráveis às pressões da língua oficial portuguesa, aconselhando-se, por isso, a escrita única como forma de fortalecimento delas. Essa recomendação vai ganhando unanimidade e, como toda unanimidade, torna-se um novo senso comum. Como todo senso comum, isso se torna uma certeza que dificulta a percepção de situações diferenciadas e, especialmente, impede a percepção de que, em certos casos, a não-unificação (e, portanto, a diversificação ortográfica) pode ser o melhor caminho para o fortalecimento da identidade indígena e, conseqüentemente, das próprias línguas. Este trabalho pretende discutir essas questões a partir de três situações em que seu autor atuou como consultor para definição de ortografias de línguas indígenas: Ashaninka do Amônia (AC),

Nhandewa-Guaraní de São Paulo e norte-paranaense, e Kaingang paulista.

1. Ashaninka do Amônia

Em 1994, a convite da Apiwxa - Associação Ashaninka do Rio Amônia (uma das comunidades Ashaninka da Amazônia brasileira), estive por primeira vez numa aldeia daquele povo, situada na fronteira do Acre com o Peru[1]. Meus anfitriões sabiam o que precisavam e queriam de mim: um lingüista que (na aldeia) os ajudasse a definir como grafar sua língua, para a partir de então iniciar-se uma escola que, entre outras coisas, deveria alfabetizar na língua indígena. Havia, da parte deles, um claro interesse e compreensão da utilidade das habilidades de leitura e escrita e do conhecimento da língua portuguesa para sua comunidade, mas ao mesmo tempo uma clara afirmação do valor e da importância de sua própria língua para sua identidade e sobrevivência. Assim é que essas coisas se juntavam em um projeto de educação escolar que começava pela alfabetização e valorização da língua indígena[2].

Entretanto, a escrita na língua Ashaninka não era desconhecida deles, nem mesmo se pode dizer que fosse algo recente. Missionários do Summer Institute of Linguistics (SIL), atuando desde a década de 1950 no Peru, onde se concentra a grande maioria da população Ashaninka, há décadas haviam definido sua ortografia do Ashaninka, com a qual alfabetizaram crianças e adultos e levaram muitos Ashaninka a aderirem à "palavra de Jesus". Com posições políticas muito distintas do SIL, o CAAAP (Centro de Antropologia Aplicada da Amazônia Peruana) também produzira sua versão de ortografia e seus materiais didáticos.

Tudo isso não era desconhecido pelos Ashaninka do Amônia, antes o contrário. Mas distanciar-se desses empreendimentos era, já, uma das razões para os Ashaninka desejarem definir sua própria orto-

[1] Ashaninka e Asheninka são formas dialetais da expressão "nosso parente". Tanto no Peru como no Brasil são também conhecidos, entre os não-índios, por Kampa.

[2] Não são coisas sinônimas: alfabetização em língua indígena não significa, necessariamente, valorização ou fortalecimento dessa língua.

grafia. A outra razão provinha de sua intuição lingüística e sua compreensão de educadores: são uma comunidade indígena vivendo no Brasil, o que coloca as crianças e adultos diante do Português como segunda língua, enquanto seus parentes no Peru têm, como segunda língua, o Castelhano.

Assim, o problema dos Ashaninka do Amônia não era, propriamente, definir um alfabeto e estabelecer uma ortografia para a língua Ashaninka, mas fazer isso para os Ashaninka do Amônia (e, de certo modo, para os Ashaninka no Brasil[3]). No entanto, isso não significava assumir, como ponto de partida, uma política de ser "sempre diferente" dos demais, para com isso definir uma identidade própria. As pessoas da comunidade Ashaninka com que trabalhei na definição ortográfica estavam plenamente imbuídas de buscar uma solução adequada para a sua realidade, não importando (em termos gerais) se e quando isso os aproximava ou os afastava das escritas já estabelecidas, mas não deixando de contemplar a importância das suas relações com os outros Ashaninka.

Ao longo do processo (que descrevi em um breve artigo[4]), a todo momento se colocavam para eles opções que os aproximavam das escritas adotadas no Peru e opções que os afastavam delas, e iam decidindo caso a caso. E, justamente mostrando o valor identitário atribuído à língua e, por extensão, à sua forma escrita, quando tiveram que decidir pela representação da fricativa surda palato-alveolar [ʃ], e colocados diante das alternativas de representação "x" , "ch" e "sh", acabaram optando por esta última, que era a forma que os aproximava dos Ashaninka peruanos. Decisiva, nesse caso, foi a presença desse fonema (e letra) na autodenominação *Ashaninka*, que já costumava ser escrita por eles em lugares públicos, como barcos ou caixas de artesanato encaminhados para venda na cidade. De certo modo, sua representação de si mesmos, pelo nome *Ashaninka*, já era algo estabeleci-

[3] A comunidade do Amônia era, de longe, a mais organizada e articulada politicamente das três comunidades Ashaninka então existentes no Brasil. Além dela, também no Acre se contam uma comunidade no Breu e outra no Envira.

[4] "Conquistar ou construir a escrita? A definição de uma ortografia no Ashaninka do Rio Amônia". **Leitura: teoria & prática.** Porto Alegre/Campinas: Mercado Aberto/ ALB, 1994, n. 24, p. 3-19.

do, o que fazia da letra *k* e do dígrafo *sh* parte de sua identidade. Isso me levou a dizer que, mesmo antes de firmar-se uma escrita da língua, já há uma *história de escrita* presente nela, no uso gráfico de algumas palavras (cf. D'Angelis 1994:15).

Em outros aspectos (como no uso de *h*, em lugar de *j* , ou do til sobre as vogais para marcar a nasalidade) a escrita dos Ashaninka do Amônia guarda diferenças de outras escritas dessa língua adotadas no Peru.

2. Nhandewa-Guaraní

Em 1997, em uma reunião na Secretaria de Planejamento do Estado de São Paulo em que representantes indígenas e entidades indigenistas pressionavam pela criação de um setor de Educação Escolar Indígena na Secretaria de Educação do Estado, o então Chefe de Posto da área Nimuendaju (ex-Araribá), o Guaraní Claudemir Marcolino Honório, provocou os representantes de universidades ali presentes, dizendo que as Universidades do estado de São Paulo não estavam interessadas nos índios do estado, mas apenas voltadas para a Amazônia. No intervalo, procurei-o para saber o que ele esperava das Universidades. Disse-me que o dialeto Nhandewa-Guaraní, da sua comunidade e de outras no estado, estava desaparecendo, e que eles gostariam muito que pessoas das Universidades se preocupassem com registrá-lo e em ajudá-los a pensar em como ensinar aquele dialeto na escola.

No ano seguinte, com a colaboração de uma graduanda em Letras[5], iniciei uma pesquisa na área do Nimuendaju. Nosso trabalho, sem recursos específicos, foi de documentar o dialeto, tal como falado pelas pessoas mais velhas da comunidade, e proceder a uma análise fonológica que pudesse subsidiar o processo de definição ortográfica, que antevíamos como indispensável. A falta de recursos, e diversas outras dificuldades, impediram que pudéssemos avançar, antes, na proposta de definição ortográfica e elaboração de material escrito. Finalmente, no segundo semestre de 2000 realizamos, na aldeia Nimuendaju, uma "Convenção Ortográfica" Nhandewa-Guaraní que, por

[5] Consuelo de Paiva Godinho Costa, que contou com uma bolsa de Iniciação Científica da FAPESP (Processo 98/10112-9).

sugestão dos Guaraní daquela aldeia, reuniu representantes das outras aldeias Nhandewa-Guaraní do Estado de São Paulo e norte do Paraná.

A coisa mais importante a destacar, com respeito à Convenção realizada, foi seu caráter absolutamente democrático. Os professores eram orientados tecnicamente em relação às escolhas possíveis e sua fundamentação na análise lingüística, e às suas repercussões prováveis, tanto na escrita da comunidade como no aprendizado das crianças. Pediam todos os esclarecimentos possíveis e, ao final, punham-se a trocar impressões e primeiros posicionamentos. Finalmente, decidiam-se por uma solução à questão ortográfica colocada (uma letra, um acento, etc.). Muitas vezes, depois da decisão tomada, alguém manifestava seu desagrado (isto é, revelava porque não gostava de tal forma ou solução), mas acatando plenamente a solução do grupo, às vezes até adiantando-se a ela, interessados que estavam em construir em colaboração uma escrita que fosse efetivamente adotada por todas as aldeias.

A questão a esclarecer, no entanto, é o porquê da adoção de uma ortografia nova, diferente das já existentes, rompendo ou (segundo podem avaliar, alguns) dificultando uma unificação de comunidades indígenas. O fato é que, quando me procuraram, a motivação dos Nhandeva não era "voltar a falar Guaraní" ou, simplesmente, "voltar a ensinar Guaraní na escola". Sua motivação era, de fato, muito específica e clara: *nós não queremos perder o nosso dialeto!* Fica claro haver uma questão de identidade aí envolvida, e não uma identidade de "índio genérico", mas uma identidade específica. Essa identidade Nhandewa, como é sabido, os separa e diferencia dos Kaiowá, no Mato Grosso do Sul, e dos Mbyá, no Sul e Sudeste. Essas coisas apareceram claramente no processo de definição do alfabeto: foi colocada a eles a possibilidade de adotarem uma das 'escritas' já existentes, e foi-lhes dado conhecer cartilhas e materiais de leitura publicados para os Kaiowá e para/pelos Mbyá. A recusa a adotar a mesma ortografia foi clara e, em alguns momentos, decisões tomadas eram motivadas exatamente no desejo dessa diferenciação.

O outro fator crucial para a adoção de uma 'escrita' própria do Nhandewa-Gurarani foi o fato de o dialeto estar em franco desuso e, na maior parte das suas aldeias, as gerações mais novas (em alguns casos, abaixo de 25 anos, em outros, abaixo de 15 mais ou menos) não falarem o Nhandewa, mas o Português como primeira língua. Na maior parte das aldeias as crianças freqüentam escolas dos não-índios, alfabetizando-se em Português[6]. Isso traz uma dificuldade adicional, para essas crianças para as quais o Guaraní é praticamente língua estrangeira[7]. Essa foi uma preocupação constante dos professores quando trabalhavam na definição ortográfica: um diálogo com a situação lingüística e os saberes das crianças. Ficou bem claro para eles que uma outra língua se ensina, em qualquer caso, independente das diferenças de valor das letras entre a escrita dela e a da língua do aprendiz, mas na situação específica, sendo eles as únicas comunidades falantes do dialeto em questão e estando vivamente interessados em criar todas as condições possíveis para o restabelecimento dele nas suas comunidades, aplicaram todo esforço em facilitar as coisas para os monolíngües em Português, que são a maioria desses Nhandewa-Guaraní hoje. Isso fez com que tomassem certas decisões que aproximam a escrita do Nhandewa à do Português (por exemplo, ao optar pelo uso de *g* e *gu* para o mesmo fonema e som, a depender da vogal da sílaba), embora em alguns momentos a decisão tomada era justificada, em parte, também por diferenciar-se do Português (como na escolha do *k*)[8].

---

[6] No Estado de São Paulo, nas comunidades que conseguem manter uma escola na aldeia (por alguns anos, o Estado as manteve fechadas onde o número de alunos era pequeno), os professores ainda são apenas os não-índios e o ensino não se diferencia do da escola de fora da área, a não ser pelo interesse e esforço particular de um ou outro professor. Efetivamente apenas duas áreas (Pinhalzinho, PR, e Itariri, SP), poderiam alfabetizar em língua indígena, ainda que no Itariri o dialeto Nhandewa esteja sob forte influência do Mbyá, como os professores mesmo atestam.

[7] Essa é a situação clara, por exemplo, em Bananal e Piassaguera (SP) e, ao que tudo indica, também no Laranjinha (PR). Já o de Nimuendaju (SP) pode-se avaliar como um caso *sui generis* em que o Nhandewa deve ser encarado como 2a língua. Apesar do abandono da língua ocorrido nas gerações mais novas, atualmente há muito esforço da comunidade em manter o Nhandewa no cotidiano: já pode ser ouvido na maioria dos cumprimentos e em muitas conversas entre as pessoas acima de 40 anos, e está presente também pela tradução de orações cristãs (já que, naquela aldeia, quase 100% da comunidade participa de cultos da Congregação Cristã ou de algumas igrejas pentecostais, como 'Só o Senhor é Deus') e de cantos para a escola.

[8] No que mais se afastam das escritas de outros dialetos está na adoção de DJ, TX e TS.

É importante insistir em que o processo foi democrático e, por isso mesmo, alimentado por informações claras e uma reflexão cuidadosa sobre as implicações de cada escolha. Ainda que o lingüista, se tivesse que fazer certas escolhas, não faria as mesmas que os Nhandewa fizeram, o critério e valor mais alto foi dado à construção da autonomia das comunidades indígenas, e não à maior ou menor coerência do sistema (ainda que essa tenha sido uma questão sempre considerada e apontada aos participantes das decisões).

3. Kaingang de São Paulo

A língua Kaingang é uma das línguas indígenas com maior número de falantes no Brasil. A população total dos Kaingang ultrapassa 25 mil pessoas, embora o número de falantes deva situar-se entre os 15 e os 20 mil. Como a distribuição geográfica dos Kaingang é bastante ampla e antiga, estendendo-se pelos estados de São Paulo, Paraná, Santa Catarina e Rio Grande do Sul (e, no passado, também por Misiones, na Argentina), a língua apresenta um número significativo de dialetos[9].

É interessante observar que a distribuição geográfica dos Kaingang praticamente coincide com a distribuição das florestas de araucárias e das florestas de transição com araucárias. A exceção são os Kaingang situados entre os rios do Peixe e Tietê[10], no oeste paulista, cuja presença ali deve recuar ao final do século XVIII[11].

[9] Para Wiesemann, que elaborou um primeiro estudo das variedades dialetais do Kaingang, seriam 5 os dialetos dessa língua. Há evidências, nas áreas, de que esse número representa certa simplificação dos fatos. Cf. U. Wiesemann, "Os dialetos da língua Kaingáng e o Xokléng", **Arquivos de Anatomia e Antropologia**. Rio de Janeiro: Instituto de Antropologia Prof. Souza Marques, 1978, n. 3, p. 197-217.

[10] Quando dos primeiros contatos amistosos entre as equipes do SPI e esses grupos do interior paulista, em 1912, os Kaingang provavelmente já haviam recuado um pouco para Oeste, mas a região de sua ocupação, no final do século XIX, colocava-se entre os cursos médio e alto dos rios do Peixe e Aguapeí e Feio.

[11] Vários autores relatam informes dos Kaingang de São Paulo dando conta de que seus antepassados vieram da parte sul do rio Paranapanema. Minha hipótese é que migraram da região entre os rios Jaguariaíva e Apiaí-Guaçu, que se pode, simplifi-

O isolamento geográfico terá sido, certamente, uma das causas da diferenciação dialetal mais pronunciada observada nos Kaingang paulistas em relação aos grupos Kaingang situados ao sul do Paranapanema. Outras razões certamente serão as relações interétnicas estabelecidas em cada região (não apenas com respeito ao sul e norte do rio Paranapanema, mas também, em regiões distintas dos Kaingang da parte meridional), o que implicou em empréstimos e mútuas influências entre diferentes línguas.

A história dos grupos Kaingang no oeste de São Paulo inclui-se entre as tragédias que se abateram sobre os povos indígenas no Brasil. Perseguidos desde o século XVIII ou XIX, buscaram preservar um território quando novamente os estrangeiros os alcançaram com suas frentes de expansão no início do século XX. O crescimento da economia cafeeira pedia novas terras, e a estrada de ferro (Noroeste do Brasil) foi o meio planejado para permitir a expansão do café mais para oeste no estado de São Paulo. A afirmação Kaingang de seu território foi retribuída com massacres de 'bugreiros' até que, finalmente, criado o Serviço de Proteção aos Índios, esse engajou-se no esforço de promover as relações amistosas que, uma vez estabelecidas, garantiram a abertura do território indígena para a sanha capitalista. Ao mesmo tempo (nas primeiras duas décadas do século XX), as doenças dos 'brancos' ceifaram as vidas da maioria da população Kaingang.

Como resultado, poucos anos após o 'contato' os Kaingang estavam reduzidos a dois grupos muito pequenos em áreas de terras diminutas. Não bastasse isso, nos anos 40 a política oficial do SPI levou, para as áreas desses Kaingang, indivíduos e famílias indígenas de outras etnias[12]. Nos anos 80 a língua Kaingang já era considerada extinta no Estado de São Paulo, com apenas alguns falantes[13].

---

cadamente, chamar de "região de Itapeva", a primeira porção de território Kaingang ocupada por frentes pastoris a partir da segunda metade do século XVIII.

[12] Consta terem se tornado as duas áreas "Colônias Penais" indígenas, para onde o SPI transferia índios considerados 'criminosos' ou simplesmente 'rebeldes' (isto é, índios que se opunham às políticas criminosas que o órgão passou a implementar depois do afastamento de Rondon e seu grupo, como conseqüência do golpe de 30, liderado por Getúlio Vargas). Na área de Icatu consta que um homem Terena 'condenado' no MS transferiu-se com a família de uma dezena de filhos (que acabaram casando-se com Kaingang) e atraindo outros Terena, que hoje são maioria e detêm o poder político na área. No Vanuíre, além das mencionadas transferências, na década

A situação perdurou nos anos seguintes, e em 1998 pudemos constatar a existência de cerca de uma dezena apenas de conhecedores da língua nas duas áreas Kaingang de Icatu e Vanuíre[14]. Foi nesse contexto que sugerimos aos Kaingang de Vanuíre a possibilidade de um trabalho semelhante ao que iniciáramos com os Nhandewa-Guaraní do Posto Nimuendaju: registrar a língua e preparar, com eles, algum material para ensino na escola da aldeia. Com o interesse manifesto deles, fizemos algumas visitas de pesquisa[15] e, em 2000, realizamos com eles uma "Convenção Lingüística", contando com participantes (falantes e candidatos a professores) das duas aldeias: Icatu e Vanuíre.

Também aqui havia razões de duas ordens para a adoção de uma ortografia própria. Alguns anos antes um dos jovens Kaingang do Vanuíre havia sido levado ao Paraná para formar-se professor bilíngüe, por ação do SIL. Em seu retorno, porém, a comunidade não o reconheceu como professor, porque o dialeto que falava e sua escrita parecia, a todos, representar uma outra fala que não a língua deles[16]. Assim, para eles já estava assentado, quando começamos a falar de escrita, que eles precisavam outro modo de escrever seu dialeto, que não fosse a escrita padronizada para os Kaingang ao sul do Paranapanema. Mas o segundo motivo desse estranhamento em relação à men-

de 70 a Funai transferiu todo um grupo Krenak de Minas Gerais. Disso resultou miscigenação, com prejuízo para a manutenção da língua Kaingang, e o domínio político dos emigrados sobre os donos da terra.

[13] Foi essa a situação retratada por Marita Porto Cavalcante em sua tese de doutorado, **Fonologia e morfologia da língua Kaingáng: o dialeto de São Paulo comparado com o dialeto do Paraná** (Campinas: IEL-Unicamp, 1987).

[14] Como a língua deixou de ter uso cotidiano, há apenas pessoas que já falaram o Kaingang, mas nem todas com a mesma proficiência ou memória da língua (por exemplo, com relação ao léxico).

[15] Contei, nesse levantamento, com a colaboração da acadêmica Maria Amélia Reis Silva, mestranda em Lingüística no IEL-Unicamp.

[16] Seguramente um segundo fator foi importante (e com razão), para os Kaingang: pela estratégia do SIL de usar a formação de professores como pretexto para promover proselitismo religioso, o professor voltou para sua aldeia convertido a uma igreja evangélica, quando o 'catolicismo' é também parte da identidade da comunidade Kaingang atual de Vanuíre.

cionada escrita padronizada era o fato de que os próprios professores e autoridades Kaingang paulistas não são falantes nativos do Kaingang, mas do Português, e todos eles também alfabetizados nessa língua. Assim sendo, não há motivação para eles numa escrita fonológica que grafa, por exemplo, "m" tanto para a pronúncia de [m] como de [mb].

De todo modo, todas essas questões foram tematizadas aberta e claramente com eles, esclarecendo-se, inclusive, porque a escrita padronizada era daquele modo. Conscientes disso, porém, os Kaingang de São Paulo entenderam que sua escrita não poderia ser tão o-paca que se tornasse difícil empregá-la na sua comunidade e no ensino de suas crianças. Diferente dos Nhandewa-Guaraní, aqui se poderia dizer que a principal motivação não era a garantia de uma variedade dialetal que motivava a escolha por formas ortográficas próprias. Entre os Kaingang paulistas o que eles quiseram garantir era exatamente a possibilidade de seus filhos, hoje falantes e alfabetizados em Português, poderem aprender "o Kaingang". É claro que reconhecem marcas dialetais que os distinguem dos outros, e que garantir o registro delas (isto é, uma escrita que as contemple) também foi parte desse processo, mas a razão fundamental de estarem tão convictos da necessidade de uma escrita própria teve origem na sua situação sociolingüística bem particular[17].

4. Considerações finais

Este trabalho buscou ilustrar processos de decisão e suas motivações, para enfatizar que as escritas do Ashaninka do Amônia (AC), do Nhandewa-Guaraní (SP e Norte PR) e do Kaingang paulista foram decididas com acompanhamento de um lingüista, de forma a garantir às comunidades a informação e as melhores condições para realizá-la, mas foi um processo de decisão dos próprios indígenas.

[17] Distanciando-se da ortografia adotada ao sul do Paranapanema, julgaram melhor usar formas como MB e NG, além de letras como W em lugar do V e Y no lugar de J. Também julgaram mais transparente a forma Â (para a vogal [ɐ]) do que a convencionada forma Á. Por fim, em lugar do [ʃ], pronunciam [tʃ], de modo que não incorporaram a letra "s" (que equivocadamente Wiesemann padronizou para a fricativa palato-alveolar) e adotaram o dígrafo TH.

O principal fruto desse procedimento é a desmistificação da escrita, aqui vista por eles como uma ferramenta da qual se apropriaram e sobre a qual podem tomar decisões, de modo que as comunidades não ficam vulneráveis ao poder de estrangeiros sobre sua própria língua, como acontece em muitos casos de escritas produzidas por lingüistas para a comunidade, sobretudo nos casos em que participam agentes de empreendimentos missionários. Tal como foi feito, o processo garante às comunidades indígenas liberdade para rever suas decisões, porque foram elas que as tomaram e sabem como o fizeram.

Mas a principal tese que se pretendeu defender aqui, com os casos ilustrados, é que o princípio quase consensual de que "unificação ortográfica é sempre bom" é uma generalização que pode se mostrar problemática em muitos casos, e isso fica bastante ressaltado nos contextos em que a escrita na língua tem, mais do que uma necessidade prática, uma motivação política e a função simbólica de contribuir para a representação da identidade particular de um grupo étnico.

Em lugar, portanto, daquele princípio de consenso (e, não sem boa dose de razão, diz-se que 'todo consenso é burro') sugiro adotarem-se, para o caso da definição ortográfica, três princípios distintos daquele:

– diversificação ortográfica não é, necessariamente, prejudicial à língua indígena ou à unidade de um povo.

– unificação ortográfica deve ser sempre sugerida à avaliação das comunidades interessadas.

– a autonomia do povo sobre sua língua deve ser respeitada em qualquer condição.

3

AS VOGAIS ORAIS DO PROTO-TUPÍ

Aryon Dall'Igna Rodrigues

Um primeiro quadro comparativo das vogais nas famílias do tronco lingüístico Tupí e das correspondentes proto-vogais foi por nós publicado em 1958 (Hanke, Swadesh & Rodrigues 1958:198) e nele não figuraram línguas das famílias Ramaráma e Puruborá; um segundo quadro, incluindo as línguas Káro (também chamada Arara, da família Ramaráma) e Puruborá, foi apresentado em 1995, como complemento a um estudo sobre a existência de oclusivas glotalizadas em Proto-Tupí (Rodrigues 1995). As proto-vogais projetadas nos dois quadros são as mesmas e foram reproduzidas, mais uma vez, no trabalho sobre o parentesco entre o Mawé e a família Tupí-Guaraní (Rodrigues & Dietrich 1997).

No trabalho de reconstrução do Proto-Tupí uma questão que logo se pôs é a do número de proto-fonemas vocálicos que se deve postular: 5 ou 6? Parte das famílias lingüísticas que integram o tronco Tupí tem 5 vogais orais (além de nasais em igual ou menor número), ao passo que outras têm 6 (e igual número de nasais) e uma tem 7 orais e 4 nasais. Nesta comunicação vou considerar somente as vogais orais. As famílias Mawé e Awetí, constituídas cada uma por uma só língua, têm seis vogais orais, distribuídas em dois graus de altura e em três modos de articulação – anterior não arredondado, central não arredondado e posterior arredondado. A família Tupí-Guaraní compreende algumas dezenas de línguas, parte delas com um sistema vocálico igual ao do Mawé e do Awetí, outras mais ou menos divergentes, mas as propostas de reconstrução para o Proto-Tupí-Guaraní têm coincidido em postular para ele esse mesmo sistema de seis vogais orais, que é apresentado no quadro I.

Quadro I: Vogais orais do Awetí, Mawé e Proto-Tupí-Guaraní

i	ɨ	u
e	a	o

A família Ramaráma, cuja única língua subsistente é o Káro, distingue três vogais centrais orais, mantendo as demais oposições do quadro acima. Suas vogais orais são, portanto, as do quadro II.

Quadro II: Vogais orais do Káro (fam. Ramaráma)

i	ɨ	u
e	ə	o
	a	

As línguas das famílias Arikém, Jurúna e Mondé têm apenas cinco vogais orais, tendo em comum a ausência de oposição entre as posteriores alta e baixa, como mostra o quadro III.

Quadro III: Vogais orais do Karitiána (fam. Arikém), Jurúna (fam. Jurúna) e Paitér (fam. Mondé

i ɨ

o

e a

Nas famílias Mundurukú e Tuparí a situação é análoga a essa, com a diferença de que em vez de *ɨ* temos *ə* na língua Mundurukú e *ʉ* na língua Tuparí.[1]

A língua Puruborá, insuficientemente documentada e cuja fonologia ainda não pôde ser analisada, pode enquadrar-se no quadro III, mas também num dos outros dois.

Admitindo-se para o Proto-Tupí um sistema de seis vogais orais, o quadro abaixo apresenta os principais reflexos das vogais desse sistema nas diversas famílias. Nesse quadro a família Tupí-Guaraní é representada pelas reconstruções já feitas para o Proto-Tupí-Guaraní (PTG), a família Arikém (AR) pelo Karitiána, a Jurúna (JU) pelo Jurúna, a Mondé (MO) pelo Paitér ou Suruí, a Mundurukú (MU) pelo Mundurukú, a Ramaráma (RA) pelo Káro, a Tuparí (TP) pelo Tuparí e as famílias Awetí (AW), Mawé (MA) e Puruborá (PU) pelas línguas únicas que as constituem.

Quadro 4:

PT	PTG	AW	MA	JU	MU	AR	TP	MO	RA	PU
**i	* i	i	i	i	i	i	i	i	i	i
**ɨ	*ɨ	ɨ	ɨ	i	i	i, e	i, ʉ	i	ɨ, i	ɨ, i
**u	*u	u	u	u	o	ɨ	o	o	o	o
**e	*e, o	e, o	e, o	e, a	e, ɨ	a	e	e	e	e
**a	*a	a	a	a	a	o	a	a	a	a
**o	*o	o	o	a	ə	ɨ	o	a	a	a

A seguir são exemplificados e brevemente comentados os reflexos das proto-vogais nas dez famílias lingüísticas. As fontes dos dados utilizados são as seguintes: **PTG** Jensen 1989, Lemle 1971,

[1] Embora a vogal central não baixa do Mundurukú tenha sido descrita como sendo alta, nas variedades que temos observado ela se realiza como central média; em Tuparí predominam os falantes que realizam a vogal central arredondada, embora haja os que em seu lugar realizam a não arredondada.

Rodrigues & Dietrich 1997; **AW** Emmerich & Monserrat 1972, Monserrat 1976, Monserrat (com. pessoal); **MA** Brandon & Graham 1983, Koch-Grünberg 1932, Nimuendajú 1929; **JU** *Jurúna* Fargetti 1992, *Xipáya* Rodrigues 1990; **MU** *Mundurukú* Crofts 1973, 1986; *Kuruáya* Nimuendajú 1930; **AR** *Arikém* Nimuendajú 1925, *Karitiána* Landin 1983, Storto 1999, Storto & Baldi 1994; **TP** *Makuráp* Braga 1992, *Kepkiriwat* Rondon & Faria 1948, *Tuparí* Alves 1991, Caspar ms., Caspar & Rodrigues 1957; **MO** *Cinta-larga* Sandberg & Kingston 1977, *Gavião* Moore 1994, *Paitér* Bontkes 1978, Meer 1982; **RA** *Káro* Gabas Jr. 1989, Gabas Jr. (com. pessoal); **PU** *Puruborá* Koch-Grünberg 1932.

A vogal alta anterior *i* corresponde-se praticamente sem exceções em palavras cognatas de todas as dez famílias, de modo que deve ser reconstruída como tal para o Proto-Tupí: ***i* (neste trabalho, como em Rodrigues & Dietrich 1987, uso duplo asterisco para distinguir os proto-fonemas postulados para o Proto-Tupí daqueles reconstruídos para o Proto-Tupí-Guaraní), como nas palavras para **'ovo'**: PT ***upiʔa* > PTG **-upiʔa*, AW *-upiʔa*, MA *upiʔa*, JU Jurúna *ubiʔá*, MU Mundurukú *d-opsa* (< **-opsia* < **-upiʔa*), AR Karitiána *s-ɨpi*, TP Tuparí *-opsiʔa*; **'fumaça'**: PT ***$t^{ʔ}$iŋ* > PTG **tiŋ*, AW *tiŋ*, MA *hiŋ*, JU Jurúna *sĩ-a*, UM Mundurukú *diŋ*, AR Karitiána *ɲĩŋ-a*, Arikém *niŋ-ɔ*, TP Tuparí *siŋ*, MO Paitér *ɲiŋ*, Gavião *dĩk*, RA –, PU –; **'mandioca'**: PT ***mani* > PTG **mani*, AW *mani*, MA *mani*, JU Jurúna *mai-*, MU –, AR –, TP Tuparí *mãi*, MO Paitér *mə̃i*, RA Káro *mani*, PU *mə̃i-ka*; **'cupim'**: PT ***ŋkup^{ʔ}i* > PTG **kupi-ʔi*, AW *kupi-ʔa*, MA *ŋupi-ʔa*, JU –, MU Mundurukú ? *i-kopi* 'esp. de vespa', AR Karitiána *ŋɨpi* (*ɨ* por assimilação à vogal da primeira sílaba?), TP Tuparí *kop^{ʔ}i*, MO –, RA –, PU –.

A vogal baixa central *a* se corresponde em todas as famílias, exceto na Arikém, que tem sistematicamente *o*, e na Mundurukú, que tem *e* quando a consoante precedente era ***k^{j}*, como nos seguintes exemplos: **'fruta'**: PT ***ʔa* > PTG **ʔa*, AW *ʔa*, Ma *ʔa*, JU Jurúna *-ʔá*, MU Mundurukú *ʔa*, AR Karitiána *ʔo*, TP Tuparí *ʔa*, MO Paitér *ʔa*, RA Káro *ʔa*, PU –; **'cair': PT** ***$k^{ʔ}$at* > PTG **ʔaɾ*, AW *ʔat*, MA *ʔat*, JU Xipáya *ʔaz-a*, MU Mundurukú *ʔat*, AR Karitiána *ʔot*, TP Tuparí *kat*, MO Paitér *ʔaɾ*, RA Káro *ʔad-a* 'nascer', PU –; **'vespa'**: PT ***ŋkap* >

PTG **kaβ*, AW *kap*, MA *ŋap*, JU Jurúna *kap-á*, MU –, AR Karitiána *ŋop*, TP Tuparí *kap*, Makuráp *ŋap*, Wayoró *ŋkap*, MO *ŋab*, RA Káro *nãp* ‘esp. de abelha’, PU *dab-ai*; **‘panela’**: PT ***waʔẽ* > PTG **jaʔẽ*, AW *taʔã-*, MA *waʔã*, JU Jurúna *waɨ́*, MU Mundurukú *waʔe* ‘cuia’, AR –, TP Tuparí *waʔẽ-topˀa*, MO –, RA Káro *maʔẽ*, PU –; **‘gordura’**: PT ***kʲap* > TG **kaβ*, AW *kap-put* [kawut], MA *kap*, JU Jurúna *kah-á*, MU Mundurukú *ʃep*, AR –, TP Tuparí *ʔap*, Wayoró *čaw*, MO Paitér *kam-nag* ‘gordo’, Gavião *kap*, RA ***kap***, PU –. Para ancestral dessa série de correspondências postula-se naturalmente PT ***a*. O deslocamento para uma articulação posterior arredondada no Karitiána faz parte de uma cadeia de mudanças que produziu uma rotação na articulação das vogais dessa língua (Rodrigues 1986, 1999; Baldi & Storto 1994). A anteriorização para *e* em Mundurukú é atribuída à propriedade palatal de ***kʲ*.

A proto-vogal baixa posterior ***o* foi reconstruída com base na situação das famílias Tupí-Guaraní, Awetí e Mawé, em que nas séries de cognatos ela contrasta sistematicamente com as outras cinco vogais. Nas famílias Jurúna, Mondé, Ramaráma e Puruborá esta vogal centralizou-se e desarredondou-se, fundindo-se com os reflexos de ***a*. Já na família Arikém, além de centralizar-se e desarredondar-se, ela se elevou, assumindo a qualidade do *ɨ*, que já havia mudado sistematicamente para a posição anterior (v. abaixo); em Mundurukú também desarredondou-se e centralizou-se, mas sem elevar-se, resultando em *ə*. Vejam-se alguns exemplos: **‘mão’**: PT ***po* > PTG **po*, AW *po*, MA *po*, JU Jurúna *ba*, MU Mundurukú *bə*, AR Karitiána *pɨ*, TP Tuparí *po*, MO Paitér *pá-be*, RA Káro *pa*, PU *ba*; **‘asa, pena’**: PT ***pepˀo* > PTG **pepo*, AW *pepo*, MA *pepo*, JU Jurúna *pewá*, MU –, AR Karitiána *papɨ* ‘pena de flecha’, TP Tuparí *pepˀo*, Wayoró *peo*, MO –, RA –, PU –; **‘cobra’**: PT **^{m}*poj* > PTG **moj*, AW *mõj*, MA *moj*, JU –, MU Mundurukú *pəj*, AR – , TP Kepkiriwat *boj*, MO Gavião *baj*, Cinta-Larga *maj*, RA Káro *mãj-gãra*, PU *maj-ũ*; **‘pesado’**: PT ***počɨj* > PTG **pocɨj*, AW *potɨj*, MA *potɨj*, JU Jurúna *i-pade-tú*, MU Mundurukú *poši*, AR Karitiána *pɨti*, TP Tuparí *poci*, MO Gavião *patĩĩ*, RA Káro *piʔtí*, PU –; **‘roça’**: PT ***ŋko* > PTG ***ko***, AW *ko*, MA *ko* ~ *ŋo*, JU Jurúna *ko-a* (possivelmente influenciado pela Língua Geral

Amazônica da família TG), MU Mundurukú *kə*, AR Karitiána ***ŋa*** (a vogal desta forma corresponde à do Makuráp, mas não à do étimo *****ŋko***), TP Kepkiriwat ***go***, mas Makuráp ***ke*** (***e*** não é o reflexo regular de *****o*** nesta língua), MO Paitér ***ŋa***, RA *na-cɛj*, PU –.

A baixa anterior ***e* conservou-se sistematicamente como tal em Mundurukú, Tuparí, Mondé, Ramaráma e Puruborá, mas mudou consistentemente para a central *a* em Arikém. Em Tupí-Guaraní, Awetí, Mawé, Jurúna e Mundurukú deu-se uma cisão, tendo ***e* passado a *o* diante das consoantes labializadas ***p*^{w} e ***k*^{w}, mas tendo-se mantido inalterada nas demais situações. Essa mudança acarretou a fusão dos *o* provenientes de ***e* com os *o* oriundos de ***o*; em Jurúna e Mundurukú essa fusão foi anterior às mudanças ***o* > *a* e ***o* > *ə*, respectivamente, isto é, ***e* > *o* > *a* em Jurúna e ***e* > *o* > *ə* em Mundurukú. Exs.: **'caminho'**: PT ***ape* ~ *pe* > PTG **-ape* ~ *pe*, AW *pe* ~ *me*, MA – , JU Jurúna (*mbaha*), MU Mundurukú ***e***, AR Karitiána ***pa***, TP Tuparí *ape*, Makuráp *pe*, MO Paitér *me*, Gavião *-pe*, RA –, PU *mbɛ*; **'nome'**: PT **-et* > PTG **-eɾ*, AW *-et*, MA *-et*, JU –, MU Kuruáya *-et*, AR Karitiána *s-at*, TP Tuparí *-et*, MO Paitér *ɨ-éd*, RA Káro *c-et*, PU –; **'dormir'**: PT ***k*^{j}*et* > PTG **k*^{j}*eɾ*, AW *ket*, MA *ket*, JU –, MU Mundurukú *ʃet*, AR Karitiána *kat*, TP Tuparí *ʔet*, MO Paitér *keɾ*, RA Káro *ket*, PU *kɛt-a*; **'folha'**: PT ***ep*^{w}> PTG **-oβ*, AW *-op*, MA *-op*, JU Jurúna *up-á*, MU Mundurukú *-əp*, AR Karitiána *s-ap*, TP Tuparí *-ep*, MO Paitér *s-ep*, RA –, PU –; **'casa'**: PT ***ek*^{w}> PTG **ok*, AW *ok*, MA *-ok* 'ninho, teto', JU Jurúna *ak-á*, MU Mundurukú *ək-ʔa*, AR Karitiána *s-ak* 'caverna', Arikém *ak-o* 'casa', TP Tuparí *ek*, MO – , RA Káro *ek* 'dentro', PU *ek-a* (mas também há registros como *ak-a* e *ɔk-a*); **'larva'**: PT ***ček*^{w}> PTG **čok*, AW –, MA –, JU *a-dák-á*, MU –, AR Karitiána *tak*, TP Tuparí *tek*, MO Paitér *ka-dég* 'esp. de lagarta', Gavião *ma-dek* 'esp. de lagarta', RA –, PU –; **'pilar, socar'**: PT ***ček*^{w}> PTG **čok*, AW –, MA *tok*, JU Jurúna *pá-dák-u*, Xipáya *dak-u*, MU –, AR –, TP –, MO, RA –, PU –.

PT ***ɨ* conservou-se sistematicamente nas famílias Tupí-Guaraní, Awetí e Mawé, mas só parcialmente nas famílias Jurúna, Tuparí, Ramaráma e Puruborá, nas quais, segundo o contexto consonantal imediato, foi conservada ou mudou de qualidade para a alta anterior *i*; na família Tuparí, pelo menos na língua Tuparí, a realização central tornou-se arredondada, isto é, *ʉ*. Nas famílias Ramaráma e Puruborá em alguns contextos mudou para *e* e nos demais para *i*. Já nas famílias Jurúna, Mundurukú e Mondé anteriorizou-se sistematicamente, convertendo-se em *i*. Exemplos: **'mãe'**: PT ***či* > PTG **či*, AW *ti*, MA *ti*, JU –, MU Mundurukú *ši*, AR Karitiána *ti*, TP Tuparí *si*, MO Paitér *ti*, RA –, PU –; **'pé'**: PT ***pi* > PTG **pi*, AW *pi*, MA *pi*, JU –, MU Mundurukú *i*, AR Karitiána *pi*, TP Tuparí *si-to*, Makuráp *mi*, MO Paitér *pi:-pe*, Gavião *pi*, RA Káro *pi*, *pi:-be*, PU *ši-bɛ*; **'segurar'**: PT ***pi ik* > PTG **picik*, AW *pitik*, MA *pitik*, JU Xipáya *padik-u*, MU Mundurukú *išik*, AR Karitiána *pitik* 'arrumar, aprontar', TP –, MO –, RA –, PU –; **'pesado'**: PT ***počij* > PTG **pocij*, AW *potij*, MA *potij*, JU Jurúna *i-pade-tú*, MU Mundurukú *poši*, AR Karitiána *piti*, TP Tuparí *poci*, MO Paitér *pati-ga*, Gavião *patĩĩ*, Cinta-larga *pattĩĩ*, RA Káro *piʔtí*, PU –; **'batata-doce'**: PT ***wetʲik* > PTG **jetik*, AW *tezik*, MA –, JU –, MU Mundurukú *wešik*, AR –, TP –, MO Paitér *wačĩ:ŋ-a*, Gavião *vitĩŋ-a*, RA Káro *petik-a*, PU *witik-a*; **'bicho preguiça'**: PT ***aʔi* > PTG **aʔi*, AW –, MA –, JU –, MU Mundurukú *aj*, AR Karitiána *oʔi*, TP Tuparí *ao-ko* (?), MO –, RA Káro *aʔi*, PU *aʔi*; **'veado'**: PT ***itʲi* > PTG **či-waču*, **AW** *ti-wapat*, MA *iti*, JU –, MU Mundurukú *iši*, AR Karitiána *ne*, Arikém *nde*, TP Makuráp *iti*, Mekéns *isii*, RA –, PU *idi*; **'árvore, pau'**: PT ***kʔip* > PTG **ʔiβ*, AW *ʔip*, MA *ʔip*, JU Jurúna *ʔip-á*, MU Mundurukú *ʔip*, AR Karitiána *ʔep*, TP Tuparí *kʉp*, MO Paitér (*ʔ*)*ĩ:b*, RA –, PU –; **'piolho'**: PT ***ŋkip* > PTG **kiβ*, AW *-kip*, MA *ŋip*, JU Jurúna *kip-á*, MU Mundurukú *kip*, AR Karitiána *ŋep*, TP Tuparí *kʉp*, MO Cinta-larga *ŋit*, Gavião *git*, RA Káro *nəp*, PU *a-təp*; **'mel'**: PT ***ewit* > PTG **eiɾ* (< **ejiɾ* < **ejiɾ*), AW *ekit*, MA *ewiɾ*, JU Jurúna *awiɬa*, MU Mundurukú *eit*, AR Karitiána *eet*, TP Tuparí *ewit*, Kepikiriwát *ewit*, MO Cinta-larga *ĩwĩt*, Gavião *ĩĩt*, RA Káro *p-ewĩt*, PU *iwit*.

PT ***u* também se conservou sistematicamente no Proto-Tupí-Guaraní, no Awetí e no Mawé e mudou para *o* nas demais famílias, sendo que na Arikém acompanhou depois a mudança de ***o* para *i*. Exemplos: **'comer'**: PT ***kʔu* > PTG **ʔu*, AW *ʔu*, MA *ʔu*, JU Xipáya *i-w-a* 'comedor', MU Mundurukú *ʔo*, AR Karitiána *ʔi*, TP Tuparí *ko*, MO Gavião *ʔo-t* 'comedor', RA Káro *ʔo-t* 'comedor', PU *ʔo*; **'tatu'**: PT ***tˀajtˀu* > PTG **tatu*, AW *tatu*, MA *sahu*, JU Jurúna *du-*, MU Mundurukú *dajdo*, AR Karitiána *sosɨ*, TU Mekéns *tato*, Makuráp *tajto*, RA Káro *jájo*, PU –; **'quente'**: PT ***akup* > PTG **akuβ*, AW *akup*, MA *akup*, JU Jurúna *kuh-u*, MU Mundurukú *ašip*, Kuruáya *akib*, AR Karitiána *okɨ*, Arikém *-akub-a*, TP Tuparí *akop*, MO Paitér *adob*, RA Káro *-akõp*, PU –; **'pai'**: PT ***-up* > PTG **-uβ*, AW *up*, MA –, JU Jurúna *up-á*, MU Mundurukú *op* 'marido', Kuruáya *-ub* 'pai, marido', AR Karitiána *s-ɨp*, TP Tuparí *op*, MO Paitér *ɨ-ob*, Cinta-larga *s-op*, RA –, PU –; **'bicho de pé'**: PT ***tuŋ* > PTG **tuŋ*, AW *tuŋ*, MA *juŋ*, JU –, MU Mundurukú *nõŋ*, Kuruáya *noŋ*, AR Arikém [*ŋjuŋ-ɔ*], TP Tuparí *jõ-tap*, Makuráp *joŋ*, MO –, RA –, PU –.

Considerações finais

(1) O sistema vocálico do Proto-Tupí tinha seis vogais orais e não cinco, como é o caso da maioria das famílias lingüísticas dele descendentes.

(2) As famílias TG, AW e MA preservaram a distinção entre as seis vogais, embora nelas tenha havido uma cisão de **e*, que diante das oclusivas labializadas do Proto-Tupí mudou em *o*, o qual se fundiu com o reflexo de **o*.

(3) JU manteve a oposição entre **u* e **o*, mas teve este último mudado incondicionalmente em *a*, fundindo-se com o reflexo de **a*, enquanto que *u* manteve sua qualidade alta; mudou também **e* em *a* diante da oclusiva velar labializada do Proto-Tupí.

(4) Em MO, RA e PU também se manteve a oposição entre **u* e **o*, mas **o* mudou incondicionalmente em *a*, fundindo-se com o reflexo de **a*, e **u* mudou incondicionalmente em *o*.

(5) Em MU e MO **ɨ* mudou incondicionalmente em *i*, mas as outras mudanças no MU não coincidiram inteiramente com as do MO (vide (4) acima e (6) abaixo).

(6) Em MU **o* mudou incondicionalmente em *ə* e **u* mudou incondicionalmente em *o*, enquanto que **e* mudou em *ə* diante de oclusivas labial e velar labializadas do Proto-Tupí e conservou-se inalterado em outros ambientes.

(7) As mudanças **e* > *a* em Jurúna e **e* > *ə* em Mundurukú devem ter começado como **e* > *o* (por absorção da propriedade [arredondado] diante de *p^w em Jurúna e de *p^w e *k^w em Mundurukú), tal como em TG, AW e

MA, para depois integrarem-se nas mudanças *o* > *a* e *o* > *ə*, respectivamente (vide (3) e (6) acima).

Algumas mudanças e preservações foram compartilhadas por duas ou mais famílias de línguas e o compartilhamento pode ter sido mera coincidência ou pode ter resultado de herança comum de um tempo em que os ancestrais dessas famílias ainda não estavam separados. Neste último caso ele pode indicar-nos alguns detalhes do progressivo desmembramento do tronco Tupí. Assim, a preservação da distinção entre as seis vogais do Proto-Tupí pelas famílias TG, AW e MA (vide (2) acima) parece indicar que estas três se separaram entre si mais tardiamente, depois de separadas dos ancestrais das outras famílias (cf. Rodrigues & Dietrich 1997:265, 300). Já a mudança **e* > *o*, comum não só a TG, AW e MA, mas também a JU e MU (vide (7) acima), pode significar que estas duas estiveram ligadas àquelas num período mais antigo e que só depois de separar-se delas sofreram as mudanças de **o* em *a* (JU) e *ə* (MU). A oposição entre *u* e *o* deixou de existir em MU, AR, TU, MO, RA e PU, mas só em MO, RA e PU isso se deu da mesma maneira: primeiro **o* desarredondou-se e mudou em *a*, fundindo-se com o reflexo de **a*, e posteriormente **u* mudou em *o* (ou ficou flutuando entre [u] e [o]). Nas outras três famílias houve três processos diferentes: em MU **o* também se desarredondou, mas mudou para *ə*, sem ter-se fundido com o reflexo de **a*; em RA **u* fundiu-se com **o* e o produto dessa fusão desarredondou-se mudando em *ɨ* depois que **ɨ* já se havia anteriorizado e mudado em parte para *i*, em parte para *e*; só em Tuparí houve simples fusão de **u* com **o*. O conjunto de mudanças ocorridas em Karitiána (fam. Arikém) pode ser visto, como já foi indicado anteriormente (cf. Rodrigues 1986:44 e 1999:111 e Storto & Baldi 1994) como um belo exemplo de mudanças em cadeia, em que a vogal alta central ***ɨ* se cindiu, anteriorizando-se parte de suas ocorrências para a posição da alta ***i*, com a qual se fundiram, e outra parte para a posição da baixa ***e*, com que não se fundiram, porque esta, por sua vez, deslocou-se sistematicamente para a posição central de ***a*, deixada vazia pela mudança total desta para a posição posterior de ***o*, já liberada pelo levantamento e centralização desta última para a posição da alta central ***ɨ*, para a qual convergiu também a alta posterior ***u*. Esses processos podem ser representados assim:

i ← *ɨ* ← *u*
↙ ↖
e → *a* → *o*

REFERÊNCIAS BIBLIOGRÁFICAS

ALVES, P. M. *Análise fonológica preliminar da língua Tuparí*. Dissertação de mestrado, Universidade de Brasília, 1991.

BONTKES, W. *Dicionário preliminar Suruí-Português, Português-Suruí*. Porto Velho: SIL, 1978.

BRAGA, A. de O. *A fonologia segmental e aspectos morfofonológicos da língua Makuráp* (*Tupí*). Dissertação de mestrado, Universidade Estadual de Campinas, 1992.

BRANDON, F. R., A. Graham & S. Graham. *Dicionário bilíngüe Sateré-Português, Português-Sateré*. Versão preliminar 2. Ms. 1983.

BRAUN, I., & M. CROFTS. Mundurukú phonology. *Anthropological Linguistics* 7.7:23-39, 1965.

CASPAR, F. *Vocabulário Tuparí-Alemão*. Ms. s.d.

CASPAR, F., & A. D. RODRIGUES. *Versuch einer Grammatik der Tuparí-Sprache*. Ms. 1957.

CROFTS, M. *Gramática Mundurukú*. (Série Lingüística 2). Brasília: SIL, 1973.

CROFTS, M. *Mundurukú word list*. Ms. 1986.

EMMERICH, C., & R. M. F. MONSERRAT. Sobre a fonologia da língua Awetí (Tupí). (Boletim do Museu Nacional, *Antropologia*, nº 25). Rio de Janeiro: Museu Nacional, 1972.

FARGETTI, C. M. *Análise fonológica da língua Jurúna*. Dissertação de mestrado, Universidade Estadual de Campinas, 1992.

GABAS Jr., N. *Estudo fonológico da língua Karo* (*Arara de Rondônia*). Dissertação de Mestrado, Universidade Estadual de Campinas, 1989.

HANKE, W., M. Swadesh & A. D. Rodrigues. Notas de fonologia Mekéns. In: J. Comas (org.), *Miscellanea Paul Rivet octogenario dicata* 2:187-217. México, 1958.

KOCH-GRÜNBERG, T. Wörterlisten Tupy, Maué und Purubora. *Journal de la Société des Américanistes de Paris* 24 : 31-50, 1932.

LANDIN, D. *Dicionário e léxico Karitiána-Português*. Brasília: SIL, 1983.

MEER, T. H. van der. *Fonologia da língua Suruí*. Dissertação de Mestrado, Universidade Estadual de Campinas, 1982.

MONSERRAT, R. M. F. *Prefixos pessoais em Awetí*. Rio de Janeiro: Museu Nacional, 1976.

MOORE, D. *Syntax of the language of the Gavião Indians of Rondônia, Brazil*. Tese de doutorado, City University of New York, 1984.

MOORE, D., & A. V. GALUCIO. Reconstruction of Proto-Tupari consonants and vowels. *Survey of California and other Indian languages*, Report 8, pp. 119-137. Berkeley: Department of Linguistics, University of California, 1993.

NIMUENDAJU, C. Zur Sprache der Šipáia-Indianer. *Anthropos* 18/19:836-857, 1924.

NIMUENDAJU, C. As tribus do Alto Madeira. *Journal de la Société des Américanistes de Paris*, n. s., 17:137-172, 1925.

NIMUENDAJU, C. Zur Sprache der Maué-Indianer. *Journal de la Société des Américanistes de Paris*, n. s., 21:131-140, 1929a.

NIMUENDAJU, C. Wortliste der Šipáia-Sprache. *Anthropos* 24:821-850, 863-896, 1929b.

NIMUENDAJU, C. 'Zur Sprache der Kuruáya-Indianer'. *Journal de la Société des Américanistes de Paris*, n. s., 23:93-119, 1930.

RODRIGUES, A. D. *Línguas brasileiras: para o conhecimento das línguas indígenas*. São Paulo: Loyola, 1986.

RODRIGUES, A. D. Glottalized stops in Proto-Tupi. Comunicação apresentada no summer meeting da Society for the Study of the Indian Languages of the Americas, Albuquerque, 1995.

RODRIGUES, A. D. Tupí. In: R. M. W. Dixon & A. Y. Aikhenvald (orgs.), *The Amazonian languages*. Cambridge: Cambridge University Press, 1999.

RODRIGUES, A. D. Correspondências lexicais e fonológicas entre Tupí-Guaraní e Tuparí. In: A. S. A. C. Cabral & A. D. Rodrigues (orgs.), *Línguas indígenas brasileiras: fonologia, gramática e história*. Atas do I Encontro Internacional do Grupo de Trabalho sobre Línguas Indígenas da ANPOLL, t. I:288-297. Belém: EDUFPA, 2002.

RODRIGUES, A. D., & W. DIETRICH. On the linguistic relationship between Mawé and Tupí-Guaraní. *Diachronica* 14:265-304. Amsterdam, 1997.

RODRIGUES, C. L. R. *Langue Xipaya, étude phonologique*. Dissertação de D. E. A., Université de Paris VII, 1990.

RONDON, C. M. S., & FARIA, J. B. Glossário geral das tribos silvícolas de Mato- Grosso e outras da Amazônia e do norte do Brasil, t. I (Conselho Nacional de Proteção aos Índios, Publicação n. 76, Comissão Rondon). Rio de Janeiro: Imprensa Nacional, 1948.

SANDBERG, C., & P. KINGSTON. *Tentative phonemic statement of the Cinta Larga language*. Ms, 1977.

STORTO, L. R. *Aspects of a Karitiana grammar*. Tese de doutorado, Massachusetts Institute of Technology, 1999.

STORTO, L., & P. BALDI. The proto-Arikem vowel shift. Comunicação apresentada na reunião anual da Linguistic Society of America, Boston, 1994.

4

O DESENVOLVIMENTO DO GERÚNDIO E DO SUBJUNTIVO EM TUPÍ-GUARANÍ

Ana Suelly Arruda Câmara Cabral
Aryon Dall'Igna Rodrigues

0. INTRODUÇÃO

Em várias línguas Tupí-Guaraní um sistema de referência alternada diferencia dois tipos de orações adverbiais. Desde as primeiras gramáticas sobre essas línguas, as orações que têm seu sujeito correferente com o sujeito da oração principal são conhecidas como orações de gerúndio e as que têm seu sujeito diferente do sujeito da oração principal são chamadas de subjuntivas ou conjuntivas (Anchieta 1595, Figueira 1687 [1621], Ruiz de Montoya 1640)[1]. Neste estudo[2] apresenta-se a hipótese de que os dois tipos de predicados tenham origi-

[1] Esses autores identificam as funções do gerúndio tupí-guaraní com as do gerúndio e do supino da língua latina.

[2] Símbolos e abreviaturas usados: Arg = caso argumentativo, corr = correferencial, fut = futuro, Ger = gerúndio, Imin = iminente, Ind I = indicativo I, Ind II = indicativo II, intens = intensivo, LD = locativo difuso, R = prefixo relacional, refl = reflexivo, Subj I = subjuntivo I, Subj II = subjuntivo II, Trans = caso translativo.

nalmente correspondido a temas verbais nominalizados e temas nominais descritivos flexionados por morfemas casuais, o que explicaria, entre outras coisas, as propriedades dessas construções de (a) receberem flexão relacional e não flexão pessoal e (b) acionarem, na oração principal, o modo indicativo II, tipicamente condicionado pelos advérbios lexicais e demais sintagmas circunstanciais (sintagmas posposicionais e sintagmas que têm por núcleo nomes em caso locativo). De acordo com a presente hipótese, as formas do gerúndio proviriam de antigas nominalizações com o sufixo ***-áp** ~ ***-táp**. Tais formas teriam se desenvolvido em um estágio anterior à separação das famílias Awetí e Tupí-Guaraní[3].

1. O GERÚNDIO, O SUBJUNTIVO E OS PRINCÍPIOS QUE NORTEIAM A EXPRESSÃO DE RELAÇÕES PESSOAIS E A CORREFERENCIALIDADE

As orações de gerúndio e de subjuntivo da família Tupí-Guaraní são orações dependentes que se distinguem, formalmente, por meio de sufixos modais. As orações de gerúndio, além de expressarem uma finalidade ('entrou para dormir') ou uma simultaneidade ('chegou cantando'), podem também indicar uma seqüência ('chegou e dormiu') (Anchieta 1595:27v, Figueira 1687:20, Rodrigues 1953:126). As orações de subjuntivo são de dois tipos, as que expressam contemporaneidade e condição ('quando/se a fruta cai/caiu/cair...') e as que expressam sucessividade ('depois que a fruta cai/caiu/cair...'). As orações de gerúndio, assim como as de subjuntivo contemporâneo e de condição estão em distribuição complementar, quanto à correferência de seus respectivos determinantes com o sujeito do predicado principal, e funcionam, dessa forma, como expressões de um sistema de correferência alternada (*switch reference*). As orações de gerúndio têm o sujeito correferente com o sujeito da oração principal, e as de subjuntivo de contemporaneidade têm o seu sujeito diferente do sujeito da oração principal. Já as orações de subjuntivo de sucessividade podem ter ou não o seu sujeito correferente com o sujeito da oração principal. Os sufixos da língua Tupinambá e da língua

[3] A propósito da relação histórica do Awetí com o Tupí-Guaraní, cf. Rodrigues & Dietrich, 1997:265, 300.

Asuriní do Tocantins ilustram a marcação dos três modos na família Tupí-Guaraní:

Gerúndio **-áβo** ~ **-a** ~ **-ta** (verbos); **-amo** ~ **-ramo** (nomes descritivos)

Tupinambá

1) Oyeaîbic ogoacè acem**amo**
o-je-aɨβɨk-∅ o-asé-asém-**amo**
3-refl-abaixar.a. cabeça-Ind.I 3.corr-gritar-gritar- **Ger**

2) omanõgatu**âbo** Coite
o-manõ-ŋatw-**áβo** Koɨté
3corr-morrer-bem-**Ger** Enfim
'abaixou a cabeça, gritou repetidamente e enfim morreu mesmo' (Araújo 1618:63v; trad. de ADR)

3) anheêng Uixó**bo**
a-jeʔéŋ wi-só-**βo**
1-falar 1.corr-ir-**Ger**
'eu falo enquanto vou', 'vou falando' (Anchieta 1595:29v)

Subjuntivo de contemporaneidade e condição

Asuriní do Tocantins

4) né ɸ-kató-eté-**ramo** a-sán ta né ɸ-pýri
2 R[1]-bom-Intens-**Subj.I** 1-vir Imin 2 R[1]-junto.de
'quando você ficar/estiver boa eu venho para junto de você' ou *'estando você boa eu volto para você* (Cabral, notas de campo)[4]

Tupinambá

5) a-je'éŋ né ∅-só-**reme**
1-falar 2 R[1]-ir-**Subj.I**
'eu falo enquanto você vai' (Anchieta, 1595:29v)

[4] Nas glosas, as abreviaturas R[1], R[2], R[3] e R[4] identificam os prefixos relacionais de referente (1) contíguo, (2) não contíguo, (3) humano genérico e (4) correferente com o sujeito da oração.

Subjuntivo de sucessividade

Tupinambá

6) sjé Ø-ʔéw-**ré**
1 R^1-arrotar-**Subj.II**
'depois de eu arrotar' (Anchieta 1595:45v)

7) Mamope Iudeos yandejára recaçou ipîciquiré?

mamõ	pe	judeus	jané	Ø-jár-a
onde	Int	judeus	12	R^1-senhor-Arg

r-era-só-w	i-pɨsɨ́k-**iré**
R^1-Ccom-ir-Ind.II	R^2-pegar-**Subj.II**

'aonde os judeus levaram nosso senhor depois de pegá-lo?' (Araújo 1618:55: trad. de ADR.)

Há na família Tupí-Guaraní línguas que modificaram as suas construções de gerúndio e de subjuntivo. O Tembé, por exemplo, substituiu os antigos sufixos do gerúndio e do subjuntivo de contemporaneidade respectivamente pelas partículas **upə́ ~ pə́** e **mehé** e, da codificação original de argumentos, manteve o uso de relacionais apenas nos predicados transitivos do gerúndio (Duarte 2001) e vestígios de prefixos correferenciais em verbos posicionais (Carvalho 2001):

Tembé

8)	a-há	h-esák	**pə́**	kurɨ́
	1-ir	R^2-ver	**Ger**	RES

'eu fui para vê-lo (=o macaco) *então'* (Duarte 2001, p. 81)

2. Hipótese sobre o desenvolvimento do gerúndio e do subjuntivo

Os sufixos de subjuntivo

Em Tupí-Guaraní há cinco tipos principais de expressões adverbiais: advérbios lexicais, nomes em caso locativo, sintagmas posposicionais, orações no gerúndio e orações no subjuntivo. Os advérbios lexicais são numerais, temporais, de lugar e de modo. Algumas das formas desses advérbios reconstruíveis para o proto-Tupí-Guaraní são dadas em seguida:

numerais		tempo		lugar		modo
***ojepé** ~ ***mojepé**	*'um'*	***kwetsé**	*'passado ± recente'*	***pé**	*'lá'*	**nã** ~ **nán** *'deste modo'*
***mokõj**	*'dois'*	***oje?í**	*'hoje passado'*	***ké**	*'aqui'*	**emonã** *'desse modo'*
***motsapɨ̂t**	*'três'*	***korí**	*'hoje não passado'*	***kwéj**	*'lá longe'*	
***moβɨt**	*'alguns'*					

O critério para testar se uma determinada expressão tem força adverbial nas línguas Tupí-Guaraní é a sua anteposição ao predicado. Se nesta posição a expressão acionar o modo indicativo II, a sua natureza adverbial se confirma. A seguir são dados exemplos de expressões adverbiais lexicais, de orações no gerúndio e de orações no subjuntivo acionando o indicativo II:

Tupinambá

9) koromõ sjé ∅-só-**w**
logo 1 R^1 – ir – **Ind.II**
'logo vou' (Anchieta 1595:39v)

10) sjé ∅-pɨtá-j t-úr-**i**
1 R^1-calcanhar- LocSit R^2–vir – **Ind.II**
'nos meus calcanhares ele veio' (Anchieta 1595:41v)

Asuriní do Tocantins

11) h-esá-páp-a i-há-**j**
R^2-ver-completamente- Ger R^2-ir- **Ind.II**
'ele foi vendo tudo' (Cabral, dados de campo)

Suruí

12) isé-∅ i-nupó-ramu rapo i-so?ó-**j**
1- Arg R^2-bater-Subj.I Prev R^2=chorar-**Ind.II**
'se eu bater nele, ele chora'(Cabral e Mastop-Lima, dados de campo)

À exceção dos advérbios lexicais, as construções que acionam o modo indicativo II têm todas uma marca adverbial, seja ela sintática, como as posposições, ou morfológica, como os sufixos casuais e os sufixos modais. Uma questão que se coloca é se os sufixos modais de gerúndio e de subjuntivo não teriam sido, em um estágio anterior, posposições ou morfemas casuais. Vejamos primeiramente o caso do morfema do subjuntivo de sucessividade, ***-re ~ -ire ~ -rire***, que muito provavelmente se desenvolveu como sufixo a partir de uma posposição, passando a exibir uma alomorfia típica de sufixos flexionais. Em línguas como o Tupinambá, embora funcione como sufixo, leva acento, o que é um possível vestígio do estágio em que ainda era um morfema independente.

No que diz respeito ao sufixo do subjuntivo de contemporaneidade e de condição de línguas dos ramos I, II, III, IV, V, VI e VII, que nelas tem a forma *-amo ~ -ramo*, uma hipótese a ser considerada é a de ter-se originado por meio da extensão de **-ramo ~ -amo** 'caso translativo' de descritivos para o seu uso com raízes verbais, extensão essa que resultou na especialização desse sufixo como marca adverbial de temporalidade e de condição, nos casos em que o determinante do verbo flexionado não é correferente com o sujeito da oração principal:

Asuriní do Tocantins

13)	né	r-ór-**amo**	i-há-j
	2	R[1]-vir-**Subj**	R1-ir-Ind.II

'você vindo, ele vai' (Cabral, notas de campo)

14)	ené	r-oríw-**amo**	i-há-j
	2	R[2]-alegre-**Subj.I**	R[1]-ir-Ind.II

'estando você feliz, ele vai' (Cabral, notas de campo)

A existência de um sufixo de subjuntivo com a forma ***-eme ~ -reme*** nas línguas dos ramos III, em uma língua do ramo IV, em duas do ramo V, em uma do VI e em duas do VIII, enquanto que nas demais línguas o sufixo é ***-amo*** ~ ***-ramo***, pode ser uma indicação de que o proto-Tupí-Guaraní teria tido duas formas alternativas para o sufixo do caso translativo: ****-eme*** ~ ****-amo*** . Uma outra possibilidade é a de que a presença do sufixo ***-eme*** em línguas Tupí-Guaraní de subconjuntos diferenciados seja resquício de um antigo empréstimo ao Proto-Tupí-Guaraní de línguas Karíb do norte. Rodrigues (1985:380) inclui o sufixo ***-me*** do Wayána e o sufixo ***-me*** do Hixkariána em sua lista de possíveis cognatos Tupí-Karíb, correlacionando-os ao sufixo do Tupinambá ***-amo*** 'in the state of', referido em seus trabalhos posteriores como 'caso translativo' (Rodrigues 1996, etc.). No Wayána o sufixo ***-me*** é analisado por Camargo como tendo um valor de 'estativo contingente', significado análogo ao mencionado por Rodrigues (1985). Segundo Camargo, em Wayána, quando ***-me*** é sufixado a um nome indica um processo em evolução como em *kanawa-**me*** 'está se tornando/virando canoa' e *mule-**me*** 'está se tornando uma criança'. Com *pëtuku* 'é bonito, é limpo', obtém-se *pëtuku-**me*** 'está bonito, está limpo', *pëtuku-**me** wai* 'estou me tornando limpo, bonito' (Camargo, comunicação pessoal).

OS SUFIXOS DE GERÚNDIO

Trataremos agora dos morfemas de gerúndio, considerando inicialmente duas hipóteses complementares, uma sobre o morfema que ocorre com descritivos e a outra sobre o que ocorre com verbos. De acordo com a primeira hipótese, o morfema que se combina com descritivos no modo gerúndio é o morfema do caso translativo. Em línguas como o Jo'é, por exemplo, em que o sufixo de gerúndio dos verbos desapareceu juntamente com os relacionais correferenciais de primeira e segunda pessoa, continuam produtivas as construções que correspondem ao que em outras línguas tem sido chamado de gerúndio de descritivos:

15) ji a-bohẽb aʔú a-kít
1 1-chegar 1-comer 1-dormir
'eu chego, como e durmo'

16) o-hó orɨ-rabũ
3-ir 3.corr-alegre-Trans
'ele vai alegre'

17) ja-há dodẽ r-orɨ-rabũ
12-ir 12 R^1-alegre-Trans
'nós (incl.) vamos alegre'

Por outro lado, em uma língua como o Asuriní do Tocantins, em que o gerúndio continua plenamente ativo, as construções com ***-amo* ~ *-ramo*** só se diferenciam pela flexão relacional. Um nome descritivo flexionado por ***-amo* ~ *-ramo*,** com determinante idêntico ao sujeito (gerúndio), recebe um dos prefixos relacionais R^4, enquanto que um tema descritivo flexionado por ***-amo* ~ *-ramo*** com sujeito distinto do da oração principal (subjuntivo) recebe o relacional R^1, R^2 ou R^3.

18) a-sán wet-orɨw-eté-**ramo**
1-vir $R^4$1-alegre-Intens-**Trans**
'eu vim alegre (estando alegre, na qualidade de alegre)' (gerúndio)
(Cabral notas de campo)

19) né ∅-kató-eté-**ramo** a-sán ta né ∅-pɨrí
2 R^1-bom-Intens-**Trans** 1-vir Imin 2 R^1-com
'quando você ficar/estiver boa eu volto para você' ou *'estando você boa eu volto para você'* (subjuntivo) (Cabral, notas de campo)

A segunda hipótese é a de que o sufixo de gerúndio dos verbos tenha se desenvolvido antes do desmembramento do sub-ramo Awetí–Tupí-Guaraní, nas situações em que um verbo nominalizado por meio do sufixo ***-ap*** (nominalizador de circunstância) recebia o sufixo locativo ***-βo***. Nas línguas do tronco Tupí, nomes que exprimem uma circunstância – instrumento, ocasião, lugar, etc. – são obtidos por meio da nominalização de verbos intransitivos ou transitivos com reflexos do Proto-Tupí *****-ap***. Exemplos de verbos nominalizados em línguas de diferentes famílias deste tronco são: Mundurukú *$ya^3o^2ka^3ka^3$**ap^2*** 'a matança' (Crofts 1985:216); Tuparí *eparoar**ap*** 'morte' de *eparoat-* 'morrer' (Caspar & Rodrigues 1957); Awetí *k**ɨ̃tap*** 'circunstância da morte' de *kɨ̃j* 'matar' (Monserrat 2002), Arikém *ub i-kat**ɔ́b**-ɔ* 'aqui é seu lugar de dormir' (Nimuendaju 1932).

Segundo a nossa hipótese, o sufixo do modo gerúndio teria se desenvolvido no Proto–Awetí–Tupí-Guaraní, quando verbos nominalizados com ***-ap*** se combinavam com o sufixo adverbial ***-βo***, 'locativo difuso' (cf. Anchieta 1595: 42v), o que ocorria nas situações em que o determinante do nome era idêntico ao sujeito: Proto–Awetí–Tupí-Guaraní **o-két-áp-βo* /3corr-dormir-Nom-LD/ 'em/para sua própria dormida'.

No Awetí e no Tupí-Guaraní consoantes supra-glotais caem em fronteira de morfema quando seguidas de outra consoante e, assim, a seqüência ***-áp-βo*** resultou em ***-áβo***. Em Awetí, ***-áβo*** foi reduzido a ***-aw***, por queda de ***β***, em sílaba átona final com subseqüente assilabificação da vogal ***o***. Em línguas Tupí-Guaraní como o Tupinambá, na junção da seqüência *-áβo* com temas verbais deu-se o encontro de duas sílabas acentuadas – a inicial do sufixo com a final do tema – e sua redução a uma só sílaba acentuada. Quando alta a vogal de tema terminado em vogal, esta se assilabificou (**apití* + *-áβo* → *apit**jáβo***, *aβɨ́* + *-áβo* → *aβɨ̯áβo*, *momeʔú* + *-áβo* → *mome**ʔwáβo***), mas, quando baixa a vogal final do tema, apagou-se a segunda vogal da sequência (*sɨkɨjé* + *-áβo* → *sɨkɨ**jéβo***, *juká* + *-áβo* → *juk**áβo***, *só* + *-áβo* → *s**óβo***). Com temas terminados em consoante, portanto em sílaba fechada e mais pesada, preservou-se o acento original do tema e reduziu-se o sufixo à forma ***-a***:[5] (*kutúk* + *-áβo* → *kutúk**a***, *ján* + *-áβo* → *ján**a***).

Em Proto–Awetí–Tupí-Guaraní o morfema ***-ap*** tinha um alomorfe ***-tap*** que se combinava com temas terminados na semi-vogal *j*. Em Awetí esse alomorfe combinado com o locativo ***-βo*** foi reduzido a ***-taw*** e em Tupí-Guaraní a seqüência foi reduzida a ***-ta***.

Awetí

20)	a-to	wian	takujyt	∅-kỹj-**taw**
	1-ir	?	jacupim	R1-matar-Ger
	'vou matar jacupim'			

[5] Em Awetí e em Tupí-Guaraní entre os temas terminados por *j* e os sufixos nominalizadores *-áp* e *-át* ocorre o som oclusivo coronal surdo *t*, cuja origem ainda não está esclarecida, e em várias dessas línguas ocorre o mesmo *t* diante do sufixo do gerúndio.

Asuriní

21) a-sán we-poraháj-ta
1-vir 1corr-dançar-Ger
'eu vim para dançar'

Embora a combinação de **-áp+-βo** tenha desencadeado um processo de fusão que tornou opaca a fronteira entre os dois morfemas, o material resultante manteve a natureza nominalizadora do antigo sufixo ***-áp*** e a natureza adverbial do antigo sufixo ***-βo***, de modo que, tanto em línguas Tupí-Guaraní, quanto em Awetí, construções com essa forma não recebem prefixos de sujeito e acionam o modo indicativo II. Os exemplos abaixo do Awetí servem para ilustrar uma construção com **-aw** <***-áp+-βo** acionando o modo indicativo II, como ocorre em Tupí-Guaraní:

22) **o-'apar-eju** **o-tet-aw**
3-estar deitado-Progr 3corr-dormir-Ger
'está deitado para dormir'

23) **o-tet-aw** **nã-to-tu**
3corr.-dormir-Ger R2-ir-Nom
'para dormir ele foi'

Um fato a ser averiguado é se há diferença entre a semântica do gerúndio do Awetí e a semântica do gerúndio das línguas Tupí-Guaraní. Uma das questões a serem esclarecidas é se no Awetí, como em Tupí-Guaraní, o gerúndio exprime finalidade, seqüenciamento e ação simultânea.

Uma evidência adicional de que o sufixo ***-áp*** está na origem dos sufixos de gerúndio do Awetí e do Tupí-Guaraní vem do próprio Awetí, especificamente de construções do tipo:

24) mani'yp a-tym i-pot-'u-**ap**-an
Mandioca 1-plantar 1corr-G-comer-**Nom**-fut
'plantei mandioca para (eu) comer'

25) peti'a a-mõj-ju i-pyw-**ap**-an
pequi 1-cozinhar-Progr R^2-mole-**Nom**-fut
'estou cozinhando pequi para ele ficar mole'

REFERÊNCIAS BIBLIOGRÁFICAS

ANCHIETA, Joseph de. *Arte de grammatica da lingua mais usada na costa do Brasil.* Coimbra, 1595. Reproduções facsimilares: Leipzig: Teubner, 1876; Rio de Janeiro: Biblioteca Nacional, 1933; São Paulo: Anchietana, 1946; Salvador: Universidade Federal da Bahia, 1980; Salvador: Universidade Federal da Bahia, 1981; São Paulo: Loyola, 1990; Madri, 1992.

ARAÚJO, Antonio de (org.). *Catecismo na lingoa brasílica.* Lisboa, 1618. Reprodução facsimilar: Rio de Janeiro: Pontifícia Universidade Católica, 1952.

BARBOSA, Antônio L. *Curso de tupí antigo.* Rio de Janeiro: Livraria São José, 1956.

CARVALHO, Márcia G. de. *Sinais de morte ou de vitalidade na língua Tembé? Contribuição ao estudo do contato lingüístico na Amazônia oriental.* Dissertação de mestrado, UFPA, 2001.

CASPAR, Franz, & RODRIGUES, Aryon D. *Versuch einer Grammatik der Tuparí-Sprache.* Ms. 1957

CROFTS, Marjorie. *Aspectos da língua Mundurukú.* Brasília: Summer Institute of Linguistics, 1985.

DUARTE, Fábio B. Negação e movimento do verbo na língua Tembé. In: CABRAL, A. S. A. C., & RODRIGUES, A. D. (orgs.), *Línguas indígenas brasileiras: fonologia, gramática e história*, t. I, p. 374-384. Belém: UFPA, 2001

FIGUEIRA, Luís. *Arte de grammatica da lingua brasilica*. Lisboa: M. Deslandes, 1687. Reprodução fasimilar: Leipzig: Teubner, 1878.

MONSERRAT, R. M. F. Notas de trabalho de campo (ms.), 2002.

MONSERRAT, R. M. F., & Irmãzinhas de Jesus. *Língua Asuriní do Xingu: Observações Gramaticais*. Belém: Conselho Indigenista Missionário, 1998.

NIMUENDAJU, Curt. Wortlisten aus Amazonien. *Journal de la Société des Américanistes* 24 :93-119. Paris, 1932.

RESTIVO, Paulo. *Arte de la lengua guaraní*. Pueblo de Sta. María la Mayor, 1724. Reprodução: Stuttgart: Kohlhammer, 1892.

RODRIGUES, A. D. Morfologia do verbo tupí. *Letras* 1:121-152. Curitiba, 1953.

______. Evidence for Tupí-Carib relationship. In: KLEIN, H. E. M., & STARK, L. R. (orgs.) *South American Indian Languages: Retrospect and Prospect*, p. 371-404. Austin: University of Texas Press, 1985.

______. Argumento e predicado em Tupinambá. *ABRALIN, Boletim da Associação Brasileira de Lingüística* 19:57-66. 1998.

RODRIGUES, A. D., & DIETRICH, W. On the Linguistic relationship between Mawé and Tupí-Guaraní. *Diachronica* 14.2:265-304. 1997.

RUIZ DE MONTOYA, A. *Arte, y bocabulario de la lengua guarani*. Madri, 1640. Reprodução facsimilar integral: Madri: Cultura Hispánica. 1994. Reprodução facsimilar só da Arte: Assunção: Centro de Estudios Paraguayos "Antonio Guasch". 1993.

5

OS DEMONSTRATIVOS EM SATERÉ-MAWÉ (TUPÍ)

Dulce Franceschini

0. INTRODUÇÃO

O Sateré-Mawé foi classificado por Aryon D. Rodrigues (1984/85) como uma família do tronco Tupí com um único membro. Essa língua é falada pelo povo conhecido pelo mesmo nome que habita, há mais de 400 anos, a região do Tapajós-Madeira (Baixo-Amazonas).[1]

Este trabalho tem por objetivo contribuir para o conhecimento do sistema de dêiticos demonstrativos da língua Sateré-Mawé. Segundo a análise aqui apresentada[2], esses dêiticos são classificados em dois grupos, o dos que funcionam como adjetivos e o dos que funcionam como pronomes demonstrativos. Essa classificação tomou como

[1]O território Sateré-Mawé foi demarcado pela FUNAI em 1982 e compreende 788.528 hectares situados entre os Estados do Pará e do Amazonas. Nesse território, chamado Andirá-Maraú, vivem cerca de 8.000 (oito mil) Sateré-Mawé.

[2] Uma análise do sistema de dêiticos do Saterê-Mawé foi anteriormente apresentada por Márcia dos Santos Suzuki em sua dissertação de mestrado intitulada *Ou isto ou aquilo? Um estudo sobre o sistema dêitico do Saterê-Mawé.* Infelizmente só tomamos conhecimento desse trabalho depois que havíamos submetido o presente estudo para publicação no presente volume.

base a combinação ou não dos dêiticos do Saterê-Mawé com o morfema nominal genérico **-wat**.

1. Os adjetivos demonstrativos

A língua Sateré-Mawé apresenta um sistema bastante complexo de dêiticos demonstrativos. De acordo com a materialidade ou não da entidadeque indicam, os demonstrativos podem ser classificados em dois grupos:

(I) dêiticos que indicam entidades que possuem uma existência material;

(II) dêiticos que indicam entidades que não possuem uma existência material.

O grupo (II) é formado por apenas um elemento e o grupo (I) divide-se em dois sub-grupos:

(I.1) o de dêiticos que indicam entidades que são percebidas como um todo;

(I.2) o de dêiticos que indicam entidades que são percebidas como parte de um todo.

No quadro abaixo são apresentados os dêiticos demonstrativos dos dois grupos.

I. Dêiticos que indicam entidades materiais:

I.1 Dêiticos que indicam entidades percebidas como um todo:

I.1.1 **ko**

I.1.2 **sup**

I.1.3 **ɲu**

I.2 Dêitico que indica entidades percebidas como parte de um todo

me ~ **mue**

II. Dêitico que indica entidades não materiais:

mio

Como podemos observar no quadro acima, o sub-grupo (I.1) é constituído de três dêiticos, os quis classificam as entidades que indicam segundo a forma e/ou a posição (localização) no espaço dessas entidades.

Morfemas	*Valor Semântico*
ko	Entidades suspensas/penduradas (frutas, cacho de banana, laranja; objetos que estão na mão de alguém); entidades que se encontram no ar (pássaro voando, avião) ou na água (barco).
sup	Entidades que se encontram em posição horizontal e que possuem uma forma alongada/comprida (animais de 4 patas, deitados ou em movimento, cobra, etc.).
ɲu	Entidades que se encontram em posição vertical e que encostam em uma superfície (animais "sentados" – cachorro, porco, paca – pássaros "sentados"; frutas que se encontra presas diretamente na planta como coco); objetos arredondados ou planos que se encontram sobre uma superfície (prato sobre a mesa, cuia no chão, etc.).

Dos dêiticos do sub-grupo (I.2), **me** indica que o referente encontra-se próximo do enunciador e **mue** que o referente encontra-se distante do enunciador. Estes dois morfemas indicam que o referente é percebido como uma parte de um todo.

Os dêiticos do grupo I apresentados no quadro acima podem ser considerados como morfemas classificadores. Combinam-se com o morfema de aderência pessoal **mei- ~ me:** e com o morfema *proximal* **-ø**, que indica que o referente se encontra na zona do enunciador, ou com o morfema *medial* **-e**, que indica que o referente se encontra distante do enunciador. Os dêiticos demonstrativos do grupo I apresentam, então, a seguinte estrutura: morfema de aderência pessoal + morfema classificador + morfema de distância, conforme nos mostra o quadro abaixo:

	Proximal	*Medial*
I.1	P.1 mei - ko - ø	M.1 me: - ko - e > me: - ke:
	P.2 me: - sup - ø	M.2 mei - sup - e > mei – pe
	P.3 mei - ɲu - ø	M.3 mei - ɲu - e > mei - ɲe:
I.2	P mei – me	M. mei – mue

Nas formas do medial, a vogal do classificador funde-se com a vogal do morfema medial, o que resulta no alongamento desta. O morfema de aderência pessoal (**me:- ~ mei-)** combinado com o morfema proximal (**-ø**) - *formas do proximal* – pode indicar que o referente (1) está sendo tocado pelo enunciador ou (2) que o referente está em movimento em direção à zona do enunciador. Contudo, se o enunciador e o co-enunciador estão muito próximos um do outro, o morfema de aderência pessoal indica que o referente se encontra na zona comum aos dois ou em movimento em direção à mesma.

A combinação do morfema de aderência pessoal com o morfema medial (**-e**) pode indicar que o referente (1) está sendo tocado pelo co-enunciador ou (2) está em movimento em direção ao co-enunciador ou a uma terceira pessoa. As formas do medial são também empregadas quando o referente, apesar de distante do local onde ocorre a interlocução, encontra-se em uma zona que faz parte da zona do enunciador, como por exemplo, em casa, na comunidade, etc. (ver ex. 3).

Ao contrário dos morfemas do grupo I, o morfema **mio** do grupo II não se combina com os morfemas de aderência pessoal e com os morfemas indicadores da distância de ego.

Propriedades morfossintáticas dos adjetivos demonstrativos

Os adjetivos demonstrativos podem funcionar como determinantes de nomes e de pronomes pessoais. Como determinantes de nomes podem aparecer antes ou depois destes, como mostram os exemplos de (1) a (4).

No exemplo (1), o adjetivo demonstrativo faz referência a um lápis que está sobre a mesa em posição horizontal e que está sendo tocado pelo enunciador.

(1)	me: - sup	*lapi*	u - i - wat
	dem.P.2	"lápis"	1p.s. + rel.+ rd.nm.gen.
	"Este lápis é meu"		

No exemplo (2), o co-enunciador está segurando o lápis na mão.

(2)	me: -ke:	*lapi*	u – i – wat
	dem. M.1	"lapis"	1p.s. + rel.+ rd.nm.gen.
	"Este lápis é meu"		

No exemplo (3) o enunciador faz referência a uma parte de seus filhos que vivem em uma outra comunidade, onde ele tem sua casa e sua roça. O demonstrativo **meimue** é empregado para indicar que o referente (os filhos) é apenas uma parte de um conjunto maior, o de todos os filhos do locutor, e que a parte dos filhos que indica encontra-se em um lugar distante do local onde ocorre o diálogo, mas que faz parte da zona do enunciador. Pode-se dizer que, apesar de distante fisicamente, o referente está intimamente ligado ao enunciador.

(3) u - i - mempɨt - ʔin   meimue   i - i - poitɨ   te
1p.s.+rel.+ filho+ col.   dem. M.   3p.+ rel.+ ser numeroso   ainda
Lit.: "Aqueles meus filhos (os que vivem lá) são ainda numerosos."
"Lá vivem ainda muitos dos meus filhos."

No exemplo (4), o termo determinado faz referência a uma entidade abstrata "tua língua". Temos, então, o emprego do demonstrativo **mio** como determinante.

(4) mio   e - i - pusu   ti   raʔɨn   e - he - *documento*
dem..II   2p.s.+ rel.+ língua   part.   asp.   2p.s.+ rel.+ documento
"É esta tua língua que é o teu documento."

Geralmente os determinantes demonstrativos aparecem depois dos nomes próprios e dos pronomes pessoais que determinam, conforme mostram os exemplos (5) e (6). No exemplo (5), o determinante **me:sup** indica que o enunciador estava deitando, provavelmente em sua rede, quando falou.

(5) marau   kai   pɨi   uito   me:sup   mawe
Marau   lado   posp.   1.pr.p.   dem. P.2   Mawé
"Eu (aqui, deitado) sou Mawé do rio Marau."

No exemplo (6), o emprego do demonstrativo **meiɲu** indica que o co-enunciador está sentado ou em pé (posição vertical).

(6) en   meiɲu   e - ti - kɨʔesat   satere   ϕ - pusu
2pr.p.   dem.P.3   2p.s.+vz.at.+ querer   sateré   rel.+ língua
"Você (aqui, sentado ou em pé) quer a língua do Sateré."

2. Os pronomes demonstrativos

Os pronomes demonstrativos são formados a partir dos dêiticos demonstrativos e apresentam a seguinte estrutura: *morfema classificador + morfema de distância +* ***wat*** (radical nominal genérico).

Ressaltamos que o morfema que expressa distância aparece sempre na estrutura dos pronomes formados a partir dos dêiticos do grupo I, mas não na estrutura do pronome demonstrativo formado a partir do dêitico **mio** do grupo II, que faz referência a entidades abstratas.

Os pronomes formados a partir dos dêiticos do sub-grupo I.1, diferentemente dos adjetivos, apresentam um sistema de três graus de distância: proximal (-**ø**-), medial (-**e**-) e distal (-**i**-); o morfema distal indica que o referente encontra-se distante dos interlocutores em uma zona que não pertence ao enunciador e que, portanto, não pode ser visto; já os pronomes formados pelos dêiticos do sub-grupo I.2 apresentam apenas dois graus de distância: proximal e medial, como ilustrado no quadro abaixo.

Pronomes demonstrativos:

		Proximal	*Medial*	*Distal*
I	I.1	ko - ø - wat sup > su: - ø - wat ɲu -ø - wat	ko > ku - e - wat sup - e - wat ɲu - e -wat	ku - i - wat sup - i - wat ɲu - i -wat
	1.2	P me - wat	M mue - wat	
		mio - wat		

Os valores referenciais dos morfemas classificadores dos pronomes demonstrativos são os mesmos que os dos adjetivos demonstrativos. As *formas proximais* do pronome demonstrativo do grupo I.1 indicam que o referente encontra-se na zona do enunciador (próximo do enunciador); as *formas mediais* indicam que o referente está na zona do co-enunciador (próximo do co-enunciador) ou, então, em uma zona próxima do enunciador e do co-enunciador; e as *formas do distal* indicam que o referente encontra-se distante do enunciador e do co-enunciador, não sendo, portanto, possível vê-lo.

Nos pronomes demonstrativos do grupo II.2 a forma proximal indica que o referente está na zona do enunciador e a forma medial que o referente está na zona do co-enunciador, ou em uma zona que não é nem a do enunciador, nem a do co-enunciador.

No exemplo (7), o pronome demonstrativo faz referência a um lápis que se encontra em um bocal, portanto em posição vertical, e que está próximo do enunciador.

(7) ɲu -wat u – i – wat
pr.dem.P.3 pr.pes.1
"Este é o meu."

No exemplo (8) trata-se de cadernos que estão sobre a mesa. O emprego do pronome **su:wat** indica que o referente é percebido como uma unidade que forma um todo e que se encontra em posição horizontal ("deitado") próximo do enunciador.

(8) su: - wa(t) - ria karania e - ti - kɨiʔat
pr.dem.P.2 + pl. quantos 2p.s.+ vz.at.+ comprar
"Quantos destes, você comprou?"

No exemplo (9), temos o pronome **muewat**, o qual, diferentemente do pronome **su:wat**, indica que o referente encontra-se na zona do co-enunciador e que é percebido como um elemento de um conjunto maior, o de todos os cadernos que estão na zona do co-enunciador.

(9) muewat karania e - ti - kɨiʔat
pr.dem.M. quantos 2p.s.+ vz.at.+ comprar
"Quantos deste, você comprou?"

No exemplo (10), o pronome demonstrativo **ɲuwat** faz referência a um prato (objeto arredondado / plano) que se encontra no chão.

(10) e - ta - at ro ɲuwat
2p.s. + vz.at. + pegar imp. pr.dem.P.3
"Pegue este!"

No exemplo (11), o pronome demonstrativo faz referência a uma das vigas da estrutura de uma casa; o referente é percebido como uma parte de um todo e não se encontra na zona do enunciador, nem na do co-enunciador.

(11) mue-wat ŋetap ø - eturuʔa
pr.dem. M. casa rel. + viga
"aquela é uma das vigas da casa"

No entanto, se a estrutura da casa é percebida como um todo, um outro lexema é empregado como núcleo do constituinte nominal em função predicativa e outro pronome demonstrativo será utilizado:

(12) ɲu -e - wat ŋetap ø - aŋkukaŋ
pr.dem.M.3 casa rel. + estrutura
"aquela é a estrutura da casa"

No exemplo (13), o pronome demonstrativo faz referência a uma entidade abstrata.

(13) mio - wat puo ti raʔɨn i - i - haɨ
pr.dem.II posp. part. asp. 3p.s.+rel.+ falar
"...e era através desta (língua) que ele falava"

No exemplo (14), extraído de uma história, o pronome **mio-wat** faz referência ao odor que a personagem está sentindo. Ela se pergunta se é para ela aquele odor, sendo o odor um dos meios utilizados para cativar os seres.

(14) ahaa mio-wat ke - iŋ an ø - ø - ʔe
excl. pr.dem.II part. + int. excl. fm. 3p.s. + rel.+ dizer
"ah! Que será isto (um cheiro)?, disse ela"

Os pronomes demonstrativos do grupo I podem combinar-se com o morfema de aderência pessoal **mei- ~ me:-**. Contudo, assim como os adjetivos demonstrativos, esses pronomes apresentam um sistema com apenas dois graus de distância, conforme ilustrado no quadro seguinte.

		Proximal	*Medial*
wat I	I.1	1.a mei - ko - ø - wat	1. me: - ke: - wat
		2.a me: - su: - ø - wat	2.a mei - pe - wat
		3.a mei - ɲu -ø - wat	3.a mei - ɲe: - wat
	I.2	P. mei - me - wat	M.a mei- mue – wat

Como ocorre com os demonstrativos adjetivos, nas situações em que os pronomes demonstrativos combinam-se com o morfema proximal, o referente está sendo tocado pelo enunciador ou em movimento em sua direção, mas se a zona dos interlocutores for a mesma, indica que o referente está se locomovendo em direção a esta.

Nas formas do medial, o prefixo de aderência pessoal indica que o co-enunciador está tocando o referente ou que o referente está em movimento em direção ao co-enunciador. Contudo, se a zona dos interlocutores for a mesma, indicará que o referente está em uma zona próxima da dos interlocutores ou passando por perto desta zona.

No exemplo (15) o enunciador, ao falar, está tocando uma vassoura que se encontra em posição vertical.

(15) meiɲuwat ete ti u - hehaɨ
pr.dem.P3.a posp. part. 1p.s. + rel./falar
"é sobre esta que estou falando"

No exemplo (15), o pronome demonstrativo faz referência a uma cobra que está se locomovendo em direção ao enunciador.

(16) meipewat ete ti u - hehaɨ
pr.dem.M.2.a posp. part. 1p.s.+ rel./falar
"É sobre aquela que estou falando."

No exemplo (17), o pronome medial **me:ke:wat** faz referência a um barco que está passando pelo rio, em frente à comunidade onde se encontram os interlocutores. O referente está se distanciando da zona comum aos interlocutores, que é a comunidade em que se encontram.

(17) me:ke:wat ɨara wato ø - to - kosa:p
pr.dem.M.1. canoa grande 3p.s.+ vz.med.+ passar
takat i - i - kahu

relat. 3.p.s.+rel.+ser bonito
" é bonito aquele barco que está passando"

3. CONSIDERAÇÕES FINAIS

No sistema de dêiticos língua Sateré-Mawé, os dêiticos demonstrativos evidenciam uma organização que se pauta em diferentes critérios semânticos:

1) materialidade ou não do referente (Grupo I e II);
2) referente percebido como um todo (Sub-Grupo I.1) ou como parte de um todo (Sub-Grupo I.2);
3) forma e/ou posição/localização do referente no espaço (Sub-Grupos I.1.1, I.1.2 e I.1.3).

Os adjetivos demonstrativos do grupo I combinam-se com sufixos, morfemas indicadores da distância de ego: o morfema proximal ou o medial. E como prefixo, o morfema de aderência pessoal.

Os pronomes demonstrativos apresentam em sua estrutura o morfema nominal genérico **–wat** sufixado. Diferentemente dos adjeti-.vos demonstrativos, apresentam, quando não combinados com o prefixo de aderência pessoal, um sistema de três graus de distância de ego: o proximal, o medial e o distal, mas quando combinados com o morfema de aderência pessoal, apresentam um sistema de dois graus: o proximal e o medial.

REFERÊNCIAS BIBLIOGRÁFICAS

FRANCESCHINI, D. *La langue sateré-mawé: description et analyse morphosyntaxique.* Tese de doutorado, Université Denis Diderot – Paris VII. Paris, França, 1999.

RODRIGUES, A. D. Relações Internas na Família Lingüística Tupí Guaraní. In: *Revista de Antropologia.* São Paulo, USP, vol. 27/28: 33-53, 1984/85.

SUZUKI, M. DOS S. 1977. *Ou isto ou aquilo? Um estudo sobre o sistema dêitico da Língua Saterê-Mawé.* Dissertação de Mestrado, UNIR, Guajará-Mirim.

6

A EXPRESSÃO DA POSSE EM MARÚBO E MATSÉS (PÁNO)[*]

Raquel Costa
Carmen Dorigo[**]

0. INTRODUÇÃO

Este trabalho tem por objetivo investigar a manifestação da expressão de posse nas línguas Marúbo e Matsés, ambas pertencentes à família Páno, faladas no Vale do Javari, região situada no extremo oeste do estado do Amazonas.

[*] Este trabalho está vinculado aos projetos de pesquisa *Aspectos da Gramática Marubo (Páno): Uma Abordagem Sincrônico-Diacrônica* e *Aspectos da Gramática Matsés (Páno): Uma Abordagem Sincrônico-Diacrônica*, desenvolvidos no Museu Nacional/UFRJ, com apoio financeiro da FAPERJ (Processos E-26/172.031/2000 e E-26/151.089/02, respectivamente). Os dois projetos, por sua vez, estão vinculados aos Projetos maiores *Línguas Páno: Aspectos Sincrônicos e Diacrônicos* (FAPERJ/ Proc. E-26/151.686/2000) e *Supra-segmentos e Estrutura de Línguas Indígenas Brasileiras* (CNPq Proc. 40.2.132/86.3/LA/FV).

[**] O critério escolhido para entrada no texto dos nomes das autoras obedeceu à ordem alfabética das línguas respectivamente estudadas.

Segundo a literatura corrente, as relações semânticas de expressão de posse podem ser expressas nas línguas através de um *sintagma nominal* ou de uma *oração inteira*. Conforme Mithun (1999), as relações possessivas construídas através de um SN são consideradas **construções atributivas** e aquelas expressas através de uma oração são consideradas **construções predicativas**. Na construção predicativa, a posse é o ponto principal da oração e, geralmente, é o *verbo* o elemento que carrega o conteúdo semântico de posse; nas construções atributivas, por outro lado, a posse é indicada por um *modificador* dentro do SN.

Muitas línguas distinguem dois ou mais tipos de relação possessiva. Algumas fazem uma distinção formal, com base na diferença semântica entre a posse **alienável** e a posse **inalienável**. De acordo com Payne (1997), na posse inalienável a entidade possuída não pode ser adquirida, transferida ou separada do possuidor, ao contrário do que ocorre com a posse alienável. Línguas que distinguem a posse inalienável incluem termos de parentesco e/ou partes do corpo na classe de itens inalienavelmente possuídos. Essa classificação pode variar, de língua para língua, de modo que alguns itens, que semanticamente parecem pertencer a uma classe, são agrupados na outra, sem razão aparente.

Conforme aponta Mithun (1999), em algumas línguas, apenas os parentes relacionados através do sangue são classificados como inalienáveis, enquanto que os adquiridos através do matrimônio são classificados como alienáveis. Da mesma forma, partes separadas do corpo (ossos, unhas cortadas ou dentes que caíram) são classificadas como alienáveis.

Além das partes do corpo e dos termos de parentesco, algumas línguas incluem certos itens culturalmente importantes, tais como vaca, canoa, terçado, cuia, flecha, etc., na classe da posse inalienável. Ainda segundo Mithun (1999), vários itens pertencentes à esfera pessoal (pegadas, sombra, nome, nação, vestuário ou objetos pessoais) também podem ser classificados como posses inalienáveis. Mithun (1999) acrescenta que a relação parte-todo que liga as partes do corpo aos seus possuidores freqüentemente se estende metaforicamente a objetos inanimados, tal como acontece em expressões como o pé da montanha, o braço da cadeira, a porta de uma casa.

Línguas que diferenciam alienabilidade de inalienabilidade apresentam duas estratégias para distingui-las: uma para marcar a posse inalienável e outra para marcar a posse alienável.

Outro tipo de relação possessiva, similar, mas não idêntica à posse inalienável, é a posse **inerente**. Da mesma forma que ocorre com a posse inalienável, conforme aponta Payne (1997), certos itens, tais como partes do corpo, termos de parentesco e itens de adorno pessoal podem ser interpretados como inerentemente possuídos. Entretanto, diferente do que ocorre com a distinção alienável/inalienável, apenas elementos inerentemente possuídos levam uma marca de posse obrigatória.

Pode acontecer que uma língua distinga posse inerente e não faça distinção de inalienabilidade. Além disso, línguas que distinguem posse inerente podem apresentar apenas um tipo de construção possessiva, exigindo que alguns itens sejam possuídos, enquanto outros não. Línguas que distinguem posse inerente, portanto, apresentam apenas um tipo de marca de posse. Em contrapartida, sistemas de posse alienável/inalienável apresentam duas estratégias gramaticais distintas para codificar a posse: todos os nomes podem ser possuídos, mas cada nome é marcado por uma ou outra estratégia (a que marca a posse inalienável ou a que marca a posse alienável).

1. A EXPRESSÃO DE POSSE EM MARÚBO

1.1. A posse predicativa

Em Marúbo, a posse predicativa se expressa através do verbo *'a*, flexionado pelo sufixo ***-ya***, que denota qualidade ou estado resultativo.[1, 2, 3]

[1] Esse mesmo verbo é utilizado em construções existenciais: *'waka-kisu ka'maN 'a-ya* 'Tem onça perto do rio'.

[2] As seguintes abreviaturas aparecem nas glosas: ABS = absolutivo; AGT = agente gramatical; ASSOC = associativo; BEN = dativo-benefactivo; DEM = demonstrativo; DIM = diminutivo; DIR = direção; EST = estado/verbo estativo; ERG = ergati-

(1) ma'niʃi 'vaki ɾa'vɨvakiN 'a-ya
NP filho dois possuir-EST
'Ma'niʃi tem dois filhos'

a'iNvu wɨs'ti-sɨ 'ʃuma 'a-ya
mulher só-INTENS seio possuir-EST
'Só mulher tem seio'

'vawa mɨN'tsisi 'ani-ka 'a-ya
papagaio unha grande-PERM possuir-EST
'Papagaio tem unha grande.'

'sɛsa 'ʃuvu 'a-ya
NP casa possuir-EST
'César tem casa.'

Construções possessivas podem também ser construídas sem a presença da forma *'aya*, quando o elemento possuído é modificado por um adjetivo ou um numeral.

(2) a. *ma'ɾia 'vakɨ 'aNtsa-ma-ʃta*
NP filho muito-NEG-DIM
'Maria tem poucos filhos'

'vakɨ 'taɨ iʃtɨ-ʃta
criança pé pequeno-DIM
'Criança tem pé pequeno.'

'tama 'kaNti ɾa'vɨvakiN

---

vo; FOCO = foco; GEN = genitivo; IM = passado imediato, INTENS = intensificador; LOC = locativo; NEG = negação; NÃO PASS = não-passado; PASS = passado; PERM = estado permanente; PL = plural; NP = nome próprio; POSS = pronome possessivo; PRES = presente; REC = passado recente; REFL = reflexivo; REL = verbo relacional; SG = singular; TOP = tópico; 1, 2 ,3 = primeira, segunda, terceira pessoas. Hífen (-) indica afixo; sinal de igual (=) indica clítico; dois pontos (..) indicam pausa breve.

[3] Na medida em que ambos são marcados no léxico (Costa 2000), apenas essas formas deveriam ser marcadas como acentuadas na transcrição fonológica. Estamos mantendo, entretanto, o acento em troqueus no intuito de fornecer uma melhor visualização dos constituintes métricos postulados.

NP arco dois
"ˈTama tem dois arcos'

No Marúbo, encontramos, ainda, construções predicativas, nas quais a relação de posse é expressa através da posposição ***ˈna***, significando 'de, pertencente a'. É importante notar que em sintagmas nominais que expressam a posse, a marca possessiva deve estar posposta ao último elemento do sintagma, seja ele o elemento possuidor (como em 3a-c) ou o elemento possuído (como em 3d). Em (3c), chamamos a atenção para o fato de que os elementos possuídos são co-referentes, comprovando, desse modo, a noção de posse veiculada pela posposição.

(3) a. na=ˈkanti-ø=na ˈtʃanu **ˈna**
DEM=arco-ABS=FOCO NP de
'Este arco é de ˈTʃanu.'

b. wa=ˈyapa ˈkuki-pa naˈnɨ=na aˈkuNpa **ˈna**
DEM=peixe cesta-LOC dentro=FOCO NP de
'O peixe que está dentro da cesta é de aˈkuNpa.'

c. maˈɨ-N **ˈsɨnuti** iʃˈtu-ʃta ˈinu **ˈna**-ɾu ˈani-ka
NP-GEN faca pequeno-DIM NP de-TOP grande-PERM
'A faca de ˈmaɨ é pequena. A de ˈinu é grande.

d. ˈa aN-ˈvakɨ **ˈna**
3SG 3SG.POSS-filho de
'Ele é filho dela.'

Os exemplos a seguir permitem uma interpretação benefactiva da posposição, ou seja, ***ˈna*** pode ser traduzido ora como 'de' (posse) ora como 'para' (benefactivo).

(4) a. maˈtu-N ma-ˈɾi ˈnuʃɨ ˈmatu **ˈna**
2PL.ERG 2PL-REFL costurar 2PL para
'Vocês costuram para si mesmos.'

b. nuˈku-N ˈwai-ø nuN-ˈvana-ai ˈnukɨ **ˈna**-sɨ

1PL-ERG roça-ABS 1PL.AGT-plantar-PRES 1PL para-INTENS
'Nós plantamos roça para nós mesmos.'

1.2. A posse atributiva

Em Marúbo, a posse atributiva é expressa através da ordem vocabular e da marcação de caso genitivo. Construções **genitivo-possessivas** apresentam a ordem modificador-núcleo, expressando a relação 'possuidor-possuído'. O sufixo de caso genitivo se afixa ao nome que designa o possuidor. Nos exemplos que se seguem, podemos observar a marcação de caso genitivo em suas variações:[4]

(5) a. 'lasaɾu-**N** 'nuNti 'a canoa do Lázaro'
b. 'panaN-**nɨ** 'tɨwɨa 'colar do Pa'naN'
c. 'tasi-**pa** 'ɨwa 'mãe do Darcy'

O Marúbo não faz distinção entre posse alienável e inalienável. O caso genitivo marca o possuidor, qualquer que seja a natureza semântica do elemento possuído. Como se pode observar nos exemplos em (6), em que o elemento possuído é um parente (consangüíneo ou não), uma parte do corpo ou um item pertencente à esfera pessoal. Entretanto, há restrições semânticas no que se refere ao elemento possuidor: apenas nominais marcados pelo traço [+humano] podem ser marcados pelo caso genitivo-possessivo.

(6) a. 'kaɾu kɨ'na-**N** '**vakɨ**
NP NP-GEN filho
''Kaɾu é filho de 'Kɨna.'

'tʃanu-ø ʃɨ'ta-**N** '**kɨtsaa**-niN 'nika-ai
NP-ABS NP-GEN cunhado-ASSOC caçar-ir-IM
''Tʃanu foi caçar com o cunhado de 'ʃɨ'ta'

b. 'waNtu-N 'panaN-**nɨ** '**kiʃi**-ø tu'ɾiʃ-a-ka
3PL-ERG NP-GEN perna-ABS coçar-fazer-PRES
'Ele está coçando a perna de pa'naN.'

4 A forma do sufixo varia, dependendo da estrutura morfológica e da estrutura métrica do nome ao qual se afixa (ver Costa 1992, 2000).

c. 'saba-**pa** '**ʃuvu** 'ura-ka
NP-GEN casa longe-PERM
'A casa de Sa'ba fica longe'

O traço [+humano] é atribuído a seres sobrenaturais, que também recebem a marca de caso genitivo.

(7) 'yuʃiN-**ni** 'vakɨ 'a filha do Yu'ʃiN (alma, espírito)'
'miNʃuN-**nɨ** 'vai-rasiN 'os caminhos do MiN'ʃuN (ser da floresta)'

A posse atributiva também pode ser expressa através de formas pronominais específicas, que designam o possuidor e obedecem a mesma ordem característica das construções genitivo-possessivas, ou seja, a ordem possuidor-possuído.

(8) **ɨ-N=**'vakɨ-ø 'yuʃiN-ni 'vi-ai
1SG-POSS=filho-ABS NP-ERG levar-IM
'Meu filho o Yu'ʃiN levou.'

a-N='ʃɨta iʃ'na-ya
3SG-POSS=dente estragado-EST
'O dente dele está estragado.

ma'tu-N 'pitʃiri 'maʃɨ uN'ʃiN-ka
2PL-POSS costas urucum vermelho-PERM
'As costas de vocês estão vermelhas de urucum.'

atu-N='wapa-risiN-ø nuN='wiN-ai
3SG-POSS=cachorro-PL-ABS 1PL.AGT=ver-IM
'Nós vimos os cachorros deles.'

Com relação à posse inerente, a língua Marúbo parece fazer distinção, no que diz respeito aos termos de parentesco. Como se pode observar nos exemplos em (9), termos de parentesco sempre ocorrem precedidos de formas pronominais possessivas, mesmo nos casos em que o pronome possuidor não tenha sido elicitado:

(9) va'kɨ-N **a-N=**'papa-ø a'nuN-a-ka
filho-ERG 3SG-GEN=pai-ABS obedecer-fazer-PRES

'O filho obedece ao pai.'

ma'ɨ-N **a-N=**'vakɨ-ø 'ɾiʃki-vai
NP-ERG 3SG-GEN=filho-ABS bater-REC
''maɨ bateu no filho'

'tʃanu-ø **a-N=**kɨtsaa-niN 'ni'ka-ai
NP-ABS 3SG-GEN=cunhado-ASSOC caçar-ir-IM
''tʃanu foi caçar com o cunhado'

Em relação a partes do corpo, por outro lado, a língua não distingue a posse inerente. Embora se possa observar a ocorrência de formas pronominais possessivas, mesmo em casos em que o possuidor não tenha sido elicitado, conforme exemplo em (10a), dados similares mostram que a marca de posse pode não ocorrer, como se vê em (10b).

(10) a. 'waNtu-N **a-N=**'mɨvɨ-ø 'tʃu-a-ka
3SG-ERG 3SG-GEN=mão-ABS lavar-fazer-PRES
'Ele está lavando as mãos.'

b. 'waNtu-N 'mɨvɨ-ø 'tɨyu-ai
3SG-ERG mão-ABS apertar-IM
'Ele está apertando a mão' (a sua própria).

A expressão lingüística da relação parte-todo que liga as partes do corpo aos seus possuidores não se estende aos animais nem aos inanimados. Nesses dois últimos casos, a relação parte-todo se estabelece apenas pela ordem dos termos relacionados, o que chamamos construções **genitivo-nominais**.[5]

(11) a. ma'ɨ-N **'takaɾɨ** **'vatʃi-ø** 'ni-N 'mɨɾa-ai
NP-ERG galinha ovo-ABS mato-LOC encontrar-IM
"'Maɨ encontrou ovo de galinha no mato.'

'vawa **mɨN'tsisi-ɾasiN** 'ɾuNkɨ-ka

[5] Estamos considerando como palavras compostas construções genitivas que recebem apenas um acento.

papagaio unha-PL torta-PERM
'As unhas do papagaio são tortas.'

ka'ɾu-N **'mani-ʃaka**-ø 'uNtʃi-ai
NP-ERG banana-casca-ABS atirar-IM
"Kaɾu jogou fora a casca de banana.'

ʃaN'ti-N **'atsa-viɾu-ø** 'vana-ai
NP-ERG macaxeira-olho-ABS plantar-IM
"ʃaNti planta olho de macaxeira.'

De acordo com os dados apresentados, concluímos que a língua Marúbo, apesar de não distinguir, nas suas relações possessivas, o valor semântico da alienabilidade, parece distinguir posse inerente, no que diz respeito às relações de parentesco. Acreditamos que essas questões merecem uma análise mais aprofundada em futura pesquisa.

2. A EXPRESSÃO DA POSSE EM MATSÉS

2.1. A posse predicativa

Nas construções predicativas, a noção de posse, em Matsés, é expressa semanticamente através do verbo ***ikɛ*** 'ter', 'possuir', sem que haja outro marcador que a identifique, como se pode conferir pelos exemplos em (12):

(12) a. bɨ'sɔ ɾat'pen ʃɔ'kɔʃ **i'k-ɛ** [6]
NP muito panela ter-NÃO PASS
'Bɨ'sɔ tem cinco panelas.'

b. tɨ'syɔ manɨ'ɾayt uʃun'bɔ **i'k-ɛ**
velho cabelo branco ter-NÃO PASS
'Gente velha tem cabelo branco.'

[6] Os acentos estão marcados para dar maior visibilidade à língua (cf. Dorigo 1992; 2001).

É interessante notar que, em alguns casos, apesar de terem sido solicitadas construções de posse predicativa, obtivemos como resposta a posse atributiva (cf. 3.2). Como se pode observar nos exemplos a seguir:

(13) a. ˈnatʃi-**n** ˈtʃanpi iˈk-ɛ
NP-GEN filha ser/existir-NÃO PASS
'ˈNatʃi tem filha.'

b. daˈɾa-**n** ˈtaɨ ˈnwa iˈk-ɛ
homem-GEN pé grande ser/existir-NÃO PASS
'Homem tem pé grande.'

No Matsés, como pode ser observado nos exemplos em (14), é possível identificar morfologicamente o beneficiário de um evento iniciado por um agente (cf. Dorigo de Carvalho 1992). Esse caso semântico traduzido pelo dativo-benefactivo é expresso através do sufixo ***-na*** acrescido ao nome ou pronome correspondente. Portanto:

(14) a. pɛˈmi-n tʃiwˈʃi-ˈ**na** tsiˈtsan daytˈka-w-ʃ
NP-ERG NP-BEN cesta tecer-PASS-3
'Pɛˈmi fez uma cesta para Tʃiwˈʃi.'

b. nuˈki tuska-y wɨˈɾɔ-ˈ**na**
2PL costurar-NÃO PASS 3PL-BEN
'Nós estamos costurando para eles.'

c. u-n-ˈbi maˈtiʃ mayˈs-ɔ duˈnu-ˈ**na**
1SG-ERG-1SG piolho catar-PASS NP-BEN
'Eu catei piolho do dunu.'

É interessante observar, nesses exemplos, que o beneficiário da ação pode também ser interpretado como aquele que é ou será o 'possuidor' da 'cesta', como em (14a); da roupa resultante da costura, como em (14b); e finalmente do 'piolho' catado, como em (14c). Entendidas dessa maneira, as construções com o sufixo ***-na*** (ao lado das construções com o verbo ***iˈkɛ***) poderiam ser consideradas uma outra possibilidade, oferecida pela língua, de construção de posse predicativa, como acontece nos dados do Marúbo, apresentados anteriormente.

Além das construções predicativas, como foi dito acima, as línguas oferecem uma outra maneira de traduzir a noção de posse, cujas características em Matsés trataremos a seguir:

2.2. A posse atributiva

Em Matsés, a relação de posse estabelecida através do **sintagma nominal** é marcada pelo **caso genitivo**, indicado pelo morfema ***-n***[7] sufixado no constituinte que representa o **possuidor**, conforme podemos observar nos exemplos em (15). Note-se, ainda, que o Matsés, ao contrário do Marúbo, não faz distinção entre seres animados humanos e não-humanos, sufixando em ambas as classes de possuidores a mesma marca de posse:

(15) a. na'kwa-**n** 'di tʃu'ka-'n-ɛ
NP-GEN rede nova-REL-NÃO PASS
'A rede de Na'kwa é nova.'

ma'yu-**n** ʃu'bu ina'pɛn i'k-ɛ
NP-GEN casa longe ser/existir-NÃO PASS
'A casa de May'u fica longe.'

b. ba'kwɨn-'pi-n pɔʃ'tɔ-**n** inkwɛn'tɛ ʃɔyɔ'n-ɔ-ʃ
menino-DIM-ERG macaco-GEN rabo puxar-PASS-3SG
'O menino puxou o rabo do macaco.'

ba'kwɨ-n ka'na-**n** pɔ'ɾɔ pɨ'tʃi'k-ɔ-ʃ
menino-ERG arara-GEN pena arrancar-PASS-3SG
'O menino arrancou a pena da arara.'

c. ka'na-**n** 'bu pyun'bɔ i'kɛ
arara-GEN pena colorido ser/existir-NÃO PASS
'Pena de arara é colorida.'

[7] Vale ressaltar que as línguas Matsés e Marúbo utilizam-se do sufixo *–n* também para identificar outras funções dentro da oração, tais como a do sujeito e a de certos circunstanciadores verbais.

da'ra-**n** 'taɨ 'nwa i'kɛ
homem-GEN pé grande ser/existir-NÃO PASS
'Pé de homem é grande.' (em comparação a pé de criança)

Repare ainda que, mesmo nas construções em que não há menção a um referente definido, o elemento possuído recebe a marca morfológica de posse. Confira nos exemplos em (15c) acima.

Por outro lado, para os **nomes inanimados**, a língua caracteriza a relação parte-todo através da ordem vocabular, de modo que, no âmbito do sintagma nominal, o elemento que representa o todo precede aquele que representa a parte. Esse procedimento pode ser observado nos exemplos em (16).

(16) pin'tʃu ɨ'ʃɨ
tucum caroço
'Caroço de tucum'

kwɛs'tɛ buʃ'ku
pau pedaço
'Pedaço de pau'

a'tɛ ku'man
rio margem
'Beira do rio'

Em Matsés, portanto, contamos com dois tipos de construções atributivas: uma que utiliza o morfema ***-n*** para marcar a noção de posse e outra que observa a disposição dos elementos dentro do SN, para estabelecer a relação parte-todo. Observe-se na figura em (17) que, no que diz respeito à posição dos elementos no sintagma nominal, há uma correspondência entre o possuidor e o todo. Note-se, ainda, que o mesmo procedimento é observado com os pronomes possessivos.

(17) Construções atributivas

Sintagma nominal:	1	2
	possuidor	**possuído**
na'kwa-n	kan'ti	'arco de nakuá'
NP-GEN	arco	
ka'na-n	pɔ'ɾɔ	'pena da arara'
arara-GEN	pena	
'min	'di	'tua rede'
2SG.POSS	rede	
a'tɔn	ʃɨ'ta	'dente dele'
3SG.POSS	dente	

todo	**parte**
kwɛs'tɛ buʃ'ku	'pedaço de pau'
pau	pedaço
pin'tʃyu ɨ'ʃɨ	'caroço de tucum'
tucum	caroço

Uma outra característica do Matsés reside no fato de que a língua não distingue, nas suas relações possessivas, a noção semântica de alienabilidade. Relembrando, considera-se bens alienáveis aqueles passíveis de venda, troca, doação, etc. Os bens inalienáveis, por outro lado, são aqueles indisponíveis, inseparáveis dos seus possuidores. As línguas, de uma maneira geral, consideram bens inalienáveis as relações de parentesco, as partes do corpo, e, ainda, outros bens culturais, valorizados por um determinado grupo social.

Há línguas que, apesar de não fazerem distinção quanto à alienabilidade, consideram certos valores como sendo **inerentes**, e, como tal, o diferenciam dos outros. Os bens inerentes também são aqueles identificados como partes do corpo, parentesco, bens pessoais, etc., que, como tal, devem ser sempre marcados por um identificador de posse.

Em Matsés, apesar de termos encontrado a ocorrência, em alguns dados, do pronome possessivo, mesmo quando não solicitado ao informante – fato que nos levaria a pensar na hipótese de a língua distinguir valores inerentes, como mostram os exemplos em (18**a** e **b**) — nos deparamos logo em seguida com dois contra-exemplos, que nos demoveram dessa idéia, como pode ser verificado nos exemplos em (18**c** e **d**), nos quais os mesmos itens lexicais aparecem sem o pronome possessivo. Observe:

(18) a. ɾi'maʒ **a'tɔn** 'tyɛɾ-'nɔ ni'ɾ-ɔ-ʃ
NP 3SG.POSS roça-DIR ir-PASS-3SG
'ɾi'maj foi pra roça.'

b. a'mɨ-n **a'tɔn** tʃan'pi ti'n-ɔ-ʃ
pai-ERG 3SG.POSS filha acordar-PAS-3SG
'O pai acordou a filha.'

c. ɛ'mɛ 'tʃ-ɔ-ʃ 'tyɛɾ-nɔ'ɨʃ
NP chegar-PAS-3SG roça-DIR
'ɛ'mɛ chegou da roça.'

d. a'mɨ-n ba'kwɨ ti'n-ɔ-ʃ
pai-ERG filho acordar-PAS-3SG
'O pai acordou o filho.'

Portanto, de acordo com os dados apresentados, podemos concluir que a língua Matsés, além de não marcar, nas suas relações possessivas, o valor semântico da alienabilidade, do mesmo modo, não obriga à identificação de valores inerentes. [8]

3. CONSIDERAÇÕES FINAIS

Como resultado desse estudo, observamos que tanto o Marúbo quanto o Matsés não distinguem o valor semântico da alienabilidade. Já no que diz respeito à distinção de posse inerente, as duas línguas se comportam de maneira diversa. O Matsés, novamente, não

[8] Não descartamos, porém, um olhar mais aprofundado sobre essas questões nas próximas idas a campo.

marca tal valor semântico, ao passo que o Marúbo parece distinguir a posse inerente, nos casos das relações de parentesco.

Outra divergência entre as duas línguas diz respeito à posse atributiva, quanto ao traço [humano]. No Marúbo, apenas nominais [+humanos] podem ser marcados pelo caso genitivo-possessivo. No Matsés, por outro lado, tanto nomes [+humanos], quanto [-humanos] podem receber a marca de posse.

Finalmente, outra similaridade observada entre as duas línguas diz respeito à posposição *'na*, que, interpretada como um benefactivo no Matsés, pode — sob certas circunstâncias — ser interpretada da mesma forma em Marúbo.

REFERÊNCIAS BIBLIOGRÁFICAS

COSTA, Raquel G. R. *Padrões Rítmicos e Marcação de Caso em Marubo (Páno)*. Dissertação de Mestrado. UFRJ, Rio de Janeiro, 1992.

COSTA, Raquel G. R. *Aspectos da Fonologia Marubo (Páno)*: *Uma visão Não-Linear*. Tese de Doutorado. UFRJ, Rio de Janeiro, 2000.

DORIGO DE CARVALHO, Carmen T. *A decodificação da Estrutura Frasal em Matsés (Páno)*. Dissertação de Mestrado. UFRJ, Rio de Janeiro, 1992.

DORIGO, Carmen T. *Fonologia Matsés*: *Uma Análise Baseada em Restrições*. Tese de Doutorado. UFRJ, Rio de Janeiro, 2001.

MITHUN, Marianne. *The languages of Native North America*. Cambridge University Press, 1999.

PAYNE, Thomas E. *Describing Morphosyntax*: *A Guide for Field Linguistics*. Cambrige: Cambridge University Press, 1997.

7

SENTENÇAS INTERROGATIVAS EM PANARÁ

Luciana Dourado

0. INTRODUÇÃO

Na língua Panará, sentenças interrogativas podem ser expressas por meio de uma partícula, para perguntas sim/não, ou por meio de palavras interrogativas, para perguntas em que se indaga um constituinte. Tanto as partículas-sim/não quanto as palavras-QU ocorrem em posição inicial da oração.

Chen (1991), a partir de generalizações observadas em línguas que empregam palavras-QU *in situ*, aponta características tipológicas de línguas com movimento sintático para palavras-QU e de línguas sem movimento, isto é, línguas *in situ*. Pretende-se neste, trabalho, examinar as sentenças interrogativas do Panará à luz da proposta de Chen (1991), visando extrair desse estudo uma melhor compreensão do fenômeno.[1]

[1] Agradeço as valiosas observações e sugestões do leitor anônimo, que transcrevo a seguir:

1. A PROPOSTA DE CHEN (1991)

Contrariando Baker (1970), de acordo com o qual apenas línguas que colocam suas partículas para interrogativas sim/não em posição inicial permitem uma regra de movimento para constituintes questionados, e citando línguas como Hopi, Indonésio e Híndi, que têm partícula sim/não em posição inicial, mas não têm movimento sintático de palavras-QU, Chen (1991) afirma que a posição da partícula sim/não não prediz se a língua tem ou não movimento sintático. No entanto, ela [Chen (1991)] também associa o movimento QU à existência de partículas sim/não em uma dada língua, contudo parte para outro tipo de consideração.

De acordo com Chen (1991), línguas *in situ* invariavelmente possuem uma maneira de formar interrogativas sim/não por meio de um elemento expresso (partícula, flexão ou concordância) ou por pro-

---

"A discussão do deslocamento de QU em Panará é utilizada para avaliar comparativamente duas propostas teóricas ligeiramente diversas (Chen x Baker), com a conclusão pendendo para a segunda em face dos dados do Panará, em que tanto há partícula sim-não (o morfema a), como deslocamento-QU, contra Chen e pro-Baker.
Há uma questão que o texto abre mas não retoma, a da economia, na p. 4. Seria muito bom se esse assunto, que acaba ficando abandonado, fosse reconsiderado após a descrição dos dados do Panará, com uma discussão sobre o conceito de economia, porque a guinada que se está vendo na teoria - do estilo representacional da estrutura sintática para o estilo computacional bastante literal - deu cabo dos níveis ES e EP, com a conseqüência de que toda a noção de economia precisa ser reescrita. Ora, a proposta de Cheng vem no bojo de que teoria da economia? Seria muito útil para os leitores interessados na língua em si poderem se dar conta de até que ponto o espírito de uma teoria pode afetar a forma pela qual os dados são encarados.
Outra observação que talvez pudesse ser mais bem aproveitada para uma reflexão teoricamente iluminada é a de que a partícula sim-não - a - só ocorre em orações finitas, uma restrição selecional que possivelmente se coaduna com a necessária (?) finitude das orações com deslocamento do sintagma interrogado. Se os dois fatos forem verdadeiros, a coincidência não seria talvez coincidência, e por isso mereceria maior realce. Se for verdade, teria algo a ver com o traço finitude do complexo Complementizador-Flexão, e portanto com uma noção de economia estritamente pautada por computações feitas com traços, nada a ver com a noção de economias globalizantes (sem trocadilho!) que afeta a visão de Cheng."
Pretendo discutir a relevância dos dados do Panará para os conceitos de economia em um próximo trabalho.

cessos morfofonológicos (acento, tom, etc.), geralmente ocorrendo em uma ou outra periferia da oração (isto é, na margem esquerda ou direita da oração). Este mecanismo especial é frenqüentemente, mas nem sempre usado em sentenças interrogativas com partícula QU. Ele cita como evidência o fato de muitas línguas partilharem a mesma forma para partícula sim/não e para partícula QU, como o Hopi, o Coreano e o Japonês. Para ela, línguas que possuem partículas sim/não também possuem partículas QU, ainda que estas possam não se realizar foneticamente.

Acrescenta, ainda: (a) que uma mesma língua ou permite palavras QU *in situ* ou têm movimento sintático de QU, e que nenhuma língua alterna entre o uso de palavras QU *in situ* e o movimento sintático de QU; (b) que o uso de palavras QU *in situ* se correlaciona com a maneira particular pela qual interrogativas sim/não são formadas.

A existência ou não do movimento sintático de palavras QU, de acordo com Chen (1991), se relaciona diretamente com a satisfação da Hipótese de Tipificação Oracional (Clausal Typing Hypothesis), segundo a qual:

> "Cada oração precisa ser tipificada. No caso de tipificar uma interrogativa-QU, utiliza-se ou uma partícula-QU em C^0 ou o deslocamento de uma palavra-QU para o Spec de C^0, assim tipifica-se uma oração por meio de C^0, pela concordância Spec-núcleo."

De acordo com Chen (1991), existem duas maneiras possíveis de tipificar orações como interrogativas: (1) pelo movimento sintático da palavra QU, para línguas sem partícula QU (e também sem partícula sim/não); ou (2) pelo uso de partículas QU (para línguas com partícula sim/não), o que não requereria o movimento sintático de palavras QU. Assim, o movimento QU seria o "last resort" e o "least resort", característicos de movimento, havendo, pois, o bloqueio de movimento QU quando uma partícula QU se apresentasse para tipificar uma oração. Em resumo, quando uma língua possui esta partícula, esta será sempre utilizada. A tipificação com uma partícula QU ocorreria antes da estrutura S, ao passo que o movimento de uma palavra QU seria satisfeito na estrutura S, em concordância com o Princípio de Economia sobre Derivação (Chomsky 1989) e também com o "Earliness Principle" (Pesetsky 1989):

"Satisfaça filtros tão cedo quanto possível na hierarquia dos níveis EP>ES>FL>FF de uma língua particular."

Chen assume que C° tem de ser preenchido para projetar uma categoria sintagmática e que o preencimento com a partícula QU é sem custo, em comparação com mover-α que não ocorre sem custo. Então, pelo Princípio de Economia sobre Derivação, línguas com partículas QU as usarão uma vez que isso é sem custo em comparação com o movimento de palavras QU.

2. PARTÍCULAS SIM/NÃO NO PANARÁ

Em Panará as sentenças interrogativas do tipo sim/não ocorrem, em geral, com o movimento do verbo para a esquerda e com a partícula interrogativa **a** na primeira posição, antes do verbo[2], como em (1) e (2), independentemente da topicalização do sujeito, como em (3).

(1) **a** yɨ =k -ãpə ka kɔwmã
PI[3] REAL.INTR=2SG.ABS-comer.IMPF você.ABS hoje
'você comeu hoje?'

(2) **a** ø =ti =ø =sɨ
PI REAL.TR=3SG.ERG=3SG.ABS=cortar.IMPF

mara hẽ pəri
ele ERG árvore.ABS
'ele cortou a árvore?'

(3) Tɛseya **a** ø =tɨ =ø =tɔ
Tɛseya.ABS **PI** REAL.TR=3SG.ERG=3SG.ABS=ir

[2] Essa estratégia foi encontrada apenas em orações com predicados verbais.
[3] Os símbolos utilizados para se referir às funções gramaticais são os seguintes: ABL=ablativo, ABS=absolutivo, ALA=alativo, BEN=benefactivo, IC=instrumental-comitativo, COM=comitativo, DU=dual, ERG=ergativo, FIN=final, INES=inessivo, INSTR=instrumentivo, INTR=intransitivo, IRR=irrealis, LOC=locativo, MAL=malefactivo, PL=plural, REAL=realis, RFLX=reflexivo, SG=singular, TR=transitivo.

tεpi su
peixe pegar
'Teseya, ele foi pegar peixe?'

A partícula interrogativa **a** também pode ocorrer antes de pergunta indiretamente indireta, como em (4), apresentando o mesmo padrão dos exemplos acima:

(4) ĩkyẽ pĩpiə yɨ =ø =po ĩkyẽ y -õ
eu marido REAL.INTR=3SG.ABS=chegar eu RC-POSS
koa tã ø =ti =rã =(ĩ)kiəri
casa ALA REAL.TR=3SG.ERG=1SG.ABS=perguntar
a yɨ =ø =rãkiɔ kiãpɔ
PI REAL.INTR=3SG.ABS=quente beiju.ABS
'quando meu marido chegou em casa, ele perguntou se o beiju estava quente.'

Como assegura Chen (1991), a presença de partícula sim/não em uma língua implica que esta língua possui partícula QU em C^0, mesmo que não seja fonologicamente expressa, a qual tipifica a oração como interrogativa e impede o movimento da palavra-QU para aquela posição sintática. Esta seria, assim, uma evidência de que Panará é uma lingua *in situ*, pois, de acordo com a predição de Chen (1991), nenhuma língua tem partícula sim/não (e, por conseguinte, partícula QU) e também movimento sintático.

Contudo, em Panará as palavras QU também ocorrem na periferia esquerda das sentenças interrogativas, sugerindo movimento sintático, como veremos a seguir.

3. Palavras QU

Perguntas em que se questiona um constituinte da oração são introduzidas por palavras QU que, em geral, têm a função não só de marcar a oração como interrogativa, como também de indicar qual o constituinte indagado. Em Panará, qualquer palavra interrogativa, seja referente a argumentos nucleares ou a adjuntos, é marcada morfologicamente por caso, como o são os sintagmas plenos, conforme podemos observar nos casos a seguir:

(i) Palavras QU nos casos absolutivo (marcado por zero) e ergativo (marcado pela posposição **hẽ**): **prẽ** para [+animado] e **piã** para [-animado]:

(5) **prẽ** yɨ =ø =tɔ
quem.ABS REAL.INTR=3SG.ABS=ir
'quem partiu?'

(6) **piã** ø =ti =kã =sõ
que.ABS REAL.TR=3SG.ERG=2.DAT=dar-IMPF
'o que ele deu para você?'

(7) **prẽ hẽ** ø =ti =ø =wayã
quem ERG REAL.TR=3SG.ERG=3SG.ABS=fazer.IMPF
maya
isto.ABS
'quem fez isto?'

(ii) Podem ocorrer também com predicados nominais. Neste caso, aparecem sem marca morfológica, como absolutivos:

(8) **piã** maya
que.ABS aquilo
'o que é aquilo?'

(9) **prẽ** mara
quem.ABS aquele
'quem é aquele?'

(iii) Quando se trata de predicado nominal possessivo, a palavra interrogativa **prẽ** é seguida pelo nome **yõ** 'posse':

(10) **prẽ yõ** koa mara
quem POSS casa aquela
'de quem é aquela casa?'

(iv) As palavras QU são **prẽ** e **piã** nos casos benefactivo (**mã**) (para o sujeito dativo ou o objeto indireto), malefactivo (**pe**), comitativo (**kõ**) e instrumental-comitativo (**hɔw**):

(11) **prẽ** **mã** mã =kĩ sɔti
quem **BEN** 3.DAT=gostar.IMP cachorro
'quem gosta de cachorro?'

(12) **prẽ** **mã** ka =ti =mã =sõ
quem **BEN** IRR=2SG.NOM=3.DAT=dar.IMPF
pekə ka hẽ
vestido.ABS você ERG
'para quem você vai dar o vestido?'

(13) **prẽ** **pe** ø =kari =ø =pɨ
quem **MAL** REAL.TR=2PL.ERG=3SG.ABS=pegar.IMPF
moto kamɛrã
motor vocês.ERG
'(em detrimento) de quem vocês pegaram o motor?'

(14) **prẽ** **kõ** ka =ti =ø =kuɨ muu
quem **COM** IRR=2SG.NOM=3SG.ABS=ir Brasília
tã ka
ALA você.ABS
'com quem você vai para Brasília?'

(15) **piã** **hɔw** yɨ =ø =ra =po
que **INSTR** REAL.TR=3SG.ABS=3PL.ABS=chegar
ĩkiara
mulheres.ABS
'o que as mulheres trouxeram (lit: com o que as mulheres chegaram)?'

(v) A palavra-QU **piã** com função de adjunto ocorre seguida das posposições inessiva (modo) e final (causa, motivo):

(16) **piã ramã** yɨ =ø =po
que INES IRR.INTR=3SG.ABS=chegar
'como ele chegou?(lit:dentro de que ele chegou aqui?)'

(17) **piã rahe** ø =ti =ø =sa
que FIN REAL.TR=3SG.ERG=3SG.ABS=pôr.IMPF
pəri mara hẽ uãhã
madeira.ABS ele ERG lá
'por que ele colocou a madeira lá?'

(vi) A palavra QU **yu** segue as posposições ablativa **pe,** alativa **tã** e essiva **ri ~ rin**, e a conjunção temporal **ãhã**. Em todas essas construções, a partícula interrogativa mais a posposição ou conjunção se referem a adjuntos adverbiais:

(18) **yu pe** yɨ =a =kuɨ
PI ABL REAL.INTR=2SG.ABS=vir/ir
'de onde você vem?'

(19) **yu tã** ka =ti =kuɨ
PI ALA **IRR=2SG.NOM=vir/ir**
'para onde você vai?'

(20) **yu ri** pan kiõpɛ
PI ESS COP Kiompé
'onde está Kiompé?'

(21) **yu rãhã** ø =ti =kã =sõri
PI TEMP REAL.TR=3SG.ERG=2.DAT=dar
tɛpi mara hẽ
peixe.ABS ele ERG
'quando ele deu peixe para você?'

(vii) Para codificar adjuntos adverbiais de quantidade, é utilizada a palavra QU **yutihẽ** 'quanto(s)':

(22) **yutihẽ** ø =ti =ø =kã =sõ
quantosREAL.TR=3SG.ERG=3SG.ABS=2.DAT=dar
tɛpi mara hẽ
peixe.ABS ele ERG
'quantos peixes ele deu para você?'

(viii) A palavra QU **yu** seguida pelo pronome indefinido **ĩkieti** 'muito(s)' (>**yũ kieti**) constitui um pronome interrogativo que parece codificar elemento(s) de um universo limitado.

(23) **yũ kieti** yɨ =ø =po tɔputũ
PI muito REAL.INTR=3SG.ABS=chegar chefe.ABS
'qual dos chefes chegou?'

Chen (1991), citando línguas como o Árabe Egípcio, o Bahasa Indonesia e o Palauano, que opcionalmente podem ter palavras QU em posição inicial da sentença, argumenta que nessas línguas a aparente posição periférica da palavra QU não envolve movimento de palavras QU para o Spec de C^0, mas, diferentemente, são casos de sentenças clivadas, no caso de interrogativas de argumentos, e de topicalização, no caso de interrogativas de adjuntos, tendo em vista que as mesmas formas que marcam as interrogativas também marcam os nominais clivados e topicalizados.

Em Panará, sentenças clivadas são formadas a partir de um operador sintático **mãmã**, que também introduz orações relativas de adjunto e subordinadas adverbiais, mas que não ocorre em orações interrogativas. Este operador pode ser seguido ou não de posposição. O constituinte clivado é deslocado para a primeira posição na sentença.

(24) iɔti **mãmã** mã kuə s-õpã ĩta tã
sucuri **CLV** BEN nascer RNC-filho chuva quando
'é a sucuri que dá cria quando chove.'

(25) iɔti ĩkyɨ **mãmã** pan ĩko yamã
tipo de sucuri **CLV** andar água INES
'é a sucuri que anda dentro d'água.'

Também é possível encontrar seqüências de orações clivadas referentes a um único constituinte posicionado no início da sentença, como no exemplo abaixo, em que foi obtida a resposta à seguinte pergunta: **yu kare si hɔw asəti** 'como vocês fazem cordão?':

(26) kuərã **mãmã** re =kuə-ri **mãmã**
fuso **CLV** 3PL.ABS=fazer-PERF **CLV**
re =mãpɛy **mãmã** re =rõkiã
3PL.ABS=aprontar **CLV** 3PL.ABS=enrolar
'são os fusos que fazem, que aprontam e que enrolam.'

Já constituintes topicalizados ocorrem sem qualquer marca, sendo apenas sistematicamente deslocados para a esquerda, para o início da oração, quer sejam argumentos, quer sejam adjuntos.

(27) **ĩkyẽ** **ø** =ti =rã =sa-ri nãkã hẽ
eu REAL.TR=3SG.ERG=1SG.ABS=morder-PERF cobra ERG
'eu fui mordida pela cobra (lit: eu, a cobra me mordeu).'

(28) **kukrɛ kran** yɨ =ra =siin ĩkiara
casa LOC IRR.INTR=3PL.ABS=estar(sentada) mulheres.ABS
'na casa, as mulheres estão (lá).'

Ainda de acordo com Chen (1991), as partículas QU também servem a outras funções: determinam a força quantificacional para certas espécies de sintagmas-QU para aquelas línguas cujas palavras QU funcionam tanto como indefinido quanto como interrogativo, sendo que no caso desta última função, ela é sinalizada pela presença da partícula QU, tendo em vista que as palavras QU nestas línguas não dipõem de força quantificacional inerente.

Em Panará, as mesmas formas que funcionam como palavras QU que indagam constituintes são encontradas também como pronomes indefinidos, com as mesmas marcas morfológicas de caso.

TABELA I. Palavras QU e pronomes indefinidos em Panará

	SINGULAR		PLURAL		
Caso	+ anim	-anim	+animado	como interr.	como indef.
abs	prẽ	piã	premera	quem/que	alguém/algum[4]
erg	prẽ hẽ	piã hẽ	premerã	quem/que	alguém/algum
dat	prẽ mã	piã mã	premera mã	para quem/que	para alguém/algum
mal	prẽ pe	piã pe	premera pe	de quem/que	de alguém/algum
com	prẽ kõ	piã kõ	premera kõ	com quem/que	com alguém/algum
i-com	prẽ hɔw	piã hɔw	premera hɔw	com quem/que	com alguém/algum
ines	-	piã ramã	_	como	de algum modo
gen	prẽ yõ		premera yõ	de quem	de alguém

Esta seria uma evidência tipológica a mais, além da existência de partícula sim/não, em favor da proposta de Chen (1991) para se considerar o Panará como uma língua que teria partícula QU (ainda que não realizada foneticamente) como uma exigência para se atribuir força quantificacional a palavras QU que prescindem inerentemente desta capacidade, não fosse o fato de que palavras QU ocorrem na periferia esquerda da sentença e não podem ser confundidas com casos de clivagem, para argumentos, nem topicalização, para adjuntos, tendo em vista que esses processos gramaticais se expressam de forma diversa das orações interrogativas nesta língua. Tampouco existe a opção de se deixar a palavra QU *in situ.* A existência de movimento da palavra QU em Panará é corroborada em face da possibilidade de ocorrer, opcionalmente, no caso de interrogativas de adjunto, o movimento do núcleo do sintagma nominal acompanhando a palavra QU (*pied-piping,* Ross 1967), ou de permanecer *stranding*, conforme exemplos em (29) e (30), respectivamente.

[4] As formas para os indefinidos negativos são formadas por partículas negativas acrescentadas a estas formas.

(29) **piã tɛpi** ka =ti =ø =sa =popo
que peixe.ABS IRR=3SG.NOM=3SG.ABS=furar=flechar
'que peixe ele vai pescar?'

(30) **piã** ka =ti =ø =sa =popo **tɛpi**
que IRR=3SG.NOM=3SG.ABS=furar=flechar **peixe.ABS**
'que peixe ele vai pescar?'

Considerando-se a evidência de movimento sintático de sintagmas interrogativos em Panará e **a** como uma partícula tipificadora, teríamos nesta língua, então, um contra-exemplo potencial à proposta de Chen (1991).

Contudo, Chen (1991), citando o Polonês como língua que dispõe da partícula sim/não **czy,** mas também possui movimento sintático de palavra QU, questiona se esta partícula é realmente uma partícula tipificadora ou uma palavra QU, isto é, se **czy** é um X^0 ou um XP. Levando em conta que no Polonês a partícula **czy** ocorre**:** (a) com orações infinitivas-QU, contexto em que PRO não pode ser regido (como partícula tipificadora, isto é, um C^0, passaria a reger PRO, por isso não seria permitida nesse contexto; b) em contextos que indicam disjunção e não envolvem questão, o autor conclui que **czy** deve ser tratada como um sintagma QU e não como partícula QU, citando como um caso similar a análise proposta para a palavra **whether** do inglês, para a qual Chen (1991) acompanha Katz e Postal (1964), Larson (1985) e Kayne (1990). Assim, **czy** seria uma palavra QU e não uma partícula tipificadora. Isso justifica o fato de o Polonês ter movimento sintático de palavra QU, apesar de ter partícula-sim/não.

Procuramos, então, determinar o estatuto sintático da partícula sim/não em Panará, para verificar se a sua existência seria realmente indicadora da presença da partícula QU, esta sim a única inibidora de qualquer movimento de palavra QU.

A partícula **a** do Panará em orações encaixadas pode indicar disjunção, mas sempre envolvendo pergunta. Observe-se nestes exemplos que a partícula sim/não ocorre na periferia esquerda da encaixada. Quando a questão tem escopo sobre um sintagma, o verbo é copiado e o constituinte, alvo da questão, topicalizado, como em (32) e (33).

(31) ka =ti =səpe ka **a** sõ
IRR=2SG.NOM=trabalhar você.ABS **PI** comida.ABS
ka =ti =ø =wayã
IRR=2SG.NOM=3SG.ABS=fazer.IMP
'você vai trabalhar ou vai fazer comida?'

(32) ka hẽ ka =ti =mã =pẽ kɔwmã
você ERG IRR=2SG.NOM=3.DAT=falar hoje
pãyakriti **a** pɨkowmã ka =ti =mã =ha-pẽ
rádio **PI** amanhã IRR=2SG.NOM=3.DAT=MS-falar
'você vai falar no rádio (com alguém) hoje ou amanhã?'

(33) ka hẽ ka =ti =ø =tõ =pĩ
você ERG IRR=2SG.NOM=3SG.ABS=escolher=matar

nãpən **a** (i)?kow̃
arara.ABS **PI** macaco. ABS

ka =ti =ø =tõ =pi
IRR=2SG.NOM=3SG.ABS=escolher=matar
'você vai matar arara ou macaco?'

Não há ocorrência na língua da partícula sim/não em orações não-finitas. Já às orações que indicam disjunção, mas que não envolvem questão, são expressas por meio de justaposição, como se pode ver nos exemplos abaixo:

(34) ka hẽ ka =ti =kyẽ =sarẽ
você ERG IRR=2SG.NOM=1DAT=ensinar

ĩkyẽ hẽ re =(r)ĩpari piɔ
eu ERG 1SG.ERG=aprender NEG
'ou você vai me ensinar ou não vou aprender'.

(35) ka ka =ti =ra =kõ =a-kuɨ
você.ABS IRR=2SG.NOM=1SG.ABS=COM=MS=ir

ĩkyẽ kõ ĩkye ka =ø =kuɨ rõ
eu COM eu IRR=1SG.NOM=ir NEG
'ou você vai comigo ou eu não vou'.

4. Considerações finais

Como podemos obsevar, Panará é uma língua com partícula sim/não, mas que apresenta fortes evidências de movimento sintático de palavra QU, sendo, pois, aparentemente, um contra-exemplo à proposta de Chen (1991). Os resultados aqui apresentados sugerem que a proposta de Baker (1970), de acordo com a qual "apenas línguas que colocam suas partículas para interrogativas sim/não em posição inicial da oração permitem uma regra de movimento para constituintes questionados" encontra respaldo nos dados do Panará. Acrescenta-se ainda que Baker observa que os dados de Greenberg (1966) sugerem um estreito relacionamento entre a posição de partículas interrogativas sim/não e a posição de palavras-QU.

Referências bibliográficas

BAKER, C. *Notes on the description of English.* Questions. Foundations of Language 6:197-219, 1970.

CHENG, L. *On the Typology of Wh-Questions.* Tese de Doutorado, MIT, 1991.

DOURADO, L. *Aspectos Morfossintáticos da Língua Panará (Jê).* Tese de doutorado, UNICAMP, 2001.

GREENBERG, J. Some Universals of Grammar With Particular Reference to the Order of Meaningful Elements. *Universals of Language* (J. H. Greenberg, ed.), pp. 73-113. Cambridge, Mass.: MIT Press, 1966.

8

ANÁLISE MORFOLÓGICA DE UM TEXTO KARAJÁ

Eduardo Rivail Ribeiro

0. INTRODUÇÃO

Este trabalho discute vários tópicos da morfologia Karajá (Macro-Jê)[1], ilustrados através da análise de um texto da mitologia

[1] O Karajá é uma língua Macro-Jê falada ao longo do Rio Araguaia, nos Estados de Goiás, Tocantins, Mato Grosso e Pará, por cerca de três mil indivíduos. Há quatro dialetos: Karajá do Sul, Karajá do Norte, Javaé e Xambioá. Estudos anteriores incluem Fortune & Fortune (1963, 1964, 1975), Fortune (1973), Maia (1986[1998]), Cavalcante (1992), Viana (1995), Ribeiro (1996), Borges (1997) e Fialho (1998). Os dados neste artigo são apresentados em transcrição fonética (primeira linha, em itálico) e fonológica (segunda linha). Para detalhes sobre a fonologia do Karajá, ver Fortune & Fortune (1963), Cavalcante (1992) e Ribeiro (2000, 2002a). Para detalhes da morfologia verbal, ver Ribeiro (1996, 2001, 2002, 2002d). O título do presente trabalho é um 'plágio-homenagem' a Aryon Dall'Igna Rodrigues (vide Rodrigues 1952), que, ao lado de Marita Pôrto Cavalcante, co-orientou a dissertação de mestrado na qual este estudo se baseia (Ribeiro 1996). O autor gostaria de expressar seus sinceros agradecimentos a ambos, pela orientação sólida e competente. Agradecimentos são igualmente devidos aos Karajá, pela sua generosidade e hospitalidade, e a Mônica Veloso Borges, por valiosos comentários. Quaisquer erros no presente trabalho são, naturalmente, da inteira responsabilidade do autor. Cópias do material fonográfico contendo o texto aqui analisado estão arquivadas na Seção de Etnolingüística do Museu Antropológico da UFG, estando disponíveis aos pesquisadores

tradicional deste povo indígena do Brasil Central. A análise aqui apresentada, baseada em Ribeiro (1996), diverge de estudos anteriores (Fortune & Fortune 1964, Fortune 1973, Maia 1986 [1998], Wiesemann 1986) em vários aspectos. Por exemplo, Wiesemann (1986:370), baseando-se em dados dos Fortune, afirma que há 'total fusão' entre as categorias flexionais do verbo Karajá. Tal fusão, porém, restringe-se a poucos casos, a maioria dos quais podem ser explicados por regras morfofonêmicas regulares (2.8). Em vez da 'total fusão' descrita por Wiesemann (e aceita, implícita ou explicitamente, por Maia (1986) e os Fortune), a análise aqui adotada revela um rico sistema flexional, com implicações interessantes para a teoria morfológica (Ribeiro 2001, 2002). Além de vários aspectos da gramática Karajá, o texto analisado permite ilustrar interessantes fenômenos morfofonêmicos (como harmonia vocálica), discursivos (o abundante uso de marcadores atitudinais) e sociolingüísticos (diferenças entre as falas feminina e masculina).

1. Informações preliminares

O Karajá é uma língua SOV, com marcação no núcleo, cuja morfologia verbal tem sido tradicionalmente descrita como um sistema bastante irregular de prefixos 'fundidos' indicando pessoa, aspecto, objeto e direção (Fortune & Fortune 1964, Wiesemann 1986, Maia 1998). Contudo, uma análise mais cuidadosa revela uma morfologia

interessados para consulta. Os dados no presente estudo representam os dialetos Karajá do Sul e Karajá do Norte, mas a análise aplica-se a todos os quatro dialetos. Abreviações e símbolos: ♀ 'fala feminina'; ♂ 'fala masculina'; ADM 'admoestativo'; AL 'alativo'; ANTEC 'antecipador fático'; ANTI 'antipassiva'; COMP 'compaixão, pena'; CONT 'continuativo'; CONV 'marcador de converbos'; COR 'co-referencial'; CTFG 'direção centrífuga'; CTPT 'direção centrípeta'; DEM demonstrativo; DESCR 'partícula descritiva'; DELIB 'deliberação'; ENF 'partícula enfática'; FUT 'futuro'; IMPF 'imperfectivo'; INDEF 'artigo indefinido'; INSTR 'instrumental'; INTER 'partícula interrogativa'; INTR 'intransitivo'; LOC 'locativo'; NAR 'partícula narrativa'; NEG 'negação'; NOM 'nominalizador'; PART 'partícula' (significado desconhecido ou impreciso, por enquanto); PERF 'perfectivo'; PL 'plural'; POT 'potencial'; PROGR 'progressivo'; REDUP 'reduplicação'; REFL 'reflexivo'; REL 'prefixo relacional'; TRANS 'transitivo'; VERB 'sufixo verbalizador'; VOC 'vocativo'. Algarismos romanos indicam a classe lexical a que um determinado tema pertence.

um tanto regular, predominantemente aglutinante. Além de *pessoa* e *modo*, marcados por duas séries mutuamente exclusivas de prefixos *portmanteau*, o verbo Karajá apresenta prefixos claramente segmentáveis indicando *valência* e *voz* (ativa, passiva e antipassiva) e *direção* (centrípeta e centrífuga). Todo verbo em Karajá é marcado para concordância com o sujeito, direção (centrípeta ou centrífuga) e voz/valência. Além disso, objetos diretos pronominais são obrigatoriamente incorporados ao verbo. A distribuição dos morfemas na palavra verbal é ilustrada pelo exemplo abaixo:

(1) ♀ *ɗadɪwarakoɗe*
ɗa-d-ɪ-wa-rakɔ=ɗ-e
2-CTPT-TRANS-1-esperar=2-IMPF
'Você me esperou (para cá).'

1.1. Pessoa

A marcação de concordância pessoal apresenta um padrão essencialmente nominativo, uma vez que a concordância se dá sempre com o sujeito, seja com verbos transitivos (como *θʊhɔ* 'lavar') ou intransitivos (como ♀ *rika* 'andar', ♂ *ria*), que recebem as mesmas séries de prefixos pessoais (Tabela 1). Os marcadores de concordância pessoal distribuem-se em duas séries, uma ocorrendo no modo realis (presente e passado) e a outra no modo irrealis (futuro, potencial e admoestativo).

Tabela 1. Marcadores de concordância com o sujeito

Pessoa	*Realis*	*Irrealis*
1ª	*a-*	♀ *ka-*/♂ *a-*
2ª	*ɗa-*	*bə-*C, *b-*V
3ª	*∅-*	*∅-*; *kə-*/♂ *ə-*

(2) a. ♀ *kraritʃakre*
ka-r-a-rika=kəre
1-CTFG-INTR-andar=FUT
'Eu vou andar.'

b. ♀ *kariθuhokre*
ka-r-ɪ-∅-θʊhɔ=kəre
1-CTFG-TRANS-3-lavar=FUT
'Eu vou lavá-lo.'

As mesmas séries de prefixos pessoais ocorrem no singular e no plural. Há também distinção entre uma primeira pessoa plural exclusiva (marcada pelos mesmos prefixos usados para a primeira pessoa singular) e uma primeira pessoa plural inclusiva (que apresenta flexão de terceira pessoa). O prefixo de terceira pessoa *kə-* é restrito à direção centrípeta do modo realis: *kə-d-ɪ-∅-wɨ=kəre* 'ele vai trazê-lo' (versus *∅-r-ɪ-∅-wɨ=kəre* 'ele vai levá-lo').

1.2. Valência e voz

Em Karajá, verbos são lexicalmente transitivos ou intransitivos, havendo vários mecanismos morfológicos para a alteração da valência original. Todos os verbos transitivos são marcados pelo prefixo *ɪ-* (2b), enquanto a maioria dos verbos intransitivos são marcados pelo prefixo *a-* (2a), ou por um alomorfe zero.[2] Sob certas circunstâncias (vide 2.6), marcadores de voz e valência podem fundir-se fonologicamente com marcadores de pessoa.

Verbos transitivos podem se tornar passivos (resultando na supressão do sujeito original e a concomitante promoção do objeto a sujeito) ou antipassivos (resultando na supressão do objeto). As diferentes vozes são indicadas por prefixos mutuamente exclusivos: verbos transitivos, como vimos, são marcados pelo prefixo *ɪ-*, verbos passivos são marcados pelo prefixo *a-* ou por um alomorfe zero (aparentemente, os mesmos afixos que marcam a grande maioria dos verbos basicamente intransitivos; vide 2.4) e verbos antipassivos são marcados pelo prefixo *ɔ-*:

(3)a. *rɪθʊhɔrɛrɪ*
∅-r-***ɪ***-∅-θʊhɔ=r-ɛrɪ
3-CTFG-***TRANS***-3-lavar=CTFG-PROGR
'Ele/ela o/a está lavando.'

b. *raθʊhɔrɛrɪ*
∅-r-***a***-θʊhɔ=r-ɛrɪ
3-CTFG-***INTR***-lavar=CTFG-PROGR
'Ele/ela está sendo lavado.'

c. *rɔθʊhɔrɛrɪ*
∅-r-***ɔ***-θʊhɔ=r-ɛrɪ
3-CTFG-***ANTI***-lavar=CTFG-PROGR
'Ele/ela está lavando (algo).'

[2] No texto aqui analisado ocorrem dois outros marcadores de verbos intransitivos, *ʊ-* e *ɛ-*, que são bem menos produtivos.

Por outro lado, verbos intransitivos podem ser transitivizados através da promoção de oblíquos e, mais comumente, causativização. [Exemplos de causativização são dados na discussão do texto abaixo; para exemplos adicionais de transitivização, vide Ribeiro 2001.] Vários verbos que seriam transitivos em português são intransitivos em Karajá. Por exemplo, o verbo *bɔhɔ* I 'ser quebrado' é intrinsecamente passivo, requerendo morfologia derivacional para ser usado transitivamente. O verbo *obi* II 'ver', cujos objetos são marcados pela posposição *bɔ̃* 'locativo difuso' (10a,b), também é morfológica e sintaticamente intransitivo.

1.3. Incorporação nominal

Além disso, o Karajá apresenta incorporação nominal, um fenômeno ignorado nas análises anteriores. Em geral, apenas nomes que se referem a partes do corpo podem ser incorporados. Com a incorporação do nome, seu possuidor é promovido a objeto direto (no caso de verbos transitivos) ou a sujeito (no caso de verbos intransitivos inacusativos). A valência do verbo, portanto, não é alterada:

(4)a. ♀ *nadɪ* *waritʃɔrɛ* *radɛ* *rɪkrɔrɛrɪ*
d-ãdɪ wa-rikɔrɛ ***radɛ*** ∅-r-ɪ-∅-***kərɔ***=r-ɛrɪ
REL-mãe 1-filho ***cabelo*** 3-CTFG-TRANS-3-***cortar***=CTFG-PROGR
'Minha mãe está cortando o cabelo do meu filho.'

b. ♀ *nadɪ* *waritʃɔrɛ* *rɪradɛkrɔrɛrɪ*
d-ãdɪ wa-rikɔrɛ ∅-r-*ɪ*-∅-***radɛ-kərɔ***=r-ɛrɪ
REL-mãe 1-filho 3-CTFG-*TRANS*-3-***cabelo-cortar***=CTFG-PROGR
'Minha mãe está cortando o cabelo do meu filho.'

1.4. Classes lexicais

Raízes verbais e nominais dividem-se em duas classes morfológicas principais, arbitrariamente denominadas classe I e classe II.[3]

[3] De fato, não tão arbitrariamente assim. Tal terminologia segue a tradição inaugurada pela análise que Rodrigues (1953) faz do Tupinambá, dividindo as raízes desta língua em duas classes de temas, a classe I, "cujos temas não recebem prefixo de

Com temas nominais, a principal diferença entre ambas as classes lexicais encontra-se nas diferentes séries de prefixos com que temas de uma e outra ocorrem (Tabela 2). Enquanto a série de prefixos da classe I distingue entre uma terceira pessoa co-referencial com o sujeito (*ɗa-wɨhɨ* 'sua própria flecha') e uma terceira pessoa não co-referencial (*i-wɨhɨ* 'sua flecha'), a série de prefixos da classe II apresenta apenas um prefixo de terceira pessoa, que cobre ambos os significados (*ɗ-ʊahɪ* 'seu remédio; seu próprio remédio').

Tabela 2. Prefixos possessivos

<table>
<tr><th>Pessoa</th><th>Classe I</th><th>Classe II</th></tr>
<tr><td>1ª.</td><td>wa-</td><td>wa-</td></tr>
<tr><td>2ª.</td><td>a-</td><td>∅-</td></tr>
<tr><td>3ª.</td><td>i-</td><td rowspan="2">{ ɗ-</td></tr>
<tr><td>3ª.COR</td><td>ɗa-</td></tr>
</table>

Além disso, raízes da classe II apresentam um 'prefixo de ligação' *d-* na primeira pessoa e quando precedidas por um possuidor nominal.[4] A distribuição deste prefixo lembra a dos chamados 'prefixos relacionais', que indicariam a contigüidade de um tema com relação a seu determinante (ou seja, um nome com relação a seu possuidor, uma adposição com relação a seu objeto, um verbo transitivo com relação a seu objeto direto e um verbo intransitivo com relação a seu sujeito; cf. Rodrigues 1994). Prefixos relacionais foram inicialmente descritos como uma peculiaridade gramatical das línguas Tupí-

relação", e a classe II, "cujos temas recebem prefixo de relação". Como nas línguas Macro-Jê aqui discutidas (bem como em outras línguas do tronco Tupí e da família Karíb; Rodrigues 1992), "à classe I pertencem todos os temas começados por consoante ou semivogal e parte dos temas começados por vogal; à classe II pertencem só temas começados por vogal" (Rodrigues 1953:123). Casos em que prefixos relacionais ocorrem com raízes começadas por consoante são claramente inovações recentes. Tal é o caso da raiz para 'dente' em Jê, reconstruída como **cwa* (forma que inclui o prefixo relacional) para o Proto-Jê (Davis 1966:20). Considerando-se o comportamento morfológico desta raiz na maioria das línguas Jê atuais, bem como seus prováveis cognatos em outras línguas Macro-Jê (como o Karajá; vide Tabela 4), é provável que uma reconstrução mais adequada seria **ua*.

[4] O prefixo relacional e o marcador de terceira pessoa são palatalizados quando seguidos de vogal alta [+ATR], sendo pronunciados como [dʒ] e [tʃ], respectivamente (cf. Ribeiro 2000:86-88). Além disso, o prefixo relacional tem dois alomorfes cuja distribuição não parece ser condicionada fonologicamente, *d-* (como em *d-ɛbɔ* 'mão') e *l-* (como em *l-ʊahɪ* 'remédio'), cuja escolha é sujeita a certas variações dialetais.

Guaraní e sua ocorrência em línguas da família Karíb e do tronco Macro-Jê (bem como em línguas de outras famílias do tronco Tupí) tem sido apontada como evidência para o relacionamento genético entre estes três grandes grupos lingüísticos (Rodrigues 1994).

Tabela 3. Raízes nominais da classe I

	'flecha'	'irmão mais novo'	'machado'	'olho'
'do homem'	*hãbu wɨhɨ*	*hãbu esi*	*hãbu wobã*	*hãbu ruɛ*
1ª.	*wa-wɨhɨ*	*wa-esi*	*wa-wobã*	*wa-ruɛ*
2ª.	*a-wɨhɨ*	*a-esi*	*a-wobã*	*a-ruɛ*
3ª.	*i-wɨhɨ*	*i-esi*	*i-wobã*	*i-ruɛ*
3ª.COR	*ɗa-wɨhɨ*	*ɗa-esi*	*ɗa-wobã*	*ɗa-ruɛ*

Tabela 4. Raízes nominais da classe II

	'antebraço'	'dente'	'remédio'	'penugem'
'do homem'	*hãbu d-ɛra*	*hãbu dʒ-u*	*hãbu l-ʊahɪ*	*hãbu d-ʊra*
1ª.	*wa-d-ɛra*	*wa-dʒ-u*	*wa-l-ʊahɪ*	*wa-d-ʊra*
2ª.	*∅-ɛra*	*∅-u*	*∅-ʊahɪ*	*∅-ʊra*
3ª.	*ɗ-ɛra*	*tʃ-u*	*ɗ-ʊahɪ*	*ɗ-ʊra*
3ª.COR	*ɗ-ɛra*	*tʃ-u*	*ɗ-ʊahɪ*	*ɗ-ʊra*

Fortune & Fortune (1964:4) consideram *d-* (em exemplos como *d-ɛbɔ* 'mão'), *l-* (em exemplos como *l-ɔdɪ* 'garganta') e *dʒ-* (em exemplos como *dʒ-u* 'dente') como parte da raiz, postulando regras de 'perda da consoante inicial', para a segunda pessoa, e de 'substituição da consoante inicial' por *ɗ* ou *tʃ*, para a terceira. No entanto, o fato de que a consoante inicial não é parte da raiz é facilmente demonstrável com exemplos envolvendo incorporação nominal, verbalização e nominalização. Quando nominalizados, verbos da classe II receberão a mesma série de prefixos descritos na Tabela 4 — incluindo, naturalmente, o prefixo 'relacional' (5b-d). Quando transformados em verbos intransitivos, temas nominais da classe II ocorrerão com o mesmo prefixo marcador de verbos intransitivos da classe II, zero (6), o mesmo se dando quando um nome da classe II é incorporado a um verbo intransitivo (7).

(5)a. ♂ *dɪarə̃ ɗʊʊ arɛrakre*
dɪarə̃ ɗʊ a-r-∅-***ɛra***=kəre
eu 3.LOC 1-CTFG-INTR-***copular***=FUT
'Eu vou copular com ela.'

b. *wadɛrana*
wa-d-***ɛra***-dã
1-REL-***copular***-NOM
'minha namorada'

c. *ɛrana*
∅-***ɛra***-dã
2-***copular***-NOM
'tua namorada'

d. *ɗɛrana*
ɗ-***ɛra***-dã
3-***copular***-NOM
'namorada dele'

(6) ♂ *dɪarə̃ arunə̃kre*
dɪarə̃ a-r-∅-***u***-də̃=kəre
eu 1-CTFG-INTR-***dente***-VERB=FUT
'Eu vou adquirir dentes (uma dentadura).'

(7) a. *wadʒu raθihekre*
wa-d-***u*** ∅-r-a-θɪhɛ=kəre
1-REL-***dente*** 3-CTFG-INTR-tirar=FUT
'Meu dente vai ser arrancado.'

b. ♀ *karuθihekre*
ka-r-∅-***u***-θɪhɛ=kəre
1-CTFG-INTR-***dente***-tirar=FUT
'Eu vou ter o meu dente arrancado.'

Prefixos relacionais ocorrem em pelo menos cinco das doze famílias do tronco Macro-Jê: Jê, Boróro, Ofayé, Kariri (Rodrigues 1994) e Karajá (Ribeiro 1996). As afinidades morfológicas entre o Karajá e a família Jê (bem como as outras famílias do tronco), no que diz respeito à ocorrência de prefixos relacionais, são corroboradas por evidências lexicais (Ribeiro 2002b,c). Por exemplo, a raiz Karajá *ɛra* II 'antebraço', listada acima, é provavelmente cognata da raiz para 'mão' em Jê, reconstruída por Davis (1966:22) como **ɲ-ĩkra*, cujos reflexos na maioria das línguas Jê atuais apresentam alternâncias envolvendo o prefixo relacional e o marcador de terceira pessoa (Panará *s-ikia* 'mão (de alguém)', *ka y-ĩkia* 'tua mão'; Dourado 2001: 191, 193).[5]

[5] Corroborando as correspondências fonológicas entre Karajá *d-ɛra* e Proto-Jê **ɲ-ĩkra*, temos Karajá *dɛ* 'carne' (Proto-Jê **ɲĩ*) e Karajá *ra* 'sobrinho' (Proto Jê **kra* 'filho'). O marcador de terceira pessoa com raízes da classe II na maioria das línguas

No entanto, o caráter 'relacional' do prefixo *d-* (e seus alomorfes) em Karajá é menos óbvio que nas línguas da família Jê, uma vez que este morfema também ocorre na 'forma de citação' de grande parte dos temas nominais da classe II. É o que ocorre, por exemplo, com todas as raízes listadas na Tabela 4 acima. Este é, muito provavelmente, um resultado do enfraquecimento da distinção entre nomes obrigatoriamente possuídos e nomes alienavelmente possuíveis em Karajá (Ribeiro 1996). Com nomes que permanecem obrigatoriamente possuídos, como *e* II 'asa', a natureza relacional do prefixo *d-* é ainda evidente (*hadɪkɛ d-e* 'a asa da galinha', *ɗ-e* 'a asa dela', mas **d-e* 'asa').

Também evidente é o uso do prefixo relacional com temas verbais. Temas verbais transitivos da classe II, como *ʊahɪ-də̃* 'medicar' e *uka* 'rachar', ocorrem com o prefixo *ɗ-* quando não são imediatamente precedidos por um objeto direto pronominal ou por um nome incorporado (8a, 9a). Do contrário, o prefixo relacional é usado (8b, 9b):

(8)a. ♀ *həri* *waritʃɔrɛ* *rɪɗʊahɪnə̃re*
həri wa-rikɔrɛ ∅-r-ɪ-***ɗ***-ʊahɪ-də̃=r-e
pajé 1-filho 3-CTFG-TRANS-***3***-remédio-VERB=CTFG-IMPERF
'O pajé medicou o meu filho.'

b. *həri* *rɪwalʊahɪnə̃re*
həri ∅-r-ɪ-wa-***l***-ʊahɪ-də̃=r-e
pajé 3-CTFG-TRANS-1-***REL***-remédio-VERB=CTFG-IMPERF
'O pajé me medicou.'

(9)a. ♀ *kɔɗʊ* *hãlɔkɔɛ* *kɔrʊ* *ritʃukare*
kɔɗʊ hãlɔkɔɛ kɔrʊ ∅-r-ɪ-***ɗ***-uka=r-e
tracajá onça testa 3-CTFG-TRANS-***3***-rachar=CTFG-IMPF
'O tracajá rachou a testa da onça.'

b. ♀ *kɔɗʊ* *hãlɔkɔɛ* *rikɔrudʒukare*
kɔɗʊ hãlɔkɔɛ ∅-r-ɪ-∅-kɔrʊ-***d***-uka=r-e

Jê é um reflexo do prefixo Proto-Jê **z-* (reconstruído por Davis como parte da raiz em algumas proto-formas); esta consoante corresponde sistematicamente à implosiva alveolar do Karajá (Karajá *ɗɨ* 'semente', Proto-Jê **zɨ*). Para um estudo histórico-comparativo dos prefixos relacionais em Macro-Jê, vide Ribeiro (2002b,c).

tracajá onça 3-CTFG-TRANS-3-testa-***REL***-rachar=CTFG-IMPF
'O tracajá rachou a testa da onça (lit. 'testa-rachou a onça').'

A principal diferença entre temas verbais das classes I e II está no fato de que verbos intransitivos da classe I (como *ɗɔɗəkɛ* 'esquentar') são geralmente marcados pelo prefixo *a-*, enquanto verbos intransitivos da classe II (como *uɗɘɗɘ* 'esfriar') são marcados por um alomorfe zero:

(10) a. *bədɛ* *raɗɔɗəkɛra*
bədɛ ∅-r-***a***-ɗɔɗəkɛ=r-a
tempo 3-CTFG-***INTR***-esquentar=CTFG-PERF
'O tempo esquentou.'

b. *bədɛ* *ruɗɘɗɘra*
bədɛ ∅-r-***∅***-uɗɘɗɘ=r-a
tempo 3-CTFG-***INTR***-esfriar=CTFG-PERF
'O tempo esfriou.'

1.5. Predicados descritivos

Predicados descritivos derivados de verbos levam as mesmas séries de prefixos que ocorrem com nomes, descritos na Tabela 2 acima: *i-ɗɔɗəkɛ=r-e* [iɗoɗə'kere] 'é quente', *ɗ-uɗɘɗɘ=r-e* [tʃuɗɘ'ɗɘre] 'é frio'. Apesar de serem tradicionalmente analisados como verbos (Fortune & Fortune 1964; Maia 1998), é mais provável que predicados descritivos sejam simplesmente nomes em uso predicativo (Ribeiro 2002d). Entre os argumentos para se tratarem predicados descritivos como nomes, e não verbos, está o fato de que verbos precisam ser *nominalizados* para que possam ser usados descritivamente. Ainda que isto não seja evidente com os exemplos acima, tal fato se torna especialmente claro nos casos em que nomes deverbais são derivados através de modificações internas da raiz verbal correspondente.

Um processo bastante comum para derivar nomes a partir de verbos é o de *substituição consonantal*, através do qual uma oclusiva velar ou uma fricativa glotal na última sílaba da raiz verbal é substituída pela consoante alveolar /r/: ♀ *rika* I 'andar' > *rira* 'a ação de andar', *rira-dʊ* 'o que anda', *rira-dã* 'o lugar onde se anda'; *θʊhɔ* I 'lavar' > *θʊrɔ* 'a ação de lavar, *θʊrɔ-dʊ* 'o que lava', *θʊrɔ-dã* 'aquilo com que se lava'; ♀ *uka* II 'rachar' > *ura* 'a ação de rachar', *ɗ-ura-dʊ* 'aquele que o rachou', etc. Note-se que a forma descritiva do verbo é, também, um nome deverbal (11b):

(11) a.♀ *wahɛrana* *rukara*
wa-hɛra-dã ∅-r-∅-***uka***=r-a
1-cozer.se-NOM 3-CTFG-INTR-rachar=CTFG-PERF
'Minha panela rachou (ou foi rachada).'

b. *wahɛrana* *tʃurare*
wa-hɛra-dã ɗ-***ura***=r-e
1-cozer.se-NOM 3-rachar=CTFG-IMPF
'Minha panela está rachada.'

1.6. Posposições

Posposições recebem, em geral, a mesma série de prefixos que ocorrem com nomes da classe I, com exceção do prefixo de terceira pessoa co-referencial *ɗa-*, cuja distribuição é exclusivamente nominal. O morfema reflexivo que ocorre com posposições é, para todas as pessoas, *iθi-* [iˈʃi] (um alomorfe do prefixo reflexivo *eθi-* [eˈʃi], que ocorre com verbos). As posposições *bɔ̃* 'locativo difuso', *dəkɛ* 'dativo' e *kɪ* 'locativo estático', no entanto, apresentam uma forma supletiva na terceira pessoa (os pronomes *ɗʊ*, *ɗabɔ̃* e *ɗai*, respectivamente). Note-se que todas as formas supletivas de terceira pessoa começam com a consoante /ɗ/; é possível que tais formas supletivas sejam resquícios de paradigmas posposicionais da classe II.[6]

[6] Ainda que todas as posposições em Karajá pertençam à classe I, na maioria das línguas que apresentam prefixos relacionais, adposições também se dividem em duas classes lexicais, a exemplo do que ocorre com temas verbais e nominais. Em Boróro, a posposição benefactiva *ai*, por exemplo, pertence à classe de temas que

Tabela 5. Algumas posposições do Karajá

	'instrumental'	'locativo difuso'	'dativo'	'locativo estático'	'locativo dinâmico'
'homem'	*hãbu=dɪ*	*hãbu=bə̃*	*hãbu=dəkɛ*	*hãbu=kɪ*	*hãbu=ɗi* [tʃi]
1ª.	*wa-dɪ*	*wa-bə̃*	*wa-dəkɛ*	*wa-kɪ*	*wa-ɗi*
2ª.	*a-dɪ*	*ʊ-bə̃*	*a-dəkɛ*	*a-kɪ*	*a-ɗi*
3ª.	*i-dɪ*	*ɗʊ*	*ɗabə̃*	*ɗai*	*i-ɗi*
REFL	*iθi-dɪ*	*iθi-bə̃*	*iθi-dəkɛ*	*iθi-kɪ*	*iθi-ɗi*

1.7. Direção

O verbo em Karajá também flexiona para indicar direção, de acordo com o ponto de vista do falante. A direção *centrífuga* ('para lá'), marcada pelo prefixo *r-* (12a) ou um alomorfe zero (13a, 14a) indica que o processo é visto como ocorrendo em direção contrária ao falante. A direção *centrípeta* ('para cá'), marcada pelo prefixo *d-* (12b, 13b), indica que o processo é visto como ocorrendo na direção do falante:

(12) a. ♀ *kariwɨ̧kre*
ka-***r***-ɪ-∅-wɨ=kəre
1-***CTFG***-TRANS-3-carregar=FUT
'Eu vou levá-lo.'

b. ♀ *kadiwɨ̧kre*
ka-***d***-ɪ-∅-wɨ=kəre
1-***CTPT***-TRANS-3-carregar=FUT
'Eu vou trazê-lo.'

Todos os verbos são marcados para direção, incluindo aqueles que não indicam movimento (vide *ʊrʊ* 'morrer', no texto abaixo, linha 19). Tal distribuição generalizada da flexão de direção em Karajá deve-se, provavelmente, ao fato de que, ao lado de seu uso estritamente direcional, direção é também usada para assinalar relações de empatia entre participantes do ato de fala e entre narrador e personagens em um texto (Ribeiro 2002).

---

recebem prefixos relacionais (*i-n-ai* 'por mim', *∅-ai* 'por ele', etc.; Crowell 1983: 94), o mesmo se dando em Kariri com a adposição alativa/dativa/benefactiva *ai* (*e-y-ai* 'para ti', *s-ai* 'para ele', etc.; Ribeiro 2002b), entre outras. Não obstante o fato de que as correspondências fonológicas entre as línguas das diversas famílias que constituem o tronco Macro-Jê sejam ainda pouco conhecidas, é interessante ressaltar o notável paralelismo morfológico entre o Kariri e o Bororo (e, talvez, também o Karajá), no que diz respeito a estas (Bororo *∅-ai*, Kariri *s-ai*, Karajá *ɗai*) e outras adposições.

1.8. Fusão e queda de vogal

Como mencionado antes, prefixos marcadores de voz e valência podem fundir-se com o prefixo pessoal precedente sob certas circunstâncias. Por exemplo, na segunda pessoa da direção centrífuga do modo realis, o prefixo de segunda pessoa *ɗa-* funde-se com o marcador de voz (13a) e, com verbos intransitivos da classe II, a primeira vogal da raiz cai (14a). Note-se que não ocorre fusão ou queda de vogal na direção centrípeta (13b, 14b).

(13) a. *ɗewɨɗe*
ɗa-∅-ɪ-∅-wɨ=ɗ-e
2-CTFG-TRANS-3-carregar=2-IMPF
'Você o levou.'

b. *ɗadiwɨɗe*
ɗa-d-ɪ-∅-wɨ=ɗ-e
2-CTPT-TRANS-3-carregar=2-IMPF
'Você o trouxe.'

(14) a. *ɗʊɗabiɗe*
ɗʊ=ɗa-∅-∅-obi=ɗ-e
3.LOC[7]=2-CTFG-INTR-ver=2-IMPF
'Você o viu (para lá).'

b. *ɗʊɗadobiɗe*
ɗʊ=ɗa-d-∅-obi=ɗ-e
3.LOC=2-CTPT-INTR-ver=2-IMPF
'Você o viu (para cá).'

1.9. Tempo e aspecto

Tempo e aspecto não ocorrem como categorias flexionais em Karajá, sendo marcados por auxiliares e partículas que se cliticizam ao verbo (Tabela 6). Tais morfemas têm sido tradicionalmente analisados como sufixos (Fortune & Fortune 1964, Maia 1998, etc.), mas há claras evidências de que eles são de fato clíticos (Ribeiro 1996). Note-se que os auxiliares também flexionam para direção (e, na segunda pessoa, também para pessoa), um comportamento atípico para um 'afixo'. Além disso, morfemas aspecto-temporais ocorrem com quais-

[7] O pronome *ɗʊ* cliticiza-se opcionalmente ao verbo (vide exemplo (5a) acima, em que o mesmo pronome ocorre em sua forma acentualmente livre, [ɗʊ'ʊ]). Em Karajá, há uma restrição contra a ocorrência de palavras monossilábicas (ou monomoraicas) foneticamente. De modo a satisfazer tal restrição, palavras que são subjacentemente monossilábicas cliticizam-se à palavra seguinte ou, quando isoladas, duplicam a vogal: *bɛ* 'água' [bɛ'ɛ], *wa* 'pé' [wa'a], etc.

quer classes de palavras, incluindo nomes (*bʊ=r-e* 'é teu pai'), pronomes (♀ *dikarə̃=kəre* 'serei eu') e posposições (♂ *wadau dəbə̃ra=u=r-e* 'foi durante a juventude de Watau'), uma distribuição típica de clíticos, não afixos.

Tabela 6. Clíticos aspecto-temporais em Karajá

Auxiliares		**Partículas**	
=(r)e	'imperfectivo'	*=kəre*	'futuro'
=(r)a	'perfectivo'	*=kɛ*	'potencial'
=(r)ɛrɪ	'progressivo'	*=hɛdə̃*	'admoestativo'

1.10. Falas feminina e masculina

O Karajá apresenta diferenças sistemáticas entre as falas masculina e feminina, que podem geralmente ser explicadas por regras fonológicas razoavelmente regulares (Fortune & Fortune 1975, Borges 1997, Ribeiro 2001a). A fala feminina pode ser considerada como a mais conservadora. A fala masculina é geralmente caracterizada pela supressão de uma oclusiva velar que ocorre na forma feminina correspondente (15). A queda da oclusiva velar possibilita a fusão entre vogais (16) e é um processo bastante produtivo, aplicando-se até mesmo a empréstimos (17).

	♀	♂	
(15) a.	*kɔwɔrʊ*	*ɔwɔrʊ*	'madeira'
b.	*kɔhã*	*ɔhã*	'tatu'
c.	*dɪkarə̃*	*dɪarə̃*	'eu'
(16) a.	*hãlɔkɔɛ*	*hãlɔɛ*	'onça'
b.	*ruku*	*ru*	'noite'
c.	*bɛraku*	*bero*	'rio'
(17) a.	*kʊbɛda*	*ʊbɛda*	'coberta' (do português *c̲oberta*)
b.	*kabɛ*	*abɛ*	'café' (do português *c̲afé*)
c.	*bə̃kawa*	*bə̃awa*	'arma de fogo' (da Língua Geral *muk̲áwa*)

1.11. Fonologia

O texto a ser analisado apresenta vários exemplos de harmonia vocálica, um processo extremamente produtivo em Karajá. O Karajá apresenta um complexo sistema de harmonia vocálica em termos do traço [ATR] 'advanced tongue root' — aparentemente, o primeiro caso documentado deste tipo de harmonia vocálica em uma língua da América do Sul (Ribeiro 2000, 2002a). A harmonia vocálica em Karajá pode ser descrita como um processo de espalhamento regressivo da especificação [+ATR] para vogais [-ATR]. Assim, no exemplo (18) abaixo, a vogal do auxiliar imperfectivo causa assimilação em todas as vogais da raiz verbal precedente. De acordo com seu comportamento — desencadeando, sofrendo ou bloqueando a harmonização — as vogais do Karajá agrupam-se da seguinte maneira:

Tabela 7. Vogais do Karajá: comportamento com relação à harmonia vocálica (Ribeiro 2000, 2002a)

ORAIS							***NASAIS***		
[+ATR]			OPACA	[-ATR]			[+ATR]	OPACAS	
i	*ɨ̘*	*u*		*ɪ*	*ɨ*	*ʊ*	*ĩ*		
e	*ɘ*	*o*		*ɛ*		*ɔ*		*ə̃*	*õ*
			a					*ã*	

(18) [rakoho'ɗere]
∅-r-a-kɔhɔɗɛ=r-e
3-CTFG-INTR-bater=CTFG-IMPF
'Ele bateu.'

Na fala espontânea, é comum a omissão da partícula *=kəre* 'futuro' e do auxiliar *=r-e* 'imperfectivo'. Apesar de não estarem foneticamente presentes, tais morfemas desencadeiam harmonia vocálica — um caso de assimilação *in absentia*. O texto apresenta vários exemplos deste tipo (Linhas 7, 27 etc.). Todos os quatro dialetos compartilham o inventário fonológico listado nas Tabelas 7 e 8. Uma das principais diferenças fonológicas entre os dialetos é a ocorrência, em Karajá do Sul e do Norte, de um schwa em posições átonas, correspondendo a ambientes em que Xambioá e Javaé apresentam uma vogal idêntica à da sílaba seguinte: Karajá do Sul e do Norte *d-ɔrəɗɔ* 'língua', *bədɛ* 'tempo; mundo, chão'; Javaé e Xambioá *d-ɔrɔɗɔ*, *bɛdɛ*. Ainda que sua ocorrência seja restrita a sílabas átonas, é bastante provável que o schwa seja reconstruível para o Proto-Karajá, como sugerido pela existência, em Karajá do Sul e do Norte, de pares mínimos do tipo *ɗəka* 'amarrar' versus ♀ *ɗaka* 'tirar', correspondendo a homófonos em Xambioá. O schwa é transparente à harmonia vocálica: *d-ɔrəɗɔ=le* (REL-língua=ENF) [dorəɗo'le] 'só a língua' (Javaé e Xambioá [doroɗo'le]).

O quadro fonológico adotado no presente estudo difere substancialmente daqueles propostos em estudos anteriores (Fortune & Fortune 1963, Cavalcante 1992), tanto no que diz respeito às vogais (Tabela 7), quanto no que se refere às consoantes (Tabela 8). No que diz respeito às vogais, a principal diferença é que a presente análise reconhece contrastes fonológicos entre vogais altas [-ATR] e [+ATR] que foram ignorados nas análises anteriores. Tais contrastes são ilustrados pelos pares mínimos a seguir: *wɪ* 'bom', *wi* 'recíproco'; *bɨ* '(a ação de) responder', *bɨ̞* 'silêncio'; *rʊ* 'coxa', *ru* 'olho, vista'. No que diz respeito às consoantes, a principal diferença diz respeito ao *status* fonológico das consoantes palatais, que, apesar de serem consideradas como fonemas independentes por Fortune & Fortune (1963) e Cavalcante (1992), são muito provavelmente alofones de consoantes não palatais em contigüidade a vogais altas [+ATR] (Ribeiro 2000:86-88).

Tabela 8. Consoantes do Karajá (Fortune & Fortune 1963, *revisado*)

		(tʃ)	*k*	
b	*d*	*(dʒ)*		
	ɗ			
	θ	*(ʃ)*		*h*
	l			
w	*r*			

2. KÒTU, KRÒBI, HÃLÒE-WANA

O texto aqui analisado foi narrado em junho de 1993 pelo cacique Ereheni (então com cerca de sessenta e cinco anos), da extinta aldeia de Tytema (Karajá do Norte), localizada na região da barra do Rio Tapirapé (Mato Grosso), e transcrito com o auxílio de um outro falante nativo, Ijeseberi, da aldeia de Hãwalò (Karajá do Sul), Ilha do Bananal (Tocantins). Como o próprio narrador sugere (linha 41), esta é uma versão condensada de um conto tradicional Karajá. Há várias versões deste conto, que diferem em certos detalhes da versão aqui apresentada. Por exemplo, em certas versões, Kynyxiwe cola os pedaços do tracajá, em vez de costurá-los; em uma versão narrada pela finada Alice Kuabiru, de Buridina (Goiás), a advertência do tracajá à onça (linhas 17 e 19) é cantada; finalmente, em versões mais longas, é a juriti quem cura a onça (usando resina de jatobá para reconstituir seus olhos), um detalhe omitido no presente texto (linhas 24 e 25). Contudo, o enredo e os personagens centrais são os mesmos nas diferentes versões.

Além de vários aspectos gramaticais e morfofonológicos, o texto nos permite ilustrar vários recursos discursivos do Karajá, incluindo a ocorrência de ideofones (linhas 22 e 23) e o uso de marcadores atitudinais e da flexão de direção para assinalar relações de empatia e conferir dinamicidade à narrativa. Textos narrativos (especialmente quando narrando eventos conhecidos 'de segunda mão', como mitos) são caracterizados pelo abundante uso da partícula narrativa *rəkɪ*, que tende a cliticizar-se à palavra precedente (como a maioria das partículas discursivas do Karajá). O texto é aqui reproduzido como foi narrado — incluindo exitações, repetições, enganos e frases por concluir, características comuns da fala espontânea. A tradução de alguns exemplos é aproximada, especialmente no caso das várias partículas discursivas. É impossível, dadas limitações de espaço, discutir em detalhes todas as peculiaridades da morfologia Karajá exemplificadas pelo texto. Espera-se, no entanto, que este trabalho sirva de convite para que o leitor examine mais detidamente a beleza e a complexidade desta e de outras línguas indígenas brasileiras.

KRÒBI, KÒTÙ, HÃLÒE-WANA (O MACACO, O TRACAJÁ E A ONÇA)

1. *ərɔbɪmə̃*	*arelɨ̥ɨ̥kre*	*akorɛnə̃.*	*bədoholabədɛnə̃kɛ.*
ərɔbɪ=bə̃	a-r-ɛ-lɨɨ=kəre	a-ko=rɛdə̃	bə-d-∅-ohola=bə-d-ɛdə̃=kɛ
macaco[8]=LOC[9]	1-CTFG-INTR-contar=FUT	2-AL=PL	2-CTPT-INTR-ouvir=2-CTPT-PL[10]=POT

'Eu vou contar-lhes sobre o macaco. Ouçam!'

[8] A forma *ərɔbɪ* 'macaco', caracterizada pela supressão da oclusiva velar, ocorre exclusivamente na fala masculina, indicando, assim, o sexo do narrador. O texto inteiro está na fala masculina, uma vez que tanto o narrador (Ereheni), quanto os personagens (o macaco, o tracajá e a onça) são do sexo masculino. Note-se que a forma *kərɔbɪ*, além de ocorrer na fala feminina, pode também ocorrer na fala masculina (linha 2). A supressão da oclusiva velar não é igualmente obrigatória com todas as palavras que contêm esta consoante (Ribeiro 2001a). Assim, enquanto /k/ é sempre preservado, em ambas as falas, nas partículas *=kəre* 'futuro' e *=rəkɪ* 'partícula narrativa', por exemplo, a supressão de /k/ é opcional em palavras como *kərɔbɪ*, mas obrigatória com outros morfemas, como o prefixo ♀ *ka-* '1ª pessoa irrealis' (♂ *a-*) e a raiz verbal ♀ *rakuθi* 'comer' (♂ *roθi*).

[9] O verbo *ləkɨ* 'contar' (♂ *lɨɨ*) leva objetos marcados pela posposição locativa *bə̃*. Vários verbos nocionalmente transitivos são gramaticalmente intransitivos em Karajá, requerendo objetos marcados por posposições oblíquas. É o caso do verbo *obi* II 'ver' (exemplo 14 acima), cujos objetos são marcados pela posposição locativa *bə̃*, do verbo ♀ *aka* 'achar' (♂ *a*, linha 37), cujos objetos são marcados pela posposição locativa *dí* (linha 37), e do verbo *ehu* II 'jogar', cujos objetos são marcados pela posposição instrumental *dɪ* (linhas 4, 5 e 6). O mesmo se dá com o verbo ♀ *rakuθi* 'comer' (♂ *roθi*), que, apesar de ser marcado pelo prefixo *ɪ-* (que marca, em geral, verbos transitivos), leva objetos marcados pela posposição *bə̃*. Ao contrário do que acontece com verbos transitivos, tais verbos não admitem incorporação e não são sujeitos a processos como passivização e antipassivização. Algumas posposições — especialmente *bə̃* — desempenham uma gama de funções sintáticas, assumindo significados um tanto idiossincráticos, algo aliás bastante comum em outras línguas (vide a preposição *de* em português, por exemplo, que, ao lado de sua função mais transparente de marcar relações genitivas e ablativas, desempenha também certas funções mais idiossincráticas, marcando, por exemplo, objetos de verbos como *gostar* e *precisar*).

[10] A exemplo do que ocorre com os auxiliares clíticos, o morfema pluralizador *r-ɛdə̃* também flexiona para direção e, na segunda pessoa, para pessoa. Isto sugere que este morfema tenha sido originalmente (e talvez ainda seja) um auxiliar. Note-se, contudo, que o mesmo (?) morfema ocorre com sintagmas adposicionais (♀ *a-koku* 'para você', ♀ *a-koku=rɛdə̃* 'para vocês') e nominais (♀ *wa-hedoku* 'minha casa', ♀ *wa-hedoku=rɛdə̃* 'nossa casa'), pluralizando morfemas pronominais, mas é, nestes casos, invariável.

2. *krɔbɪrəkɪ* *aõmare* *raɔwɔnə̃mə̃rəkɪhɛ*
kərɔbɪ=rəkɪ aõbã=r-e ∅-r-a-ɔwɔ-də̃=bə̃=rəkɪ=hɛ
macaco=NAR ANTEC[11]=CTFG-IMPF 3-CTFG-INTR-topo-VERB=CONV[12]=NAR-ENF

ɨwamə̃ rirofimə̃hə̃, *ɗʊ* *rirofibə̃hə̃.*
ɨwa=bə̃ ∅-r-i-roθi=bə̃hə̃ ɗʊ ∅-r-ɪ-roθi=bə̃hə̃
jatobá=LOC 3-CTFG-TRANS?-comer=CONT 3.LOC 3-CTFG-TRANS?-comer=CONT
'O macaco, tendo subido [na árvore], ficou lá comendo jatobá.'

3. *kia ɗarəkɪ* *raɔwɔnə̃mə̃* *ɗamə̃ ɔɗʊ rɛhɛmə̃nə̃re*
kia ɗa=rəkɪ ∅-r-a-ɔwɔ-də̃=bə̃ ɗabə̃ ɔɗʊ ∅-r-ɛhɛbə̃də̃=r-e
DEM PART=NAR 3-CTFG-INTR-topo-VERB=CONV 3.AL tracajá 3-CTFG-chegar=CTFG-IMPF
'Assim, tendo [o macaco] subido, o tracajá chegou para ele.'

4. *'krɔ́bɪ!'* *'hə̃!' aõma* *'ɨwaõdɪ* *waɗəbɔmə̃*
krɔ́bɪ hə̃ aõbã ɨwa=õ=dɪ wa-ɗəbɔ=bə̃
macaco-VOC[13] sim ANTEC jatobá=INDEF=INSTR 1-comida=LOC[14]

---

[11] O morfema *-bã*, aqui rotulado 'antecipador fático', é usado em exitações, quando o falante não se lembra de imediato o que deve ser dito a seguir. É sufixado aos pronomes *bõ*, quando aquilo de que o falante não se lembra é um nome denotando uma entidade [+humana], ou ♀ *adõ* (♂ *aõ*), quando aquilo de que o falante não se lembra denota uma entidade [-humana] ou um predicado. Assim, no exemplo acima (linha 2), a construção *aõbã=r-e* indica que o que virá a seguir é um predicado imperfectivo.

[12] A partícula *=bə̃*, provavelmente cognata da posposição homófona, ocorre em construções converbais, assinalando subordinação adverbial. Converbos, comumente chamados 'gerúndios' na tradição descritiva Tupí-Guaraní (Rodrigues 2001:95), são "formas verbais não finitas cuja principal função é marcar subordinação adverbial" (Haspelmath 1995:3, traduzido pelo autor). Em Karajá, converbos são usados para exprimir vários tipos de relações entre eventos, incluindo simultaneidade, seqüencialidade e relações de causa e efeito.

[13] O acento geralmente recai sobre a última sílaba da palavra ([krɔ'bɪ] 'macaco'), exceto no caso de partículas discursivas, da maioria das posposições e de outros morfemas clíticos, que são intrinsecamente átonos ([krɔ'bɪdɪ] 'com o macaco', ♀ [krɔ'bɪnõ] 'algum macaco', ♂ [krɔ'bɪõ]; [krɔ'bɪdə̃] 'o macaco, que engraçadinho'). Vocativos, no entanto, são geralmente caracterizados pelo deslocamento do acento para a penúltima sílaba, como no exemplo acima (linha 4).

[14] Uma tradução mais acurada da locução *wa-ɗəbɔ=bə̃* talvez seja '*como* minha comida'. A posposição *=bə̃* desempenha uma ampla gama de funções, incluindo a de posposição modal (vide também, na linha 40, *ɔɗʊ=bə̃=hɛ* 'como tracajá'). É provável que o marcador de converbos (vide nota 10 acima) seja derivado do uso modal da posposição *bə̃*.

bədehukɛ.'	*'de!'*
bə-d-∅-ehu=kɛ	de
2-CTPT-INTR-jogar=POT	sim

"Oh, macaco!" "Sim?" "Jogue algum jatobá para eu comer." "Claro!"

5. *rɪbɔhɔbɔhɔnə̃re,* *ɗõbɨlemə̃*

∅-r-ɪ-∅-bɔhɔ-bɔhɔ-də̃=r-e,	ɗ-õ-bɨ=le=bə̃
3-CTFG-TRANS-3-quebrar[15]-REDUP-VERB=CTFG-IMPF	3-pênis-esfregar=ENF=LOC

idɪ	*rɛamə̃hə̃,*	*idɪ*	*dehumə̃hə̃.*
i-dɪ	∅-r-ɛ-a=bə̃hə̃,	i-dɪ	∅-d-∅-ehu=bə̃hə̃
3-INSTR	3-CTPT-mover=CONT	3-INSTR	3-CTPT[16]-INTR-jogar=CONT

'[O macaco] quebrava [o jatobá], esfregava-o bem no seu pênis e o atirava [para o tracajá].'

6. *'aõkõre,*	*kia*	*õbɨlemə̃*	*idɪ*	*ɗɛaɗɛrɪ,*
aõkõ=r-e,	kia	∅-õ-bɨ-le=bə̃	i-dɪ	ɗa-∅-ɛ-a=ɗ-ɛrɪ,
não=CTFG-IMPF	esse	2-pênis-esfregar-ENF=LOC	3-INSTR	2-CTFG-INTR-mover.se=2-PROGR

ɗaiɗa	*idʒõdɪɗa*	*bədehu.'*
ɗai=ɗa	idʒõ=dɪ=ɗa	bə-d-∅-ehu
3.LOC[17]=PART	algum=INSTR=PART	2-CTPT-INTR-jogar

"Não, você estava esfregando esse no seu pênis. Por isso, jogue-me outro!"

[15] Esta é uma forma transitivizada do verbo *bɔhɔ* I 'quebrar-se'. Verbos transitivizados são derivados através da afixação do sufixo verbalizador *-də̃* à forma nominal do verbo (Ribeiro 2001). Reduplicação, como no exemplo acima, é usada para indicar o aspecto iterativo.

[16] Ao longo de todo o texto, o narrador adota o ponto de vista do tracajá, como indicado pelo uso da marcação de direção centrípeta com verbos nesta linha e nas linhas seguintes.

[17] Em Karajá, não parece haver advérbios; funções adverbiais são desempenhadas por sintagmas posposicionais. Da mesma forma, orações subordinadas que desempenham funções adverbiais consistem em sentenças nominalizadas seguidas de posposição. Por exemplo, orações marcadas pela posposição locativa *kɪ* assumem um significado causal: *ɗəkɪ robu=rɛrɪ hãbu rʊrʊ=re=kɪ* 'ela está chorando porque o homem morreu'. Conseqüentemente, formas posposicionais na terceira pessoa desempenham a função de conjunções: *ɗai* 'por isso', *ɗʊ* 'assim' etc. Tal uso de morfemas locativos como 'conectores discursivos' encontra paralelos em português, onde morfemas como *daí*, *nisso*, etc. desempenham funções semelhantes.

7. ‘*urilebo*	*araorɨ̧’rəkɪ,*	*diorɨ̧*	*rɪɔrɨmə̃*
urilebo	a-r-a-ɔrɨ’=rəkɪ,	∅-d-ɪ-∅-ɔrɨ	∅-r-ɪ-ɔrɨ=bə̃
apenas	1-CTFG-2-buscar=NAR	3-CTPT-TRANS-3-ir.buscar	3-CTFG-TRANS-buscar=CONV

dubehehɨkɨhɨkɨ	*idɪ*	*raɔwɔnə̃.’*
∅-d-ʊ-bɛhɛ=hɨkɨ-hɨkɨ	i-dɪ	∅-r-a-ɔwɔ-də̃.
3-CTPT-INTR-descer=ENF-REDUP	3-INSTR	3-CTFG-INTR-topo-VERB

‘“Eu vou simplesmente buscá-lo.” Então, [o macaco] desce e o leva para cima [da árvore].’

8. ‘*kakɪɗa*	*biroʃikre.’*
ka=kɪ=ɗa	b-∅-ɪ-roθi=kəre
este=LOC=PART[18]	2-CTFG-TRANS?-comer=FUT

“Você vai comer aqui mesmo!”

9. ‘*ɗiuboɗa*	*wadɪ*	*bubehekre?’*
ɗɪ=u=bo=ɗa	wa-dɪ	b-∅-ʊ-bɛhɛ=kəre
PRON[19]=TEMP=INTER=PART	1-INSTR	2-CTFG-INTR-descer=FUT

“Então, quando é que você virá me descer?”

10. ‘*idɪ*	*ãnaorɨ̧kre,*	*ɗaini*	*riramə̃*	*ara.’*
i-dɪ	ã-d-ã-ɔrɨ=kəre,	ɗa=iɗĩ	rira=bə̃	a-r-∅-a
3-INSTR	1-CTPT-2-buscar=FUT	PART=DELIB	caminhada[20]=LOC	1-CTFG-INTR-ir

---

[18] A partícula *ɗa*, quando enclítica, indica ‘resolução’. Quando em começo de sentença, é um conector genérico (como a conjunção aditiva *e* do português).

[19] O pronome *ɗɪ*, bem como os pronomes ♀ *adõ* e *bõ*, descritos acima (nota 10), são usados em construções interrogativas, seguidos dos clíticos interrogativos *=bo* ou *=wɛ*. O pronome *ɗɪ* forma interrogações genéricas sobre circunstâncias de tempo, local, modo etc. (*ɗɪ=bo* ‘como?’, *ɗɪ=bə̃=bo* ‘como? onde?’, *ɗɪ=kɪ=bo* ‘onde?’, *ɗi=ku=bo* ‘quando?’, *ɗɪ=hãwa=rəbɪ=bo* ‘de que lugar?’ etc.). Como vimos acima, os pronomes *adõ* e *bõ* são semanticamente mais específicos (♀ *adõ=bo* ‘o quê?’, ♀ *adõ=dɪ=bo* ‘com o quê?’; *bõ=bo* ‘quem?’, *bõ=dɪ=bo* ‘com quem?’, *bõ=hãwa=rəbɪ=bo* ‘do lugar de quem?’ etc.). A locução *adõ=bo* também marca questões que requerem respostas do tipo ‘sim’ ou ‘não’ (linha 33). Note-se que as partículas interrogativas *=wɛ* e *=bo* podem se cliticizar diretamente a nomes e pronomes que constituem o foco da questão (linha 31).

[20] Este nome, *rira* ‘caminhada, passeio’, é derivado do verbo ♀ *rika* I ‘andar’ (♂ *ria*), por substituição consonantal (vide 2.5 acima).

"Eu virei buscá-lo depois. Agora eu vou dar uma caminhada."

11. *rarerəkɪ,* *ɗanə̃* *raremə̃hə̃mə̃hə̃.*
∅-r-a=r-e=rəkɪ, ɗa=<u>də̃</u> ∅-r-a=r-e=bə̃hə̃=bə̃hə̃
3-CTFG-go=CTPT-IMPF=NAR PART=SIMPATIA[21] 3-CTPT-ir=CTPT-IMPF=CONT-REDUP
'[O macaco] foi indo e indo…'

12. *ɗa* *aõkõ,* *tʃu* *idɪ* *nə̃ide,*
ɗa aõkõ, ɗu i-dɪ ∅-d-∅-ə̃i=d-e
PART não sol 3-INSTR 3-CTPT-INTR-levantar.se=CTPT-IMPF

ɗailerəkɪ *ɨwamə̃* *riroʃi=mə̃* *raremə̃hə̃.*
ɗai=le=rəkɪ ɨwa=bə̃ ∅-r-i-roθi=bə̃ ∅-r-∅-a=r-e=bə̃hə̃.
3.LOC=ENF=NAR jatobá=LOC CTFG-TRANS?-comer=CONV 3-CTFG-INTR-ir=CTFG-IMPF=CONT
'Mas nada, passou um dia e ele ficou lá mesmo, comendo jatobá.'

13. *ɗaile* *riroʃimə̃* *raremə̃hə̃,*
ɗai=le ∅-r-ɪ-roθi=bə̃ ∅-r-∅-a=r-e=bə̃hə̃,
3.LOC=ENF 3-CTFG-TRANS?-comer=CONV 3-CTFG-INTR-ir=CTFG-IMPF=CONT

θohodʒi *ahãdʊrəkɪ* *ɗai* *rɪwɨ̧.*
θohodi ahãdʊ=rəkɪ ɗai ∅-r-ɪ-∅-wɨ.
um lua=NAR 3.LOC 3-CTFG-TRANS-3-carregar
'Ele ficou lá mesmo, comendo. Ele passou [lit. 'levou'] um mês lá.'

14. *ɗamə̃ɔ* *ɗarəkɪhɛ* *hãlɔɛ* *nade,*
ɗabə̃=ɔ ɗa=rəkɪ=hɛ hãlɔɛ ∅-d-∅-ã=d-e,
3.AL=AL PART=NAR=ENF onça 3-CTPT-INTR-ir=CTPT-IMPF

'kɔ́ɗʊ, *aõhebo* *ɗaɗə̃nə̃ɗɛrɪ.'*
kɔ́ɗʊ, aõ=hɛ=bo ɗa-∅-∅-ʊɗə̃ɗə̃=ɗ-ɛrɪ.'
tracajá-VOC PRON=ENF=INTER 2-CTFG-INTR-acontecer[22]=2-PROGR
'Então, a onça veio para ele: "Ô, tracajá, o que está acontecendo com você?"'

---

[21] A partícula =*də̃*, aqui traduzida como 'simpatia' (por falta de termo melhor), indica que o falante considera o evento ou personagens como 'engraçadinhos'. Esta partícula ocorre, em geral, quando se fala de coisas pequenininhas (vide linha 40) ou eventos cômicos (como o fato de o macaco sair despreocupadamente para um passeio, abandonando o tracajá à sua própria sorte).

[22] O verbo *ʊɗəkə̃* 'acontecer a, com' recebe como sujeito o experienciador, daí a concordância com a segunda pessoa no exemplo acima.

15. *'kakile* *ərɔbɪ* *boʃierɨhɨkɨ*
ka=kɪ=le ərɔbɪ bo=θierɨ=hɨkɨ
este=LOC=ENF macaco PART=PART=REPET

rɪwarɪmə̃ *ramə̃hə̃re.'*
∅-r-ɪ-wa-rɪ=bə̃ ∅-r-∅-a=bə̃hə̃=r-e.'
3-CTFG-TRANS-1-deixar=CONV 3-CTFG-INTR-ir=CONT=CTFG-IMPF
"Deixando-me aqui, o macaco foi embora."

16. *'kobe* *aõherewɛ,* *waɔru=tʃi* *bədɛa,* *bədɛa.'*
kobe aõ=hɛ=r-e=wɛ, waɔru=ɗi bə-d-ɛ-a, bə-d-ɛ-a
PART PRON=ENF=CTFG-IMPF=INTER 1-testa=LOC 2-CTPT-INTR-mover.se 2-CTPT-INTR-mover.se
"Opa, por que você não pula na minha testa?"

17. *'aõkõre,* *aɔrʊ* *aritʃuahɛnə̃.'*
aõkõre, a-ɔrʊ a-r-ɪ-ɗ-ua=hɛdə̃
não=CTFG-IMPF 2-testa 1-CTFG-TRANS-3-rachar=ADM
"Não, eu poderia rachar a sua testa!"

18. *'aõkõrehɛ,'* *aõma* *'araɔlədʊnə̃*
aõkõ=r-e=hɛ, aõbã a-r-a-ɔlədʊ-də̃
não=CTFG-IMPF=ENF ANTEC 1-CTFG-2-aparar(?)-VERB

waɔrʊdoriɗɨhɨ *iɗerere.'*
wa-ɔrʊ=dori=ɗɨhɨ i-ɗɛrɛ=r-e
1-testa=porque=ENF 3-duro=CTFG-IMPF
"Não, eu seguro (?) você, porque minha testa é dura."

19. *'tʃiɔhɛ* *rare,* *bədʊruhɛnə̃.'*
ɗiɔ=hɛ ∅-r-∅-a=r-e, bə-d-∅-ʊru=hɛdə̃.'
PART=ENF 3-CTFG-INTR-ir=CTFG-IMPF 2-CTPT-INTR-morrer=ADM
"Deixe pra lá! Você poderia morrer!"

20. *'kõre,* *bədɛakre.'*
kõ=r-e, bə-d-ɛ-a=kəre
NEG=CTFG-IMPF 2-CTPT-INTR-mover.se=FUT
"Não, venha!"

21. *ɗai* *ɗahɛ* *aõma,* *'arɛaθabohɛ,*
ɗai ɗa=hɛ aõbã, a-r-ɛ-a=θa=bo=hɛ,
3.LOC PART=ENF ANTEC 1-CTFG-INTR-
mover.se=PART=PART=ENF

biidʒekreɗa.'
b-∅-ɪ-idʒe=kəre=ɗa
2-CTFG-TRANS-procurar=FUT=PART
'Então, [o tracajá resolve]: "Eu vou pular! Cuidado!"'

22. *ɗarəkɪ* *dɛade* *wiiiiiii* *hɨdʒakə̃bɛ*
ɗa=rəkɪ ∅-d-ɛ-a=d-e wiiiiiii hɨdʒakə̃bɛ
PART=NAR 3-CTPT-INTR-mover.se=CTPT-IMPF 'CAINDO' 'QUEBRANDO'

iɔrʊ *ritʃuahakə̃*
i-ɔrʊ ∅-r-ɪ-ɗ-ua-hakə̃
3-testa 3-CTFG-TRANS-3-rachar-grande
'Então, [o tracajá] saltou, e rachou muito a testa dela [da onça].'

23. *ɗʊhʊkə̃le* *rəkiləhə* *hãlɔɛ* *ra,* *ɗaɗaɗaɗaɗa* *tʃibõ*
ɗʊ=hʊkə̃=le rəkɪ=ləhə hãlɔɛ ∅-r-∅-a, ɗaɗaɗaɗaɗa tʃibõ
3.LOC-grande-ENF NAR=COMP onça 3-CTFG-INTR-ir 'CORRENDO' 'PU-LANDO.N'ÁGUA'

bɛratʃi *reθe*
bɛra=ɗi ∅-r-ɛ-θɛ
água=LOC 3-CTFG-INTR-cair=CTFG-IMPF
'Assim mesmo, a onça, coitadinha, foi embora, [enquanto o tracajá] correu e pulou na água.'

24. *rariamə̃* *raremə̃hə̃,* *rariamə̃*
∅-r-a-ria=bə̃ ∅-r-∅-a=r-e=bə̃hə̃, ∅-r-a-ria=bə̃
3-CTFG-INTR-andar=CONV 3-CTFG-INTR-ir=CTFG-IMPF=CONT 3-CTFG-INTR-andar=CONV

raremə̃hə̃, *rariamə̃* *raremə̃hə̃,*
∅-r-a=r-e=bə̃hə̃, ∅-r-a-ria=bə̃ ∅-r-∅-a=r-e=bə̃hə̃,
3-CTFG-ir=CTFG -IMPF=CONT 3-CTFG-INTR-andar=CONV 3-CTFG-INTR-ir=CTFG-IMPF=CONT

lʊahɪrəkɪ *riidʒɛmə̃* *raremə̃hə̃.*
l-ʊahɪ=rəkɪ ∅-r-ɪ-∅-idʒɛ=bə̃ ∅-r-a=r-e=bə̃hə̃
REL-remédio=NAR 3-CTFG-TRANS-3-procurar=CONV 3-CTFG-INTR-ir=CTFG-IMPF=CONT
'[A onça] foi andando, andando, andando, em busca de remédio.'

25. *ɗarəkɪ* *rɪɗʊahɪnə̃,* *aõdɪbo*
ɗa=rəkɪ Ø-r-ɪ-ɗ-ʊahɪ-də̃, aõ=dɪ=bo
PART=NAR 3-CTFG-TRANS-3-remédio-VERB INAN=INSTR=DUB

resilʊahɪnə̃rɛrɪɗa *rɛɨɗɛmə̃*
Ø-r-eθi-l-ʊahɪ-də̃=r-ɛrɪ=ɗa Ø-r-Ø-ɛɨɗɛ=bə̃
3-CTFG-REFL-REL-remédio-VERB=CTFG-PROGR=PART 3-CTFG-INTR-curar.se=CONV

ɗarəkɪ *diorɟ̶.*
ɗa-rəkɪ Ø-d-i-Ø-ɔrɨ
PART-NAR 3-CTPT-TRANS-3-ir.buscar
'[A onça], depois de se medicar (com o que quer que seja) e ficar curada, foi em busca [do tracajá].'

26. *ɗəkɪ* *ɔwɔrʊrəbʊ* *lʊʊkənə̃,* *aõma* *ãhu-bero-nihikə̃=kɪ*
ɗəkɪ ɔwɔrʊ rəbʊ l-ʊʊ=kədə̃, aõbã ãhu-bero-ɗihikə̃=kɪ
ele/ela árvore morte REL-amor,gosto.por=PART ANTEC lago-rio-grande=LOC

r-oi=mə̃hə̃.
Ø-r-Ø-oi=bə̃hə̃.
3-CTFG-INTR-deitar.se=CONT
'Eles [os tracajás] gostam de árvores mortas e ficam na beira de grandes lagos e rios [em cima de troncos caídos, se aquecendo ao sol].'

27. *tʃu-dʝeu* *riorɟ̶,* *rahɛɗɔmə̃*
ɗu-ɗɨɛ=u Ø-r-ɪ-ɔrɨ, Ø-r-a-hɛɗɔ=bə̃
dia-meio=TEMP 3-CTFG-TRANS-ir.buscar 3-CTFG-INTR-aquecer.se=CONV

rə̃irɛrɪmə̃hə̃
Ø-r-Ø-ə̃i=r-ɛrɪ=bə̃hə̃
3-CTFG-INTR-levantar.se=CTFG-PROGR=CONT
'[A onça] foi em busca [do tracajá] ao meio-dia. [Os tracajás] estavam se aquecendo [ao sol].'

28. *ɗarəkɪ* *ɗamə̃* *rɛhɛmə̃nə̃,* *'kaiwɛ* *waɔrutʃi*
ɗa=rəkɪ ɗabə̃ Ø-r-Ø-ɛhɛbə̃də̃, kai=wɛ wa-ɔru=ɗi
PART=NAR 3.AL 3-CTFG-INTR-chegar você=INTER 1-testa=LOC

ɗeθeɗe *aõkõɗa.'*
ɗa-Ø-ɛ-θɛ=ɗ-e aõkõ=ɗa
2-CTFG-INTR-cair=2-IMPF NEG=PART
'Então, [a onça] chega para ele [um tracajá]: "Foi você que pulou na minha testa, não foi?"'

29. *'aõkõre',* *ɗeebu.*
aõkõ=r-e', ɗeebu
NEG=CTFG-IMPF 'PULANDO.N'ÁGUA'
'"Não," [o tracajá responde], e pula n'água.'

30.*'kaiwɛka* *waɔrutʃi* *ɗeθeɗe* *aõkõɗa.'*
kai=wɛ=ka wa-ɔru=ɗi ɗ-∅-ɛ-θɛ=ɗ-e aõkõ=ɗa
você=INTER=CERT 1-testa=LOC 2-CTFG-INTR-pular=2-IMPF NEG=PART
'"Então, foi você quem pulou na minha testa, não foi?"'

31. *'aõkõre',* *ɗeebu.*
aõkõ=r-e, ɗeebu.
NEG=CTFG-IMPF 'PULANDO.N'ÁGUA'
'"Não," [o tracajá responde], e pula n'água.'

32. *ɗamə̃* *rɛhɛmə̃nə̃,* *ikonanakɪhɛ* *roire,*
ɗabə̃ ∅-r-∅-ɛhɛbə̃də̃, i-kodãdã=kɪ=hɛ ∅-r-∅-oi=r-e,
3.AL 3-CTFG-INTR-chegar 3-fim=LOC=ENF 3-CTFG-INTR-deitar.se=CTFG-IMPF
'[A onça] chegou para ele [o tracajá]; ele era o último.'

33. *'kai aõbo* *waɔrutʃi* *ɗeθeɗe* *aõkõɗa'.*
kai aõ=bo wa-ɔru=ɗi ɗa-∅-ɛ-θeɗe aõkõ=ɗa'.
você PRO=INTER 1-testa=LOC 2-CTFG-INTR-cair=2-IMPF NEG=PART
'Você pulou na minha testa, não foi?'

34.*aõkõrəkɪ, ɾɨbɛ=õ.* *'kai* *aõbo* *waɔrutʃi* *ɗeθeɗe* *aõkõɗa.'*
aõkõ=rəkɪ, ɾɨbɛ=õ. kai aõbo wa-ɔrʊ=tʃi ɗa-∅-ɛ-θɛ=ɗ-e aõkõɗa
NEG=NAR fala=NEG você INTER 1-testa=LOC 2-CTFG-INTR-cair=2-IMPF NEG=PART
'Nada, nenhuma palavra. [A onça pergunta de novo:] "Você pulou na minha testa, não foi?"

35. *'kaikɔrɪhɛ* *ɗɪɪra.'*
kai=kɔrɪ=hɛ ɗɪɪ=r-a
você=SURPR=ENF ele/ela=CTFG-PERF
'"Arrá! Você era ele!'

36.*itʃirəkɪ* *'hõhõhõbɛ'* *hãlɔɛ* *ratʃirɛrɪ,*
i-ɗi=rəkɪ hõhõhõbɛ hãlɔɛ ∅-r-a-ɗi=r-ɛrɪ,
3-LOC=NAR 'ROSNANDO' onça 3-CTFG-INTR-estar=CTFG-PROGR

rɪbɔhɔbɔhɔnə̃.
∅-r-ɪ-∅-bɔhɔ-bɔhɔ-də̃
3-CTFG-TRANS-3-quebrar-REDUP-VERB
'A onça ficou rosnando para ele e o quebrou repetidas vezes.'

37. *irəbɪ nademə̃hə̃ ɗarəkɪ aõma ənə̃siwɛ*
i-rəbɪ ∅-d-ã=d-e=bə̃hə̃ ɗa=rəkɪ aõbã ədə̃siwɛ
3-ABL 3-CTPT-INTR-ir=CTPT-IMPF=CONT 1=NAR ANTEC Kynyxiwe

itʃi dɛade.
i-ɗi ∅-d-ɛ-a=d-e.
3-LOC 3-CTPT-INTR-achar=CTPT-IMPF
'Então lá vem ele, Kynyxiwe, e o acha.'

38. *kiaɗarəkɪ rɪrɛɗiredʝ idɘlɘ.*
kia=ɗa=rəkɪ ∅-r-ɪ-∅-rɛɗɨ-rɛɗɨ i-ɗɘlɘ.
esse=e=NAR 3-CTFG-TRANS-3-costurar-REDUP 3-casco
'E então costurou seu casco.'

39. *ɗai ɔɗʊrəkɪ ɔɗunihikə̃wəθɛra, nihikə̃.*
ɗai ɔɗʊ=rəkɪ ɔɗuɗĩ-hikə̃=wəθɛ=r-a, ɗĩ-hikə̃.
3.LOC tracajá=NAR tartaruga-grande=semelhante.a=CTFG-PERF grande
'Dizem que o tracajá era como a grande tartaruga, grande.'

40. *ənə̃siwɛ riredʝiredʝiremə̃ hɛka ɨdʒamə̃rəkɪnə̃*
ədə̃siwɛ ∅-r-i-∅-rɛɗɨ-rɛɗɨ=r-e=bə̃ hɛka i-ɟla=bə̃=rəkɪ=də̃
Kynyxiwe 3-CTFG-TRANS-3-costurar-REDUP=CTFG-IMPF DESCR 3-pequeno=CONV?=NAR=SIMP

rɔhɔnə̃mə̃ ratʃimə̃hə̃, ɔɗʊmə̃hɛ ratʃimə̃hə̃.
∅-r-ɔhɔdə̃=bə̃ r-a-ɗi=bə̃hə̃, ɔɗʊ=bə̃=hɛ ∅-r-a-ɗi=bə̃hə̃.
3-CTFG-sair=CONV 3-CTFG-INTR-estar=CONT tracajá=LOC=ENF CTFG-INTR-be=CONT
'Tendo Kynyxiwe o costurado, acabou ficando [lit. saindo] pequeno, como de fato são os tracajás.'

41. *kiɛ idʒɨɨɗəbolemə̃ akorɛnə̃ r-e-lɨɨ. kiɛ.*
kiɛ ilɨɨ ɗəbɔ=le=bə̃ a-ko=r-ɛdə̃ ∅-r-ɛ-lɨɨ. kiɛ.
assim história[23] curto=ENF=LOC 2-para=CTFG-PL 3-CTFG-INTR-contar assim
'Eis a história curta que eu contei para vocês. É assim.'

[23] Este nome, *iləkɨ* [idʒəˈkɨ] 'história, conto' (♂ *ilɨɨ*), é derivado do verbo *ləkɨ* 'contar' (♂ *lɨɨ*). Vários nomes deverbais apresentam o prefixo cristalizado *i-*, que palataliza a consoante inicial da raiz quando esta é alveolar ou dental. Um exemplo adicional: a forma nominal do verbo *θɛ* 'cair, saltar; dançar' (linha 23) é *iθɛ* 'queda, dança', pronunciada [iˈʃɛ]. Nomes assim formados pertencerão à classe I (*wa-iθɛ* 'minha dança', *i-iθɛ* 'dança dele', etc).

Referências bibliográficas

BORGES, Mônica Veloso. Diferenças entre a fala feminina e a masculina na língua Karajá (Brasil). *In II Jornadas de Lingüistica Aborigen* (Actas). Buenos Aires: Universidad de Buenos Aires, 1994.

BORGES, Mônica Veloso. *As falas masculina e feminina em Karajá.* Dissertação de mestrado. Goiânia: Universidade Federal de Goiás, 1997.

CALVACANTE, Marita Pôrto. Fonologia do Karajá *In Revista do Museu Antropológico1.* Goiânia: Editora da UFG, 1992.

CROWELL, Jan. *Gramática Pedagógica Borôro.* Arquivo Lingüístico, 164. Brasília:SIL, 1983.

DAVIS, Irvine. Comparative Jê phonology *In Estudos Lingüísticos: Revista Brasileira de Lingüística Teórica e Aplicada,* 1:2.10-24, 1966.

DOURADO, Luciana Gonçalves. 2001. *Aspectos morfossintáticos da língua Panará (Jê).* Tese de doutorado. Campinas: Unicamp, 2001.

FIALHO, Maria Helena Sousa da Silva. *Neologismos em Karajá.* Dissertação de especialização. Rio de Janeiro: UFRJ, 1998.

FORTUNE, David & FORTUNE, Gretchen. *The phonemes of the Karajá language (manuscript).* Rio de Janeiro: Arquivo Lingüístico do Museu Nacional, 1963.

_______. *Karajá grammar* (unpublished manuscript). Rio de Janeiro: Arquivo Lingüístico do Museu Nacional, 1964.

_______. *Karajá men's women's speech differences with social correlates.* Arquivos de Anatomia e Antropologia 1. Rio de Janeiro: Instituto de Antropologia Prof. Souza Marques, 1975.

FORTUNE, David. *Gramática Karajá: um estudo preliminar em forma transformacional.* Série Lingüística 1, 101-161. Brasília: SIL, 1973.

HASPELMATHHaspelmath, Martin. The converb as a cross-linguistically valid category. *In* Haspelmath, Martin (editor), *Converbs in Cross-Linguistic*

Perspective: Structural and Semantic Aspects of Adverbial Verb Forms, 1-55. Berlin: Mouton de Gruyter, 1995.

MAIA, Marcus. *Aspectos Tipológicos da Língua Javaé*. München: Lincom Europa. [Publicação de dissertação de mestrado, Universidade Federal do Rio de Janeiro, 1986.],1998.

RIBEIRO, Eduardo Rivail. *Morfologia do verbo Karajá*. Dissertação de mestrado. Goiânia: Universidade Federal de Goiás, 1996.

______. [ATR] vowel harmony and palatalization in Karajá. *In Santa Barbara Papers in Linguistics*, Vol. 10: Proceedings of WAIL 2000, p. 80-92. Santa Barbara: University of California, 2000.

______. Valence, voice, and noun incorporation in Karajá. Trabalho a ser publicado nos Proceedings of BLS 27. Berkeley: Berkeley Linguistics Society, 2001.

______. Female versus male speech in Karajá. Trabalho apresentado no encontro da Society for the Study of the Indigenous Languages of the Americas (SSILA)/4th Workshop on American Indigenous Languages. Santa Barbara, 6 de julho de 2001, 2001a.

______. Direction in Karajá. In Fernández, Zarina Estrada & Ciscomani, Rosa María Ortiz, *Memorias del VI Encuentro Internacional de Lingüística en el Noroeste*, p. 39-58. Hermosillo, Sonora, México: Editorial UniSon, 2002.

______. Directionality in vowel harmony: the case of Karajá Proceedings of BLS 28: General Session and Parassession, 475-485. Berkeley: Berkeley Linguistics Society, 2002a.

______. Relational prefixes and the 'Macro-Jê hypothesis.' Trabalho apresentado no 7th Workshop on Structure and Constituency in the Languages of the Americas. University of Alberta at Edmonton, Canada, 2002b.

______. Prefixos relacionais no tronco Macro-Jê: um estudo histórico-comparativo. Trabalho apresentado no II Encontro Macro-Jê, Campinas, maio de 2002, 2002c.

______. On verbs, nouns, and 'adjectives' in Karajá. Trabalho apresentado no 38th Meeting of the Chicago Linguistic Society. Chicago: Chicago Linguistic Society, 2002d.

RODRIGUES, Aryon. 1952. Análise morfológica de um texto Tupí. *In Logos* 7.15.56-77. Curitiba, 1952.

______ Morfologia do verbo Tupí. *In Letras* 1.121-152. Curitiba, 1953.

______. Grammatical affinity among Tupí, Karíb, and Macro-Jê. Trabalho inédito. Universidade de Brasília, 1994.

______. Flexão relacional no tronco lingüístico Macro-Jê. Trabalho apresentado na Reunião Anual da ABRALIN/SBPC, julho de 2000, a ser publicado no Boletim da ABRALIN, 2000.

______. Alguns problemas em torno da categoria lexical verbo em línguas Tupí-Guaraní. *In Estudos sobre Línguas Indígenas I*, CABRAL, Ana Suelly A. C. e RODRIGUES, Aryon D. (orgs.), 87-100. Belém: UFPA, 2001.

VIANA, Adriana. *A expressão do atributo na língua Karajá.* Dissertação de mestrado. Brasília: Universidade de Brasília, 1995.

WIESEMANN, Ursula. The pronoun systems of some Jê and Macro-Jê languages. *In* Wiesemann, U. (ed.), *Pronominal Systems*, 359-80. Tübingen: Gunther Narr Verlag, 1986.

9

A NATUREZA DOS PREFIXOS RELACIONAIS EM GUARANÍ ANTIGO

Daniele Marcelle Grannier

0. INTRODUÇÃO

Em Guarani Antigo[1] existem diversos sistemas de marcação da relação entre o núcleo de um predicado e seus argumentos externos. A seleção de um deles depende da natureza da estrutura em que ocorrem e da relação que indicam.

Em estruturas verbais transitivas encontram-se diferentes subsistemas que se caracterizam em primeiro lugar pela *seleção das pessoas envolvidas na ação transitiva*: Há um subsistema para a combinação *eu-te* e outro para a combinação *tu-me* (singulares ou plurais). Há um terceiro subsistema, utilizado quando uma terceira pessoa específica constitui o paciente da ação. Nesse caso, o sujeito é indicado

[1]O Guaraní Antigo enfocado neste trabalho é a variedade da língua guaraní falada no século XVII, nas missões jesuíticas da antiga província do Guairá, situadas na região que corresponde, hoje, ao noroeste do Estado do Paraná, no Brasil. Os exemplos citados são extraídos da obra de documentação lingüística realizada pelo padre jesuíta Antonio Ruiz de Montoya (composta de *Arte, Vocabulario, Tesoro y Catecismo de la lengua Guarani*), publicada pela primeira vez em 1639/1640. Cada exemplo é seguido por uma letra e um número: a primeira é a inicial do texto (A, *Arte*, etc.) e o número indica a página onde o exemplo ocorre. No caso do *Tesoro*, pode haver também a indicação do verso da página (v).

por um prefixo de um subsistema de *especificação pessoal* que caracteriza uma concordância com sujeito/agente do tipo A, segundo os termos de Dixon (1972 e 1994). (Grannier, 2002).

Inicialmente apresento os predicados transitivos marcados por prefixos de especificação pessoal [E], nos quais há duas ordens de prefixos: entre o prefixo de concordância do núcleo com o sujeito e o próprio núcleo, ocorre um prefixo que relaciona o verbo transitivo ao seu objeto direto – o prefixo relacional, cujo conjunto paradigmático passo a representar por R.[2]

(1)	*(cyé)*	*a-*	*i-*	*petég*	*aó ...*	
	1	1/E	R	bater	roupa	
		'eu bato a roupa...'				T270

Os prefixos relacionais, entretanto, não assinalam nem concordância nem referência pronominal definida por propriedades lexicais. O vínculo que eles estabelecem é definido através da referência à *função sintática* do antecedente. Ou seja, os prefixos relacionais são pró-formas que remetem à função dos constituintes sintáticos da sentença, o que permite identificar *indiretamente* o antecedente do prefixo como o referente expresso nessa função.

Na maioria das ocorrências, o constituinte sintático no qual se identifica o antecedente do prefixo relacional é o argumento externo da própria função expressa internamente, no predicado, pelo prefixo relacional. Há situações, entretanto, em que o constituinte sintático, no qual se identifica o antecedente, preenche outra função, relacionada a outro predicado.

Com respeito aos prefixos relacionais, portanto, é necessário distinguir duas ordens de funções: (a) a função do antecedente ao qual o prefixo remete e (b) a função que o prefixo desempenha junto ao núcleo ao qual se prende.

[2] Embora descreva "relaciones" e "transiciones", Ruiz de Montoya na sua *Arte* (Ruiz de Montoya, 1639: 9-12 e 40-42) não emprega o termo "relacional". Chamou os relacionais "relativos" e "recíprocos". O termo "relacional" foi introduzido por Aryon Dall'Igna Rodrigues nos estudos sobre as línguas da família Tupí-Guaraní (v. Cabral, 2000: 237)

1. Funções desempenhadas pelos prefixos relacionais[3]

Além de ocorrerem em construção transitiva prototípica, como em (1) acima, na qual o prefixo relacional *i-* desempenha internamente a função de objeto direto e remete a um argumento externo (neste caso, remete necessariamente ao objeto direto sintático), os prefixos relacionais ocorrem em outras construções, transitivas ou não.

Nas construções transitivas, os prefixos relacionais indicam sempre o objeto direto, mas nas outras construções aparecem com funções diversas.

Com um segundo tipo de construção transitiva, em que o agente é uma terceira pessoa específica (2) e o paciente é uma outra pessoa qualquer, o argumento ao qual o relacional remete é o objeto direto da oração, expresso neste exemplo pelo pronome clítico yane.[4]

---

[3] Os prefixos relacionais apresentam diversos alomorfes, entre os quais destacam-se: {o-} 'correferente ao sujeito (A ou S_a)': /o/, como em *o-cɨ́*, 'sua mãe' e /w/, precedendo vogal, como em *w-úba* 'seu pai' e em *w-etũ-ramo* 'sentindo-se cheirado'; {t-} 'humano': /t/, antes de vogal, como em *t-éra* "nome de gente" (cf. *er* "nome"), /Ø/ antes de consoante como em *Ø-yɨbá* "braço de gente" (cf. *yɨbá* "braço") e, em nomes iniciados por /p/, o morfema 'humano' é expresso pela alteração dessa consoante para /m/: *pɨ́* "pé" *mɨ́* "pé de gente", *porahéy* "canto" *morahéy* "canto de gente", etc. Os principais alomorfes dos prefixos definidos {h-} 'não-contíguo' e {r-} 'contíguo', que remetem a O ou S_o têm um mesmo tipo de distribuição, determinada por um condicionamento em parte morfológico e em parte fonológico: com bases iniciadas por consoantes ocorre, respectivamente, */i-/* ou */Ø-/*. (Exemplos *i- maʔé* 'coisa dele', *(cyé) a-i-nupã* 'eu o surrei', *cye=Ø-maʔé* 'minha coisa', *cye=Ø-nupã* 'me surraram') enquanto com bases iniciadas por vogal há uma subdivisão na distribuição dos alomorfes de acordo com classes definidas morfologicamente (cf. Rodrigues: 2001). Com um primeiro conjunto de bases, da classe I, ocorre */i-/* ~ /iy/ ou */Ø-/* e com o segundo, da classe II, ocorre */h-/* ou */r-/*. (Exemplos: com bases de início vocálico da classe I, *iy-aó* 'ele tem roupa', *(cyé) a-y-ayubã* 'eu o abracei', *cye=Ø-aó* 'minha roupa', *cye=Ø-ayubã* 'abraçou-me'; com bases de início vocálico da classe II, *h-ecá* 'olho dele', *(cyé) a-h-aɨhú* 'eu o amo', *cye=r-ecá* 'meu olho', *cye=r-aɨhú* 'me amam'.) Há ainda um alomorfe de ocorrência bastante freqüente, um outro *Ø-*, condicionado morfologicamente. Esse alomorfe ocorre com raízes como *yuká* "matar" e com todas as formas causativas com *mo-*, nas quais se esperaria um alomorfe *i-*. (Para mais detalhes, cf. Grannier, 2002: 44 e ss.).

[4] As formas pronominais relacionadas por *r-* são átonas e por essa razão adoto o termo *clítico* (abreviado C) para caracterizá-las.

(2) *tupã* *yane=* *r-* *aɨhú*
Deus -3/C R amar
'Deus nos ama'·
T139

Num terceiro tipo de estrutura, que denominei inversa (Grannier, 2002), na qual o agente é uma segunda pessoa e o paciente é uma primeira pessoa, encontra-se essa mesma expressão do paciente, através de clítico: o objeto direto sintático da oração em (3) é expresso pelo clítico *ore.*

(3) *ore=* *Ø-* *pɨcɨrõ* *epé*
1s/C R salvar você
'você nos salvou (redimiu).' C307

Nas orações dependentes, por outro lado, o prefixo relacional indica o único argumento marcado no núcleo do predicado: se for transitivo, o argumento indicado é o objeto direto e se for um predicado de apenas um argumento, este argumento é o sujeito, como se pode ver nos exemplos a seguir

(4) *ewĩ* *yabẽ* *ko* *t-* *emi-* *ʔʔú* *(...)*
isso como DEM R NZ comer
'Assim, esta comida (...)

acé *Ø-* *ʔáŋ* *-a* *r-* *er-* *ekó* *-ni* *(...)*
1+2+3 R alma ARG R CAUSCOM estar CIRC
faz estar a alma da gente (...)'
C268-269

Nessa sentença, o núcleo transitivo *erekó* (derivado de *ekó* "estar" por prefixação do morfema causativo-comitativo *er-*)[5] encontra-se numa estrutura com *–ni*, um sufixo marcador de um tipo especial de subordinação. Esse tipo de subordinação é condicionada por um elemento circunstancial (*ewĩ yabẽ* "assim"). O sujeito da sentença é *ko temiʔú* "esta comida", sem marca correspondente no verbo.

[5] No derivado causativo-comitativo o agente causa a ação ou o estado e simultaneamente age ou encontra-se nesse estado *junto* com o paciente.

O único argumento indicado no verbo (por *r-*) é o objeto direto, imediatamente precedente: *acé ʔáŋa* "alma da gente".

Orações dependentes de outras orações também apresentam argumentos marcados por relacionais. Como nas dependentes de circunstanciais, estas dependentes assinalam o objeto direto -- quando apresentam núcleos transitivos – tanto nas orações denominadas "de gerúndio" (marcadas pelo sufixo GER, com dois alomorfes –ta e *–bo,* nestes exemplos 5 e 6) como nas subordinadas com *-ramo* (exemplo 7).

(5)	*(cyé)*	*a-*	*i-*	*petég*	*aó*	*i-*	*héy*	*-ta*
		1/E	R	bater	roupa	R	lavar	GER
	'eu bato a roupa para lavá-la'							T270

(6)	*Tupã*	*(...)yane=*	*r-*	*erekó*	*-bo*	*o-*	*ye-*	*upé*
	Deus	-3/C	R	fazer-estar	GER	R	REFL.POSP	
	'Deus (...) nos faz estar junto dele'							C280

(7)	*coʔó*	*w-*	*etũ*	*-ramo*	*ho-*	*ʔá*	*ʔɨ*	*-pe*
	caça	R	cheirar.	SUB	+3/E	cair	água	LOC
		'a caça, sentindo-se farejada, joga-se na água'						T154v

Os prefixos relacionais [R] nessas orações indicam os objetos diretos dos seus respectivos predicados: em (5), tanto na oração principal como na subordinada *i-* indica "a roupa", seja a que "eu bato" seja a que "(eu) lavar", em (6), *r-* remete a *yane* "a gente", o objeto direto de "faz estar junto dele" e, em (7), *w-* (alomorfe de *o-,* relacional correferente ao sujeito), indica *coʔó* " a caça", o objeto direto da oração subordinada *w-etũ-ramo* "quando a farejam" (que constitui o sujeito, na oração principal: *coʔó hó-ʔá ʔɨ-pe* "a caça se joga na água").

Nas orações subordinadas com *ramo-,* por outro lado, ocorrendo com núcleo de apenas um argumento, tanto com predicados intransitivos, como *ké* "dormir" (8) como com predicados possessivos, como *orɨ́* 'alegria' (9), o prefixo relacional assinala o sujeito.

(8) *cye=*	*Ø-*	*ké*	*-ramo*	*ere-*	*yú*
1/C	R	dormir	SUB	2/E	vir
'dormindo eu, você veio'					T337

(9)	*perú*	*h-*	*orɨ*	*-ramo*	*cyé abé*	*cye=r-orɨ*	*=ne*	
	Pedro	R	alegria	SUB	eu também	1/C R.alegria	FUT	
	'alegrando-se Pedro, eu também me alegrarei'							A42

Da mesma maneira, nas orações possessivas independentes (10 e 11), o prefixo relacional vincula o predicado a um sujeito nominal. Em (10) ocorre o prefixo *h-*, de terceira pessoa, pois o antecedente é um nome na posição de sujeito.

(10)	*yetɨ*	*h-*	*ayú*	
	batata	R	fibra	
	'a batata está fibrenta/tem fibras'			T353v

Sendo o sujeito uma outra pessoa qualquer, em (11), ocorre o prefixo *r-*, que remete a um clítico no mesmo sintagma.

(11)	*(cyé)*	*cye=*	*r-*	*orɨ*	
	1	1/C	R	alegria	
	'eu me alegro'				T397v

Nesses enunciados, *h-* e *r-* têm a função de vincular o predicado ao seu argumento, que é o sujeito da oração.

Por outro lado, no sintagma nominal (exemplos 12 a 14), *h-* e *r-,* prefixados a nomes, remetem a um argumento que é o possuidor.

(12)	*cye=*	*r-*	*ãy*	
	1/C	R	dente	
	'meus dentes'			T352

(13)	*coʔó*	*r-*	*ayú*	
	carne	R	fibra	
	' fibra de carne'			T353v

(14)	*tupã*	*yane=*	*r-*	*aɨhúb-*	*a*	*o-*	*i-*	*kwaá*
	Deus	-3/C	R	amor	ARG	+3/E	R	saber
	'Deus sabe o amor (que ele tem por) nós'							T139

Nesses exemplos identificam-se, portanto, as seguintes funções dos argumentos vinculados por relacionais:

1. Objeto direto em estrutura com especificação pessoal de agente (exemplo 1)
2. Objeto direto de estrutura transitiva com agente [+3] (exemplo 2)
3. Objeto direto de estrutura transitiva inversa (exemplo 3)
4. Objeto direto de estrutura transitiva em oração dependente (exemplos 4, 5, 6 e 7)
5. Sujeito de estruturas dependentes com [-ramo] (exemplos 8 e 9)
6. Sujeito de estrutura com predicado nominal possuível (exemplos10 e 11)
7. Possuidor (sintagma nominal) (exemplos 12 a 14)

Todas essas ocorrências de indicação de argumentos podem ser agrupadas em três tipos gerais: (1) como objeto direto, (2) como sujeito de predicados nominais e/ou reduzidos a uma estrutura nominal (ou por restrições pessoais ou por subordinação) e (3) como possuidor.

Num nível de abstração mais alto, considerando o denominador comum aos três tipos, pode-se concluir, com Rodrigues (2001), que o prefixo relacional estabelece vínculos entre um núcleo e seu determinante (v. nota 6 deste artigo).

2. Função do antecedente e outras propriedades

Nos exemplos examinados até aqui, ocorreram prefixos relacionais que remetem a antecedentes específicos, presentes ou omitidos no contexto mais próximo.

Na função de possuidor, entretanto, ocorre, ao lado dos demais relacionais, o prefixo, *t-,* indicador de um possuidor humano indefinido. Dessa forma, *t-ãy* "dente humano" satisfaz a valência do nome e não remete a argumentos nem dentro do sintagma nem na sentença (15).

(15) *t- ãy*
R dente
'dentes (de gente)'
T352

A oposição entre todos os prefixos relacionais, que depende da função do antecedente, só pode ser observada diretamente quando esses prefixos estão na função de possuidor.

Em Guarani, como em outras línguas da família tupí-guarani[6], *r-* remete a um argumento *imediatamente precedente* – contíguo, como em (16), enquanto *h-* remete a um argumento não-contíguo (17).

Mesmo que o argumento (ao qual *h-* remete) se encontre aparentemente em posição imediatamente precedente ao predicado, identifica-se aí uma não-contigüidade, em termos estruturais, pois o predicado e o argumento encontram-se em constituintes diferentes. Em (16), *coʔó* "precede imediatamente o núcleo nominal", pois faz parte do sintagma nominal e isso explica o fato de *r-* ser o prefixo dessa estrutura. Por outro lado, em (17), *yetɨ* ocorre fora do sintagma nominal, constituindo o sujeito de uma oração nominal.

(16)	*coʔó*	*r-*	*ayú*	
	carne	R	fibra	
	'fibra de carne'			T353v

(17)	*yetɨ*	*h-*	*ayú*	
	batata	R	fibra	
	'a batata está fibrenta/tem fibras'			T353v

[6] A situação dos prefixos relacionais apresentada aqui se encontra (com algumas variações) em outras línguas da família Tupí-Guaraní. Em Tupinambá, Rodrigues identifica que "nomes, verbos e posposições têm em comum a *flexão relacional* (...) uma variação de forma para indicar se o *determinante* (ou, em outra terminologia, o *dependente*) de uma palavra lhe precede imediatamente dentro do mesmo sintagma (o que é a colocação sintática normal) ou se está deslocado ou omitido. (...) quatro formas (...): 1. 'o determinante precede imediatamente o determinado', 2. 'o determinante está deslocado ou omitido e é diferente do sujeito da oração', 3. 'o determinante é o sujeito da oração', 4. 'o determinante é um ser humano indefinido'." (Rodrigues, 2001: 109-110).

Entre o sujeito e o núcleo sentencial (17), há, portanto, um limite sintático que não existe entre o possuidor e o núcleo nominal (16).

Os prefixos relacionais identificados até aqui (apresentados no quadro 1, abaixo), podem ser classificados de acordo com as funções dos antecedentes aos quais remetem. Nesse quadro, convém esclarecer que "definido" indica um argumento expresso sintaticamente e "indefinido", além de referir-se a seres humanos indefinidos, indica um argumento que não apresenta um constituinte correspondente na sentença.

Quadro 1.

<table>
<tr><th colspan="2">Vínculo com constituinte Possuidor</th><th>externo ao sintagma</th><th>interno do sintagma</th></tr>
<tr><td rowspan="2">Definido</td><td>h- / o-</td><td>+</td><td>-</td></tr>
<tr><td>r-</td><td>-</td><td>+</td></tr>
<tr><td>Indefinido</td><td>t-</td><td>-</td><td>-</td></tr>
</table>

Há mais uma oposição entre os relacionais definidos: a que distingue *h-* e *o-* (v. exemplos 18 e 19).

(18) *perú* *w-úba* *o-* *h-aɨhú* *o-cɨ* *abé*
Pedro R.pai +3/E R.amar R.mãe também
'Pedro ama seu pai e sua mãe também' A41

(19) *perú* *o-* *h-aɨhú* *tupã* *i- maʔé* *abé*
Pedro +3/E R.amar Deus R.coisa também
'Pedro ama Deus e suas coisas (de Deus) também' A42

Em (18), o possuidor de *úba* 'pai' e de *cɨ* 'mãe' é *perú*, 'Pedro', que também é o sujeito de *o-h-aɨhú*, 'ama', daí a ocorrência, nesses nomes, do prefixo relacional {o- ~ w-}, correferente ao sujeito. Por outro lado, em (19), o possuidor de *maʔé* 'coisa' é *tupã,* 'Deus' (o objeto direto de *o-h-aɨhú*, 'ama'), uma pessoa diferente do sujeito (*perú* 'Pedro'), por isso a indicação do possuidor é feita por um prefixo relacional não-correferente ao sujeito, {*i-* ~ *h-*}.

Assim como em (18) a indicação de um possuidor correferente ao sujeito de uma oração transitiva é expressa pelo prefixo *o-*, o possuidor de um sintagma nominal (dentro de um sintagma posposicionado ou não), correferente ao sujeito de uma oração intransitiva, apresenta a mesma indicação.

Por outro lado, assim como em (19), a indicação de um possuidor correferente ao objeto direto (e, portanto, não-correferente ao sujeito) de uma oração transitiva é indicada pelo prefixo *i-*, o sujeito de uma oração possessiva (S_o) apresenta a mesma indicação, como se pode observar no exemplo (17).

Adotando os conceitos apresentados por Comrie (1978) e Dixon (1972 e 1994) e utilizando os termos e as abreviaturas de Dixon, proponho, uma distinção de base funcional. Os quatro prefixos se distinguem, portanto, da seguinte maneira: (a) *o-* remete a um sujeito agente de oração transitiva (A) ou a um sujeito de oração intransitiva (S_a), (b) *h-* remete a um objeto direto (O) ou a um sujeito de oração possessiva, principal ou subordinada (S_o), (c) *r-* remete a um argumento contíguo, não importando a função que esse argumento tenha (cont), e (d) *t-* satisfaz a valência, não remetendo a argumento fora do verbo, como se pode ver no quadro 2.

Quadro 2.

<table>
<tr><td></td><td colspan="2">Prefixos relacionais</td></tr>
<tr><td>Definido</td><td>A ou S_a
O ou S_o
cont</td><td>o-
h-
r-</td></tr>
<tr><td>Indefinido</td><td colspan="2">t-</td></tr>
</table>

Convém salientar que, no quadro assim caracterizado, é possível, ainda, distinguir dois níveis de oposição. Há uma primeira subdivisão entre prefixos definidos e o prefixo indefinido (v. reformulação do quadro 2 para o quadro 3, abaixo): enquanto este satisfaz a valência no próprio núcleo, os primeiros remetem a argumentos fora do núcleo. Entre os definidos, há a referência a um sujeito do tipo A ou S_a em oposição à referência a um objeto (O), ou um sujeito do tipo S_o. É apenas entre estes dois últimos que opera a distinção entre indicação de argumento não-contíguo (*h-*) e indicação de argumento contíguo (*r-*).

Quadro 3.

<table>
<tr><td></td><td colspan="3">Prefixos relacionais</td></tr>
<tr><td rowspan="3">Definido</td><td colspan="2">A ou S_a</td><td>o-</td></tr>
<tr><td rowspan="2">O ou S_o</td><td>-cont</td><td>h-</td></tr>
<tr><td>+cont</td><td>r-</td></tr>
<tr><td>Indefinido</td><td colspan="3">t-</td></tr>
</table>

3. Considerações finais

Pode-se afirmar que, mesmo constituindo um subsistema com quatro formas, os prefixos relacionais não especificam (ou não informam sobre) distinções pessoais. As oposições que se verificam entre esses prefixos são, ainda, de natureza relacional.

A denominação "relacional" se justifica duplamente porque, em primeiro lugar, os prefixos assinalam relações entre os núcleos e seus argumentos. Embora não indiquem nem distinção de pessoas nem as funções que desempenham, do ponto de vista da estrutura interna do constituinte, eles marcam uma função argumental. Em segundo lugar, ao remeter a um constituinte sentencial que pode ser ou não ser argumento do núcleo do predicado ao qual se liga, o prefixo relacional aponta para a *função* desse constituinte que, por sua vez, permite identificar o antecedente.

REFERÊNCIAS BIBLIOGRÁFICAS

CABRAL, A. S. C. Flexão Relacional na Família Tupí-Guarani. In: *Boletim da Associação Brasileira de Lingüística*, 25, 233-284. Fortaleza, 2000.

COMRIE, B. Ergativity. In: W. P. LEHMANN, (Ed.), *Syntactic Typology: Studies – the Phenomenology of Language*. Austin: University of Texas Press, 329-394, 1978.

DIXON, R. M. W. *Ergativity*. Cambridge: Cambridge University Press, 1994.

GRANNIER, D. M. *Aspectos da Morfossintaxe do Guarani Antigo*. Tese de doutorado, Universidade Federal de Alagoas, ms, 2002.

RODRIGUES, A. D. Sobre a natureza do caso argumentativo. In: F. Queixalós (org.). *Des noms et des verbes en Tupí-Guarani: état de la question*. Caiena: IRD e CNRS, 63-74, 2001.

MONTOYA, R. de *Arte, Vocabulario, Tesoro y Catecismo de la lengua Guarani*. Publicado nuevamente sin alteración alguna por Julio Platzmann, 4 tomos, Leipzig: Teubner, 1876a.

______. *Arte de la lengua Guarani, ó mas bien Tupí*. Nueva Edición: más correcta y esmerada que la primera, y con las voces indias en tipo diferente, Viena: Faesy und Frick, 1976b.

______.*Vocabulario Y Tesoro de la Lengua Guarani ó mas bien Tupi*. Nueva Edición: más correcta y esmerada que la primera, y con las voces indias en tipo diferente, Viena: Faesy und Frick, 1876c.

______. *Arte de la Lengua Guarani*. Tomo primero. Edición facsimilar con introducción y notas por Bartomeu Meliá, S. I. y transcripción actualizada del texto original por Antonio Caballos. Asunción: Centro de estudios paraguayos "Antonio Guasch", 1993.

10

Pronomes e prefixos pessoais do Guajá

Marina Maria Silva Magalhães

0. Introdução

O Guajá é uma língua do subconjunto VIII da família lingüística Tupí-Guaraní falada pelos índios Guajá ou Awá, nas Terras Indígenas Awá, Caru e Alto Turiaçu, no oeste da Estado do Maranhão. Um primeiro registro mais sistemático do Guajá foi feito em 1980 por Péricles Cunha, que em 1987 apresentou uma "análise fonêmica preliminar" como dissertação de mestrado na UNICAMP. Só em (2001) foi retomado o registro e análise da língua, quando a Drª Heloisa Salles (UnB) e eu iniciamos nossas pesquisas. Neste trabalho são apresentados os pronomes e prefixos pessoais depreendidos dos dados que analisei durante as idas a campo entre 2001 e 2002 e que apresentei em minha dissertação de mestrado (Magalhães 2002).

1. Pronomes pessoais

O conjunto de pronomes pessoais da língua Guajá é dividido em duas séries, a dos pronomes absolutos e a dos pronomes dependentes, apresentados nos quadros I e II, respectivamente.

1.1. Pronomes absolutos

Quadro I: Pronomes pessoais absolutos

1	'eu'	jahá ~ ihá
1+	'nós'	areá ~ aré
2	'você'	niɲá
2+	'vocês'	piɲá

Os pronomes absolutos ocorrem como pronomes independentes e como sujeitos enfáticos em orações independentes no modo indicativo:

1. awá ihá
Guajá eu
'eu sou Guajá'

2. piɲá p(i)-itʃá
vocês 2+-ver
'vocês o viram'

Para a pronominalização da terceira pessoa é utilizado o demonstrativo anafórico *aʔiá ~ aʔé* 'esse, ele':

3. na ∅-kʷá-j aʔiá
Neg 3-saber-Neg ele
'ele não sabia'

A palavra *wã* ocorre, no final da oração, associada à pluralidade do sujeito de terceira pessoa. Trata-se, possivelmente, de um pronome demonstrativo anafórico:

4. ∅-tʃá wã
3-ver PLU
'eles o viram'

5. mukurí ɾ-apó-a ∅-ɾohó jawar-uhú-pe wã
bacuri CNT-raiz-ARG 3-levar onça-INT-DLI PLU
'levaram raiz de bacuri para a onça'

6. ihár-a, pinawá-∅, mukurí-a, akoʔó-∅, mɨkeʔá-∅ ∅-japó wã
açaí-ARG bacaba-ARG bacuri-ARG cacau-ARG pequi-ARG 3-fazer PLU
'fizeram açaí, bacaba, bacuri, cacau e pequi.'

7. o-hó wã
3-ir PLU
'foram embora'

8. iɾá ɾ-ó-∅ ∅-tʃinĩ wã
árvore CNT-folha-ARG 3-secar PLU
'as folhas da árvore secaram

1.2. Pronomes dependentes

Quadro II: Pronomes pessoais dependentes

1	'eu'	ha
1+	'nós'	aɾe
2	'você'	ni
2+	'vocês'	pĩ ~ pini

Os pronomes dependentes ocorrem como:

- determinantes de nomes em função de núcleo de sintagma de dependência e de predicado existencial.

9. ha ɾ-ipá-∅ mĩ-pe
1 CNT-casa-ARG longe-DLI
'a minha casa está longe'

10. ha ɾ-ahɨ́
1 CNT-doença
'eu tenho doença'

- determinantes de temas verbais transitivos e de posposições quando o objeto é de primeira ou segunda pessoa.

11. niɲá ha ɾ-itʃá
você 1 CNT-ver
'você me viu'

12. ihá ni ɾ-itʃá
eu 2 CNT-ver
'eu te vi'

2. Flexão pessoal

A flexão pessoal distingue nos verbos as pessoas, tanto as dos sujeitos de intransitivos (S), quanto as dos sujeitos de transitivos (A). Há dois conjuntos de prefixos pessoais, um para o modo indicativo, outro para o modo imperativo e há, também, um prefixo pessoal para o modo exortativo. Todos são comuns aos verbos intransitivos e transitivos, de modo que não distinguem S de A, revelando um alinhamento morfológico nominativo.

2.1. Prefixos pessoais

Nos verbos os prefixos pessoais permitem distinguir três modos: o indicativo, o imperativo e o exortativo. No modo indicativo ocorrem prefixos para as seguintes pessoas ou combinações de pessoas: 1 (o falante), 1+ (o falante mais outro[s]), 2 (o ouvinte), 2+ (o ouvinte mais outro[s]), 3 (um ou mais terceiros). No modo imperativo há dois prefixos, para 2 e 2+. No modo exortativo há apenas um prefixo que se refere à primeira pessoa do plural. Os quadros III e IV apresentam os prefixos pessoais do modo indicativo e do modo imperativo, respectivamente.

2.1.1. Prefixos pessoais do modo indicativo

Quadro III: Prefixos pessoais do modo indicativo

1	'eu'	a-
1+	'nós'[1]	aɾi- ~ anV-~ aɾa- ~ aru-
2	'você'	aɾi- ~ anV-~ aɾa- ~ aru-
2+	'vocês'	pi- ~ pĩ- ~ pu-
3	'ele(s)'	V- ~ ∅-

Exemplos:

13. (a) **a-**panã	(b) **aɾi-** panã	(c) **pĩ-** panã	(d) **∅-** panã
1-dançar	2/1+-dançar	2+-dançar	3-dançar
'dancei'	'você/nós dançamos'	'vocês dançaram'	'dançou'

Um fato incomum do Guajá, comparando-o a outras línguas da família, é ter a segunda pessoa do singular no verbo marcada identicamente à primeira do plural. Embora essa situação possa ter resultado de uma aproximação fonológica entre os prefixos que nas outras línguas da família distinguem a 2ª singular da 1ª plural exclusiva (*ere-* e *oro-*, respectivamente), é também possível que se trate da generalização do uso da 1ª plural pela 2ª singular, como um modo de amenizar

[1] O Guajá teria, aparentemente, eliminado a diferença entre primeira pessoa do plural inclusiva e exclusiva encontrada em outras línguas da família Tupí-Guaraní, tendo estendido o significado da forma originalmente exclusiva para também incluir a segunda pessoa. Nisto difere de outras línguas da família que também apagaram essa distinção dentro da primeira pessoa do plural, mas utilizam a forma inclusiva como forma única.

a relação de interlocução entre a primeira pessoa do discurso e a segunda, uma forma de não realização explícita do "tu" comparável ao que ocorre em algumas outras línguas e que seria um reflexo morfossintático de um procedimento pragmático[2]. O Guajá distingue, entretanto, entre a primeira pessoa do plural e a segunda do singular nos pronomes pessoais absolutos e dependentes.

Ambos esses prefixos possuem alomorfes: *ara-* ocorre em temas monossilábicos cuja consoante inicial é velar e a vogal é *a*; *anV-* ocorre em temas monossilábicos cuja consoante é nasal ou não obstruinte acompanhada de vogal nasal e, neste caso, a vogal do prefixo será idêntica à do tema verbal; *aru-* ocorre em temas monossilábicos cuja consoante é não obstruinte e a vogal do prefixo é *u*; *ari-* ocorre nos demais ambientes. Nos temas iniciados pela vogal *i* esta se funde com a vogal final no último alomorfe do prefixo pessoal, realizando-se foneticamente apenas uma delas.

Exemplos:

14. (a) aɾa-k^{w}á 'você o conhece/nós o conhecemos'
(b) aɾa-ká 'você o procura/ nós o procuramos'
(c) ani-ʔĩ 'você fala/ nós falamos'
(d) ani-mĩ 'você o esconde/ nós o escondemos'
(e) anu-nũ 'você o escuta/ nós o escutamos'
(f) aɾu-ʔú 'você o come/ nós o comemos'
(g) aɾi-tũ 'você o cheira/ nós o cheiramos'
(h) aɾi-hó 'você foi/ nós fomos'
(i) aɾi-panã 'você dança/ nós dançamos'
(j) aɾi-watá 'você passeia/ nós passeamos'
(k) ar(i)-iká 'você o caça/ nós o caçamos'

O prefixo de 3ª pessoa possui alomorfes cuja distribuição é a seguinte: em temas monossilábicos formados só por vogal ou por vogal precedida por consoante glotal o prefixo é uma vogal da mesma qualidade da vogal do tema. Nos demais temas verbais ocorre o alomorfe ∅-.

15. (a) u-ú 'veio'
(b) u-ʔú 'comeu'

[2] Agradeço ao professor Francisco Queixalòs pela discussão e sugestão que gerou este parágrafo.

	(c)	u-hú	'vomitou'
	(d)	o-ʔó	'colheu (planta)'
	(e)	o-hó	'foi'
	(f)	i-ʔi	'disse'
	(g)	∅-hehé	'lavou'
	(h)	∅-nũ	'escutou'
	(i)	∅-tũ	'cheirou'
	(j)	∅-tʃá	'viu'
	(k)	∅-kʷá	'soube'
	(l)	∅-keɾé	'dormiu'

O prefixo de 2ª pessoa do plural possui o alomorfe *pu-* para temas monossilábicos formados por consoante glotal ou sem consoante seguida de *u*, *pĩ-* para temas com fonema nasal e *pi-* para os demais temas. Da mesma forma que no prefixo de 2ª singular, nos temas iniciados pela vogal *i*, esta se funde com a vogal final no último alomorfe do prefixo pessoal, realizando-se foneticamente apenas uma delas:

16.	(a)	po-hó	'vocês vão'
	(b)	pu-ʔú	'vocês o comeram'
	(c)	pu-ú	'vocês vieram'
	(d)	pĩ- panã	'vocês dançaram'
	(e)	pĩ-maká	'vocês sorriram'
	(f)	pi-keré	'vocês dormiram'
	(g)	p(i)-ihú 'vocês tomaram banho'	

O que se depreende dessa distribuição de alomorfes de prefixos pessoais é que, no Guajá, a maioria deles decorre da tendência à harmonia vocálica da língua. O resultado dessa harmonização é uma grande variedade de alomorfes que se distribui de acordo com a vogal do tema verbal. O mesmo ocorre com os prefixos do modo imperativo (Quadro IV) e com os proclíticos de negação e de finalidade (que não são descritos neste trabalho).

2.1.2. Prefixos pessoais do modo imperativo

Quadro IV: Prefixos pessoais do modo imperativo

2	'você'	a-
2+	'vocês'	pa- ~ pu- ~ pi- ~ po-

Exemplos:

17. (a) a-uhɨ́ IMP2-correr 'corra!' (b) pa-uhɨ́ IMP2+-correr 'corram!'

Os prefixos flexionais do modo imperativo são *a-* para o singular e *pa-* para o plural. Em temas monossilábicos cuja consoante é oclusiva glotal a vogal *a* do prefixo plural se assimila à vogal do tema. Exemplos:

18. (a) a-jú 'venha!' (a') pa-jú 'venham!'
(b) a-kʷá 'vá!' (b') pa-kʷá 'vão!'
(c) a-utʃí 'entre!' (c') pa-utʃí wá 'entrem!'
(d) a-kitʃí 'corte-o!' (d') pa-kitʃí 'cortem-no!'
(e) a-ɾahó 'leve-o!' (e') pa-ɾahó 'levem-no!'
(f) a-ʔú 'coma-o!' (f') pu-ʔú 'comam-no!'
(g) a-ʔɨ́ 'diga-o!' (g') pi-ʔɨ́ 'digam-no!'
(h) a-ʔó 'arranque-o!' (h') po-ʔó 'arranquem-no!'

A forma imperativa do verbo no plural pode ser também realizada de outra maneira, a saber: o tema verbal recebe prefixo idêntico ao do singular e é seguido pelo pluralizador *pãj*:

19. (a) pa-maká IMP2+-sorrir 'sorriam!' ~ (a') a-maká pãj IMP2-sorrir PLU 'sorriam!'

(b) pa-kʷá IMP2+-ir 'vão!' ~ (b') -kʷá pãj IMP2-ir PLU 'vão!'

Quando o objeto do verbo é de primeira ou segunda pessoa, como o sujeito não é realizado na forma verbal, esta é, no modo imperativo, idêntica à forma do verbo no modo indicativo. No plural, no entanto, o pluralizador *pãj* indica a realização do modo imperativo. Exemplos:

20. (a) ha ɾ-aɾahó 1 CNT-levar 'leve-me!' ou 'me levou' (a') ha ɾ-aɾahó pãj 1 CNT-levar PLU 'levem-me!'

(b) are ɾ-aɾahó
1+ CNT-levar
'leve-nos!' ou 'nos levou'

(b') are ɾ-aɾahó pãj
1+ CNT-levar PLU
'levem-nos!'

A flexão verbal do imperativo negativo não difere da do afirmativo, sendo o verbo acompanhado da partícula negativa *mẽ ~ kamẽ*:

21. a-ʔú mẽ
IMP2-comer NEG
'não coma!'

22. pu-ʔú mẽ
IMP2+-comer NEG
'não comam!'

23. pa-kʷá mẽ ha ɾ-iá
IMP2+-ir NEG 1 CNT-de
'não vão (para longe) de mim!'

24. a-jahó kamẽ a-ikʷẽ jaté ha ∅-pɨrí
IMP2-ir NEG IMP2-ficar ITS 1 CNT-perto de
'não vá, fique mais perto de mim!'

25. a-watá mẽ awá-∅ wanihá-∅ ∅-watá matá aʔiá wahɨ́-a niɲá
IMP2-caçar NEG Guajá-ARG homem-ARG 3-caçar FUT ele mulher-ARG você
'Não vá caçar! É Guajá homem que caça. Você é mulher'.

2.1.3. Prefixo pessoal do modo exortativo

A flexão exortativa ocorre com verbos transitivos e intransitivos quando o falante deseja expressar estímulo à realização de uma ação. Nos dados, essa flexão só acontece associada facultativamente à primeira pessoa do plural.

O prefixo do modo exortativo tem dois alomorfes, a saber: *tʃi- ~ tʃ-*. Nos temas iniciados por consoante glotal esta cai, dando lugar ao alomorfe *tʃ-* do prefixo, enquanto que o primeiro ocorre com temas iniciados pelas demais consoantes. O segundo alomorfe ocorre com temas iniciados por vogal ou por consoantes contínuas.
Exemplos:

26. tʃ-ó paj
EXO-ir logo
'vamos logo!'

27. maíɾa, aɾé uʔɨ[3] tʃ-japó
Maíra nós flecha EXO-fazer
'Maíra, vamos fazer flecha!'

28. aɾé tʃ-japó apáj-até
nós EXO-fazer logo-ITS
'vamos fazer bem depressa!'

29. aɾé piɾá tʃ-iká ahá
nós peixe EXO-matar CTF
'vamos lá pescar!'

30. aɾé mukuɾí tʃi-pɨ́ ahá
nós bacuri EXO-pegar CTF
'vamos lá pegar bacuri!'

31. aɾé tʃ-ó i-piá-me
nós EXO-ir NCNT-buscar-TRANS
'vamos como buscadores dele!', 'vamos buscá-lo!'

32. aɾé tʃ-o ni n-ipá-pe
nós EXO-ir 2 CNT-casa-DLI
'vamos para a sua casa!'

O modo exortativo pode ser realizado por meio da flexão do verbo principal (exs. 26-32) ou, de outra forma, com prefixo exortativo afixado ao tema do verbo ir, como um auxiliar, seguido do verbo principal flexionado na terceira pessoa.
Exemplos:

33. (a) aɾé t-imiʔú tʃ-ú ahá
nós HUM-comida EXO-comer CTF
'vamos lá comer a comida!'
~ (a') aɾé tʃ-ó u-ʔú
nós EXO-ir 3-comer
'vamos comê-la!'

34. (b) aɾé tʃi-keré ahá
nós 3-dormir CTF
'vamos lá dormir!'
~ (b') aɾé tʃ-ó ∅-keré
nós EXO-ir 3-dormir
'vamos dormir!'

---

3 Aparentemente, os objetos dos verbos transitivos flexionados no modo exortativo ocorrem sem marca de caso argumentativo. Por isso uʔɨ e não uʔɨ́-a neste exemplo, mukuɾi e não mukuɾí-a no ex. 30, t-imiʔu e não t-imiʔú-a no ex. 33.

2.1.4. Prefixo reflexivo/recíproco

O prefixo *ji-* ocorre precedido pelos prefixos pessoais marcadores de sujeito no modo indicativo e indica tanto reflexividade como reciprocidade. Os exemplos abaixo ilustram a flexão do reflexivo/recíproco na primeira, segunda e terceira pessoa, respectivamente:

35. (a) ihá a-ji-kutú
eu 1-REFL-furar
'eu me furei'

(b) aɾé aɾi-ji-kutú
nós 1+-REFL-furar
'nós nos furamos um ao outro'

(c) niɲá aɾi-ji-api
você 2-REFL-atirar
'você atirou em você mesmo'

(d) piɲá p̃i-ji-pɨpɨ́ ahá ʔɨ́pe
vocês 2+-REFL-afundar CTF água-DLI
'vocês se afundaram na água/ vocês se afundaram um ao outro'

(e) jawáɾ-a ∅-ji-tʃuʔú
cachorro-ARG 3-REFL-morder
'o cachorro se mordeu/ os cachorros se morderam um ao outro'

3. CONSIDERAÇÕES FINAIS

Apresentei uma descrição preliminar dos pronomes e prefixos pessoais do Guajá, após 15 anos da primeira descrição lingüística dessa língua, uma análise fonêmica preliminar realizada por Cunha (1987). Este estudo é parte da minha dissertação de mestrado, Magalhães (2002), que analisa aspectos fonológicos e morfossintáticos do Guajá e representa a retomada do registro e análise da língua.

REFERÊNCIAS BIBLIOGRÁFICAS

MAGALHÃES, M. M. S. *Aspectos fonológicos e morfossintáticos da língua Guajá*. Dissertação de mestrado. Brasília: UnB, 2002.

CUNHA, P. *Análise Fonêmica Preliminar da Língua Guajá*. Dissertação de mestrado. Campinas: UNICAMP, 1987.

11

DA REPRESENTAÇÃO DO TEMPO EM TIKUNA

Marília Facó Soares[1]

O Tikuna[2] é uma língua tonal considerada como isolada. É falada por uma grande população que vive na região amazônica, distribuindo-se por três países: Brasil, Peru e Colômbia. Segundo dados relativamente recentes[3], a população total Tikuna soma cerca de 35 mil indígenas, sendo que aproximadamente 26 mil vivem no Brasil, onde – distribuídos em 118 aldeias localizadas em 15 unidades territoriais – constituem o maior grupo indígena desse país. Como parte da caracterização sintática da língua Tikuna, podemos dizer que essa apresenta clíticos que, diferentemente do grego e das línguas românicas padrão, não necessitam de uma categoria funcional Tempo para hospedá-los. Em trabalhos anteriores (Soares 1999, 2000a, 2000b), focalizamos os clíticos em Tikuna. Neste trabalho tratamos do Tempo, não só devido à sua importância para um tema relacionado (como os clíticos), mas também devido às possibi-

---

[1] Bolsista do CNPq (Produtividade em Pesquisa, nível I). Agradecemos à Fundação José Bonifácio pelo apoio à pesquisa concedido sob a forma de auxílio (*FUJB Aux. n° 6729-6*).

[2] Na grafia do nome desta língua, assim como do grupo que a fala, seguimos aqui a convenção da Associação Brasileira de Antropologia (ABA, 1953). Abrimos mão dessa convenção apenas quando, em determinadas passagens, fazemos referência não só a uso por outras pessoas (aí incluídos os próprios Tikuna), mas também a projeto de educação que, voltado para esse grupo e sua língua, vem privilegiando a grafia *Ticuna*, mais voltada para a língua portuguesa.

[3] Ver MAGÜTA/Conselho Geral da Tribo Ticuna (1998).

lidades de contribuição que o estudo do Tempo em Tikuna apresenta para a teoria lingüística.

Os dados em (1) mostram que as propriedades do Tempo em Tikuna não estão codificadas na morfologia verbal:[4]

(1)

a. **Yeguma** Hilda na-na-gu **ga** tchoni rü Reinaldo na-na-ngo'
Naquele tempo (PAS) 3P-OI- moquear x (PAS) peixe TOP 3P-OI-comer
'Quando Hilda moqueou o peixe, Reinaldo o comeu.'

b. **Ngeguma** Hilda na-na-gu **i** tchoni rü Reinaldo na-na-ngo'
Neste/nesse tempo 3P-OI-moquear x peixe TOP 3P-OI-comer
'Quando Hilda moqueia o peixe, Reinaldo o come.'

c. **Üpa**[5] rü na-nore **ga** nai **nhuma** rü na-muũtchi **i** nai
antes TOP3P-pouco x (PAS) árvore agora TOP 3P-muito x árvore
'Antes (no passado), havia poucas árvores; agora, há muitas árvores'

Nos dados em (1), pode-se observar a presença de partículas que identificam, de acordo com Soares (2000a), estruturas em adjunção. A relação dessas partículas com Tempo é muito clara no caso de **ga**, sempre ligado à idéia de passado. Quanto às outras partículas, seu significado básico seria, por oposição a **ga,** não–passado[6]:

---

4 Para a apresentação dos dados, utilizamos aqui a escrita adotada pelos Tikuna que vivem do lado brasileiro, escrita essa que não acolhe a representação do tom. Com relação à tradução justalinear dos dados, nela estão presentes algumas abreviações, a saber: 1P= primeira pessoa, 2P = segunda pessoa, 3P= terceira pessoa, 3PF= terceira pessoa feminina, 3P.INT = terceira pessoa íntima, ASP = aspecto, HIP= hipótese, INC = incerteza, LOC= locativo, NOM= nominalizador, OI= objeto interno, PAS = passado, PL = plural, POSS= possessivo e TOP= tópico. E, na representação fonética dos dados, substituímos, por razões tipográficas, a notação referente à altura da voz (*pitch*) por números; assim: 1= alto; 2= meio-alto; 3 = médio; 4 = meio-baixo; 5 = baixo; 6 = extrabaixo.

5 A primeira vogal desta palavra é nasal. Por um problema relacionado às fontes aqui utilizadas, não nos foi possível fazer essa indicação na representação do dado.

6 Aparecendo na tradução justalinear como 'x', essas partículas (ou os traços a elas relacionados) devem estar presentes no léxico, o que significa dizer que não podem ser um marcador "dummy". O falante nativo sabe que partícula pode preceder determinado item lexical na configuração sintática apontada; por exemplo: **a**. nuta 'pedra' (**ya** nuta); nai 'madeira, árvore' (**i** nai); **b**. tchoni 'peixe' (**i** tchoni); airu 'cachorro'; ãtape 'cobra' (**ya** airu; **ya** ãtape); **c**.yatü 'homem' (**ya** yatü); ngeũ 'mulher'

(2)a. i, ya/a 'não-passado' b. ga 'passado'

Em (1)a e (1)b, a palavra inicial é um dêitico que, funcionando como um complementizador, determina a forma das partículas que estamos focalizando – sendo que o dêitico codifica informação temporal (**yeguma** está ligado ao passado - (1)a; e **ngeguma,** ao não-passado - (1)b).

Ao que tudo indica, o tempo possui escopo sobre a sentença, isto é, alguns elementos na sentença estão no escopo do tempo, sendo que esses elementos não estão no verbo. Os dados em (3) mostram os elementos que se encontram regularmente ao alcance do tempo:

(3)

A. Dêiticos

Passado		*Não-passado*	
yeguma	'aquele tempo; quando'	ngeguma	'aquele tempo; quando'
yema/guma	'aquele'[7]	ngema	'aquele'
yea	'lá'	ngea	'lá'
yia/yima	'aquele' (conhecido e estimado)		
yema	'lá; aquele lugar'[8]	ngema	'lá; aquele lugar'
		nhaã	'esse '[9]
		daa	'esse '
		nhuma	'agora'
		nuã	'aqui'

B.	*Passado*		*Não-passado*	
Partículas	ga		i, a, ya	
Conectivos[10]	yerü	'porque'	erü	'porque'
	gana	conectivo que pode introduzir uma sentença nominalizada interpretada como objeto direto	na	idem

(**i** ngeũ). Quanto à particula 'a', essa possui baixa incidência em nossos dados e freqüentemente alterna com 'ya'.

[7] Para os dêiticos yema/guma 'aquele', encontramos variação na altura da voz (*pitch*), sendo admitidas para esses itens lexicais as seqüências de altura baixa e extrabaixa (5-6) e extrabaixa-baixa (6-5).

[8] De acordo com os dados que temos, o dêitico referente a 'lá; aquele lugar' é realizado com as alturas meio-alta e baixa (2-5).

[9] O dêitico nhaã é comumente usado para a indicação de coisas, e não de seres humanos; nesse sentido, diferencia-se do dêitico daa. Para um uso de nhaã dirigido de modo crítico ao que seriam seres humanos, ver Soares (1991: 71-72).

[10] Esses conectivos introduzem sentenças nominalizadas.

C. Raízes

Passado		*Não-Passado*	
yĩi	'ser'	ĩ	'ser'
yema		ngema	
(na-yema	'havia')	(na-ngema	'há')
3P-lá		3P-lá	

Em (3A), temos dêiticos no escopo do tempo e, em (3B), temos partículas e conectivos. Em (3C), podemos verificar que, além de se fazer presente em dêiticos, partículas e conectivos, o tempo também pode alcançar algumas raízes que, com origem em dêiticos, pertencem a formas verbais. A convivência de elementos alcançados pelo tempo em uma única sentença pode ser vista nos exemplos a seguir, todos retirados de narrativas orais espontaneamente produzidas e posteriormente passadas para a escrita em Tikuna por falantes nativos. A sentença em (4) é parte de uma narrativa mítica, enquanto as sentenças em (5) e (6) pertencem a um texto político no qual um líder Tikuna narra a história de sua vida. Nos exemplos em (5a) e (5b), as sentenças são coordenadas.

(4) Natürü	**yeguma**	**ye(ma)**	na-taã-gu
Então, mas	naquele tempo/quando (PAS)	lá (PAS)	3p-jogar-LOC

ga	**guma**	norü	woweru	rü
x (PAS)	aquele(PAS)	3P POSS	flauta	TOP

Mutchicutü-ü	ni-nha
nome de um pássaro-"dativo"[11]	3P-transformar

(Mas quando lá ele_i (Yoi)[12] jogou aquela flauta $dele_i$, ela em Mutchicutü se transformou.)

'Mas quando ele (Yoi) jogou lá aquela sua flauta, ela se transformou em Mutchicutü.'

---

[11] "Dativo" é um rótulo arbitrário para esse morfema, que mantemos por razões ligadas à história de nossa pesquisa. Seu significado nuclear é 'benefactivo' e pode ser usado como marca de caso no objeto.

[12] Yoi é o herói mítico criador de todos os Tikuna. Esse nome pronuncia-se como [dʐɔʔi] (3-1) ou [dʐɔi] (3-2).

(5)a.na-ngu-ũ **ga** **yema** FUNAI...**ga** 74...
3P-chegar-NOM x (PAS) aquele (PAS) FUNAI x (PAS) 1974

rü... **yeguma** ngutaquee **ga** taũ
e naquele tempo (PAS) reunião x (PAS) grande- "dativo"
(taü + ũ

na-ü-gü **ga** **yema** duũ ũ -gü
3P-fazer-PL x (PAS) aquele (PAS) pessoa-PL

(ela chegou, aquela FUNAI[13] ...em 1974...e naquele tempo uma grande reunião elas fizeram, aquelas pessoas)

'Em 1974 a FUNAI chegou... e naquele tempo aquelas pessoas fizeram uma grande reunião'

b- rü maneca nori rü ni-ya- mucutchi **ga** na-ega
e então primeiro TOP 3P-OI- fizeram entrar x(PAS) 3P-nome

ga wüi **ga** ta- enee...
x (PAS) um x (PAS) 1P.PL-irmão

(e então primeiro, eles o escolheram, o nome dele, um irmão de nós)
'e então eles primeiro escolheram o nome de um de nossos irmãos'

(6)a
nhuma na-ca' tcha-ngema **i** yatü-gü **i** aegacü-gü
agora 3P-por 1P.SG-convidar/chamar x homem-PL x governo[14]-PL
i coroneu-gü
x coronel-PL

(Agora eu chamo por eles, os homens dos governos (representantes do governo), coronéis...)
'Agora eu chamo os representantes do governo, os coronéis...'[15]

Os dados apresentados até aqui apontam para uma situação em que se poderia postular um sintagma temporal (TP) que atuaria

[13] Fundação Nacional do Índio – FUNAI, órgão governamental responsável pela tutela das populações indígenas no Brasil.
[14] Para a noção de governo entre os Tikuna, ver Oliveira Filho (1988).
[15] Sobre a relação genitivo-nome em Tikuna e a alternativa de construção de genitivo por meio da estrutura de adjunção, ver SOARES (2000a: 35-38; 55-57; 70-75). Ver também SOARES (1992: 107-112).

como operador sentencial. Os mesmos dados excluem um diagrama em árvore como o que se vê em (7), em que TP é parte da estrutura interna da oração e no qual deixamos - para efeitos desta apresentação – provisoriamente incompleto o nódulo correspondente à categoria funcional irmã de T (Tempo):[16]

(7) TP como parte da estrutura interna da oração

```
TP
/\            (diagrama em árvore não aplicável ao Tikuna)
  T'
  /\
T XP
```

Uma possível representação da situação encontrada em nossos dados pode ser vista em (8) – onde T (no interior de um sintagma temporal (TP) é um elemento adjungido com escopo sobre a oração.

(8) TP como operador sentencial[17]
(diagrama em árvore em sintonia com os dados da língua Tikuna)

```
  * XP
   / \
TP  XP
```

Antes de prosseguirmos com a hipótese de que o tempo em Tikuna é um operador sentencial, convém levantar alguns pontos problemáticos que têm cercado a visão do tempo como operador. Entre esses pontos, estão a interação entre tempos e a amplitude das opções interpretativas.

Hornstein (1990), que é contrário à noção de tempo como operador, argumenta que "a interação limitada de tempos entre si é difícil de explicar, caso se suponha que tempos são operadores, pelo menos caso se considere que quantificadores são exemplos canônicos de

[16] Essa categoria, na verdade, é ASPECTO, mais especificamente ASPECTO CONTÍNUO.

[17] Na nossa representação de TP como operador em Tikuna, TP não se ramifica. Ver a respeito MAIA et alii (1999).

operadores"[18] . Hornstein (1990) assinala dois fatos importantes relacionados à interação entre tempos: 1- o tempo só pode ser dependente de tempos vizinhos, isto é, um tempo em uma oração encaixada (subordinada) somente pode depender temporalmente da oração sob a qual está imediatamente encaixado (e não do tempo de uma oração mais distante – um fato relacionado à condição de localidade sobre Tempo); e 2- tempos em orações relativas não podem se ligar a tempos localizados mais acima em um diagrama em árvore. Hornstein (1990) também observa que as teorias de escopo permitem uma extensão muito ampla de opções interpretativas: se a interpretação de um operador depende da interpretação de um segundo operador, o primeiro deve estar no escopo do segundo; se a interpretação de um dado operador é independente da interpretação de um outro operador, o primeiro operador deve estar fora do escopo desse segundo operador.[19]

No que diz respeito à interação entre tempos pertencentes a orações relacionadas, a língua Tikuna apresenta situações como as seguintes mostradas em (9), (10) e (11):

(9)

a.Pedru nü-'ü̃ i u-gu rü Maria i-ããcü.
Pedro 3P-"dativo" x contar,narrar-LOC TOP Maria 3PF-engravidar, ter filho

(Na narração de Pedro, Maria está grávida)
'Pedro disse que Maria está grávida'

b. Pedru nü-'ü̃ i u-gu rü Maria **yeguma**
Pedro 3P-"dativo" x contar,narrar-LOC TOP Maria naquele tempo(PAS)

rü i-ããcü
TOP 3PF-engravidar, ter filho
(Na narração de Pedro, com respeito a Maria naquele tempo passado, ela estava grávida)
'Pedro disse que Maria estava grávida'

(10)

a. Pedru nü-'ü̃ i u-gu: "Iuda rü i-ti-ũ i nhumã".
Pedro 3P-"dativo" x contar,narrar-LOC Hilda TOP ASP-3P.INT-ir x agora
(Na narração de Pedro: "Com respeito a Hilda, ela está indo embora agora"

[18] Ver Hornstein (1990:166-168).
[19] Ver Horstein (1990: 145).

'Pedro disse: " Hilda está indo embora agora" '

b.Pedru nü-'ũ ni-u: "Iuda ta iya- ũ
Pedro 3P-"dativo" 3P-contar,narrar Hilda não-agora 3P.F-ir

(Pedro o contou: " Hilda irá embora")
'Pedro disse: "Hilda irá embora" '

c. Abel nü-'ũ i u-gu ã rü
Abel 3P-"dativo" x contar,narrar INC[20] TOP

Yutche marüma i-ni- ũ ega
José já ASP-3P-ir HIP

(Na possível narração possivelmente de Abel, José supostamente já estava indo embora)
'Abel disse que José estaria indo embora'.

d. Pedru nü-'ũ i u-gu: "Iuda rü i-ti - ũ i nhumã"
Pedro 3P-"dativo" x contar,narrar Hilda TOP ASP-3P.INT-ir x agora
(Na narração de Pedro: " Hilda está indo embora agora".)
'Pedro disse: " Hilda está indo embora agora" .

e. Pedru nü-'ũ i u-gu: " Iuda rü **marü** i-ti-ũ
Pedro 3P-"dativo" x contar,narrar Hilda TOP já ASP-3P.INT-ir

(Na narração de Pedro: " Hilda já estava indo embora".)
'Pedro disse: "Hilda já estava indo embora".

(11)
a. Pedru na-gu na-rüinü ã: "Maria rü iya- ũ ta"
Pedro 3P-LOC 3P-pensar INC Maria TOP 3P.F.-ir não-agora

(Talvez Pedro possivelmente dentro dele pensou: " Maria vai embora")
Pedro pensou: " Maria irá embora" .

b. Pedru na-gu na-rüinü ã: Maria rü i- ũ ega
Pedro 3P-LOC 3P-pensar INC Maria TOP 3P.F.-ir HIP

---

[20] A partícula ã (incerteza) indica que alguém falou; não se dá certeza sobre quem falou e sobre aquilo que foi falado.

(Talvez Pedro possivelmente dentro dele pensou: Maria, ela supostamente vai embora)
'Pedro pensou: Maria vai embora (supostamente)/ Pedro pensou que Maria iria embora'.

Nos dados em (9), (10) e (11) – dados elaborados por falantes nativos durante aulas de *Língua Ticuna*[21] no contexto de curso de formação de professores indígenas[22] –, há sentenças cuja tradução livre faz supor que, na língua objeto de estudo, se tem uma sentença finita encaixada como argumento proposicional sob um verbo finito, estando a interpretação do tempo encaixado temporalmente na dependência da avaliação efetuada com relação ao tempo do evento-matriz. Essa suposição – nascida de traduções como 'Pedro disse que Maria estava grávida' (9b), 'Abel disse que José estaria indo embora' (10c) ou Pedro pensou que Maria iria embora' (11b) – se desfaz diante dos dados. Em (9b), não há possibilidade de ambigüidade com relação ao tempo da gravidez de Maria (isto é, se a gravidez de Maria se mantém no momento da enunciação de Pedro ou se essa gravidez está situada em um tempo mais antigo, anterior à enunciação de Pedro): o emprego de **yeguma** 'naquele tempo' (PAS) em (9b) não se deu vinculado a um suposto verbo finito de uma oração matriz; na realidade, o que (9b) mostra é que o que se tem em Tikuna é um evento matriz constante de um tópico com uma sentença nominalizada e que o dêitico afetado pelo tempo – **yeguma** – vincula a interpretação da gravidez de Maria diretamente a um verdadeiro tempo passado (isto é, Maria estava grávida nesse tempo passado, o que significa dizer que Maria não está mais grávida). Em outros termos, **(9b) em Tikuna não exibe nenhuma regra de seqüenciamento de tempo entre orações** – um seqüenciamento que, ao contrário, existe na tradução 'Pedro disse que Maria estava grávida', a qual, sendo ambígua, tanto pode corresponder a

[21] Ver nota 2.

[22] O curso em questão se processa na área Tikuna (aldeia Filadélfia, município de Benjamin Constant, estado do Amazonas, Brasil), sendo que os dados obtidos nessa ocasião (janeiro de 2001) foram publicamente expostos e estudados nas duas turmas de professores indígenas, cada uma constituída de mais de cem falantes provenientes de diversas aldeias Tikuna.

'Pedro disse: "Maria está grávida" quanto a 'Pedro disse: "Maria estava grávida"'.

Quanto à sentença em (10c), essa apresenta, em Tikuna, situação semelhante àquela de (9b). Em (10c), também se tem um evento matriz no interior de um tópico com sentença nominalizada, sendo que aí o evento é cercado de incerteza por efeito da presença da partícula **ã**. Na construção que se segue a esse tópico, está 'a ida de José', que se sabe ser passada (devido à presença do advérbio **marüma** 'já'[23]) e, que, além disso, está caracterizada por uma progressividade aspectual (ver o prefixo de aspecto no verbo) e é colocada como hipotética (em virtude da existência da partícula **ega**). Sabe-se que 'a ida de José', em (10c), não é contemporânea do momento da enunciação de Abel devido à própria presença do advérbio **marü/marüma)** 'já': com valor temporal, esse advérbio é sempre associado ao tempo passado e não pode ocorrer, na mesma sentença, com o dêitico **nhumã** 'agora', que é sempre associado ao momento da enunciação. Ver a propósito os dados em (10d), (10e) e (11a), nos quais os discursos diretos que aí se fazem presentes são respectivamente: **i)** vinculados ao tempo da enunciação (no caso de (10d)) e ao tempo passado (no caso de (10e)) apenas pela distinção que neles opera o uso de **nhumã** 'agora' e **marü** 'já'; **(ii)** desvinculado do tempo da enunciação (no caso de (11a)) devido ao uso do advérbio **ta** 'não agora'[24]. Esse uso é formalmente independente do evento expresso na parte inicial de (10d), (10e) e (11a) – uma vez que aí há discurso direto. E no caso de (10c), que aparentemente não apresenta discurso direto, não existe nenhuma evidência de que o uso de **marüma** 'já' constitua traço do fenômeno de seqüenciamento temporal.

Se não há evidências claras da existência de uma regra de seqüenciamento temporal em Tikuna - isto é, da existência de uma dependência do tempo do evento de uma oração subordinada face ao tempo do evento de uma oração subordinante - , desaparece aparentemente, para uma língua do tipo do Tikuna, um dos problemas relacionados com a teoria dos operadores, que é o de não poder dar conta da

[23] Esse advérbio, na realidade, encontra-se intensificado: marü ' já' + ma ' sufixo de intensificação (intensificador 2)'.

[24] O advérbio **ta** 'não agora` tanto pode ser empregado em sentença que faz referência a um evento no futuro, quanto em sentença relativa a um evento no passado.

interação limitada de tempos entre si. Isso parece ser confirmado pela interação entre os advérbios temporais e o tempo dos eventos e, ainda, pela menor possibilidade de se ter uma extensão muito ampla de opções interpretativas em termos de operadores, pelo menos caso se considere que quantificadores são exemplos canônicos de operadores.

Em línguas que, como o inglês, apresentam regra de seqüenciamento temporal, a combinação de um advérbio futuro com uma sentença no passado é geralmente proibida em sentenças simples, mas não é proibida quando opera a regra de seqüenciamento temporal, já que não está subjacentemente no passado um verbo mudado para a forma do passado por força de uma dependência formal face ao tempo de um evento matriz. Ver, por exemplo, dados do inglês em (12 a), que é agramatical, e (12b), que é gramatical:

(12)
a. * Harry **was leaving** ***tomorrow.***
b. John said that Harry **was leaving** ***tomorrow.***

Em Tikuna, sentenças simples podem admitir a troca (substituição) entre itens lexicais referentes ao futuro e ao passado (como, por exemplo, **mo'ũ** 'amanhã' e **ine** 'ontem'), mantendo-se idêntico todo o restante da sentença, graças à sustentação temporal mantida unicamente por esses itens lexicais ou, ainda, graças à possibilidade de uso do advérbio **ta** 'não-agora' (que é aplicável tanto ao futuro quanto ao passado). Os mesmos fatos são confirmados quando está em jogo uma maior complexidade sentencial. Vejam-se os exemplos em (13a) e (13b) e, ainda, (14a) e (14b):

(13)
a. Maria rü **ta** ti-ũ i ***mo'ũ***
Maria TOP não-passado 3P.INT-ir x amanhã
'Maria irá embora amanhã'

b. Maria rü **ta** ti-ũ i ***ine***
Maria TOP não-passado 3P.INT-ir x ontem
'Maria foi embora ontem'

(14)
a João na-gu na-rüinü rü Vasco **ta** na-cugutae i ***mo'ũ***
3P-LOC 3P-pensar TOP não-agora 3P-jogar x amanhã
(Com respeito ao que João pensou dentro dele, o Vasco joga amanhã)
'João pensou que o Vasco jogasse amanhã'

b. João na-gu na-rüinü rü Vasco **ta** na-cugutae i ***ine***
3P-LOC 3P-pensar TOP não-agora 3P-jogar x ontem
(Com respeito ao que João pensou dentro dele, o Vasco jogou ontem)
'João pensou que o Vasco jogasse ontem'

Quanto à extensão de opções interpretativas ao se tomar quantificadores como exemplos canônicos de operadores, os exemplos vistos em (15) mostram que essa extensão não é ilimitada em Tikuna. Dadas como sentenças sinônimas, (15a) e (15b) apresentam um quantificador que tem no seu escopo apenas o nominal que a ele se encontra ligado por uma das partículas que, mostradas em (2), assinalam estruturas em adjunção:

(15)
a. Wü'itchigü i ngueũ , nguerüũ na-wai
Cada um x estudante professor(a) 3P-beijar
(Cada estudante, professora beijou)
Tradução tentativa: 'Cada estudante beijou uma[25] professora'.

b. Wü'i i ngueũ nguerüũ na-wai
Um/(cada) um x estudante professor(a) 3P-beijar
(Cada estudante, professora beijou)
Tradução tentativa: 'Cada estudante beijou uma[26] professora'.

Conseqüentemente, a interpretação aí – se nossa tradução estiver correta – é a de que cada aluno beija uma professora qualquer, sem que cada aluno beije cada professora presente. Já no par de sentenças em (16) – também dadas como sinônimas - , dois quantificadores se fazem presentes para que cada nominal seja atingido, isto é, para que a interpretação seja aquela em que cada aluno beija cada professora:

[25] Nessa tradução, 'uma' (em 'uma professora') é artigo indefinido, o que corresponderia à idéia de indefinitude do objeto contida , em Tikuna, na ordem SOV.
[26] Idem.

(16)
a. Wü'i i ngueũ wü'i i nguerüũ
Um/(cada) um x estudante uma/(cada) um x professor(a)
na-wai
3P-beijar
(Cada estudante cada professora beijou)
Tradução tentativa: *'Cada estudante beijou cada/uma*[27] *professora'*

b. Wü'i i ngueũ rü wü'i i nguerüũ
Um/(cada) um x estudante TOP um(a)/(cada) um x professor(a)
na-wai
3P-beijar
(Cada estudante, cada professora beijou)
Tradução tentativa: *'Cada estudante, ele beijou cada/uma*[28] *professora'*

Como existe uma restrição formal sobre o que pode estar no escopo de um quantificador a partir da presença de uma das partículas que mencionamos, a sentença em Tikuna vista em (17) – e traduzida como 'Cada um beijou alguém' – não exibirá a mesma ambigüidade da sentença em inglês mostrada em (18a). As possibilidades de uma dupla leitura de (18a) – possibilidades mostradas em (18b) e (18c) – derivam do fato de que um operador pode estar no escopo de outro, podendo-se inverter, sem restrições, a posição dos operadores. O Tikuna, entretanto, não apresentaria esse caráter de irrestrição ilimitada quanto a operadores, e uma sentença como (17) não seria ambígua.

(17) Wü'i eũ na-wai
um alguém 3P-beijar
(Um/ (cada) um alguém beijou)
'Cada um beijou alguém'

(18) a. Everyone kissed someone.
b. Everyone$_x$ [someone$_y$ [x kissed y]]
c. Someone$_y$ [everyone$_x$ [x kissed y]]

Para terminar, diremos que, se há vários indícios em Tikuna que favorecem a representação do tempo como operador, há também

[27] Aqui 'uma' traduz wü'i e, nesse caso, é quantificador.
[28] Ver nota anterior.

muita coisa ainda a ser investigada. Nessas inclui-se a investigação da possibilidade de convivência de diferentes tempos no que é aparentemente uma mesma sentença. Por outro lado, no âmbito teórico, cabe investigar se o tempo em Tikuna, ao invés de ser concebido como uma dimensão temporal construída a partir de operadores pertencentes a uma metalíngua, poderia ser visto como centrado na existência de entidades temporais na própria língua – o que, levando-nos necessariamente a buscar dados relativos à anáfora temporal e a fenômenos anafóricos de modo geral, colocaria dificuldades para uma abordagem a partir de operadores.

REFERÊNCIAS BIBLIOGRÁFICAS

GIORGI, A. & PIANESI, F. *Tense and aspect. From syntax to morphosyntax.* Nex York and Oxford: Oxford University Press, 1997.

HORNSTEIN, N. *As time goes by. Tense and Universal Grammar.* Cambridge; London: The MIT Press, 1990.

MAGÜTA/CGTT. *Atlas das terras Ticunas.* Rio de Janeiro: Museu Nacional/MCT/PPG7, 1998.

MAIA, M. et alii. A estrutura da oração em línguas indígenas brasileiras. *D.E.L.T.A.*, vol.15, n°1 : 1-26, 1999.

OLIVEIRA FILHO, J.P. O idioma da intolerância: situação etnográfica, comunidades de comunicação e definições de realidade. In *Amazônia em Cadernos,* n° 5: 13-37. Manaus, Editora da Universidade do Amazonas, 1999.

______. *O nosso governo': os Ticuna e o regime tutelar.* São Paulo: Marco Zero/CNPq, 1988.

SOARES, M. F. Some aspects of Tikuna syntax. Trabalho apresentado no Grupo de Sintaxe do Departamento de Lingüística da Universidade de Toronto, Canadá, 2000b.

SOARES, M. F. Investigação de aspectos da sintaxe Tikuna. Volume I de *O supra-segmental em Tikuna e a teoria fonológica.* Campinas: Editora da

UNICAMP, 2000a. 185p. [Publicação do primeiro volume da Tese de Doutorado de mesmo nome defendida na UNICAMP em 1992.]

SOARES, M. F. A formal approach to clitics in Tikuna. V Encuentro Internacional de Lingüística en el noroeste. Memorias. Volumen 1. Hermosillo, Sonora, Editorial Unison, 1999. pp. 403-413.

________. (em andamento) Clíticos e construções não-argumentais em Tikuna. Universidade Federal do Rio de Janeiro. Ms.

________. Algumas possibilidades abertas no horizonte da pesquisa com línguas indígenas brasileiras. *Anais do I Congresso Nacional da Associaçao Brasileira de Lingüística.* Maceió:ABRALIN, 1997.

_______. Ordem de palavra: primeiros passos para uma relação entre som, forma e estrutura em Tikuna. In *Amerindia,* 17: 89-119. Paris: A.E.A./CNRS, 1992.

______. Aspectos supra-segmentais e discurso em Tikuna. In: ORLANDI, E. P. *Discurso indígena. A materialidade da língua e o movimento da identidade.* Campinas, Editora da UNICAMP, 1991. pp. 45-138.

________. Marcação de caso e atribuição de Caso em Tikuna. *Cadernos de Estudos Lingüísticos* 16: 79-114. Campinas: UNICAMP, 1990.

STOWELL, T. A. (1981) *Origins of phrase structure.* Ph.D. dissertation. Department of Linguistics and Philosophy, MIT.

12

FUNÇÕES SINTÁTICAS NUCLEARES E PERIFÉRICAS EM IKPENG (KARÍB)

Frantomé B. Pacheco

0. INTRODUÇÃO

O trabalho tem por objetivo apresentar os processos de marcação das funções sintáticas nucleares e periféricas ou oblíquas nas orações independentes da língua Ikpeng/Txikão (Karíb). Será mostrado que as funções nucleares podem ser marcadas via flexão verbal e as periféricas/oblíquas através de posposições. A nossa análise está baseada em Van Valin (1993), Croft (1991), Palmer (1994) e Dixon & Aikhenvald (1997), entre outros[1].

[1] LISTA DE ABREVIATURAS: A: sujeito transitivo; AUX: auxiliar; ADV: adverbial; CAUS: causativo; COL: coletivo; COM: comitativo; COMP: companhia; CONT: continuativo; DAT: dativo; DIR: direcional; DUR: durativo; ELAT: elativo; EXC: exclusivo; EXP: experiencial; FIN: finalidade; ILAT: ilativo; INC: inclusivo; INES: inessivo; INST: instrumental; INT: interrogativo; ITER: iterativo; LOC: locativo; NEG: negativo; NPAS: não-passado; NPr: nome próprio; NZ: nominalizador; O: objeto; OBL: oblíquo; ORIG: origem; PART: partícula; PAS: passado; PL: plural; POS: posse; POSG: posse geral; POSP: posposição; PRES: presencial; REC: recen-

1. FUNÇÕES SINTÁTICAS E ESTRUTURA DA ORAÇÃO IKPENG

Partindo da proposta de Dixon & Aikhenvald (1997), assume-se que as *funções sintáticas nucleares* são aquelas relacionadas aos argumentos do verbo transitivo (rotuladas como *A* e *O*) ou intransitivo (rotuladas como *S*). A função *S* pode ser marcada igual a *A* ou a *O*, sendo, no primeiro caso, identificada como *Sa* e, no segundo, como *So* (cf. tb. Palmer, 1994; Croft, 1991 e Van Valin, 1993).

As funções periféricas ou oblíquas estão relacionadas aos argumentos periféricos (não-nucleares) e são marcadas na língua através de elementos posposicionais, que, semanticamente, indicam localização espacial, recipiente, origem, meta, instrumental, experienciador e outros.

Acrescente-se que os adverbiais temporais formados por posposição não serão aqui discutidos, pois sua interpretação envolve uma análise mais ampla sobre a natureza dos elementos adverbiais não posposicionais, bem como sua relação com a marcação do espaço.

2. FUNÇÕES SINTÁTICAS NUCLEARES

A marcação das funções sintáticas nucleares é feita em Ikpeng através da morfologia do verbo (concordância verbal), quando envolve a primeira ou segunda pessoa, ou através da posição dos SNs (nominais ou pronominais) em relação ao verbo. No entanto, o recurso da ordem não será aqui discutido.

Assumem-se, portanto, as seguintes funções nucleares para o Ikpeng[2]: i) sujeito transitivo (*Actor* ou *A*): marcado pelos prefixos da série I afixados ao verbo transitivo; ii) objeto transitivo (*Undergoer* ou *O*): mar-

te; REF: reflexivo; REM: remoto; S: sujeito intransitivo; SEM: semelhança; SN: sintagma nominal; SG: singular; SP: sintagma posposicional; SV: sintagma verbal; T: tempo; TEMP: temporal; VBZ: verbalizador; VI: verbo intransitivo; VT: verbo transitivo; 1: primeira pessoa; 2: segunda pessoa; 3: terceira pessoa; 1+2: primeira inclusiva; 1+3: primeira exclusiva.

2 As categorias *Actor* e *Undergoer*, propostos por Foley & Van Valin (1984) no quadro da *Role and Reference Grammar*, referem-se, respectivamente, às noções "sujeito lógico" e "objeto lógico" (cf. tb. Van Valin, 1993). Observe-se que para as construções intransitivas os macro-papéis *Actor* e *Undergoer* funcionam por *default*, visto que a presença de um implica a ausência de outro por se tratarem de construções mono-argumentais.

cado pelos prefixos da série II afixados ao verbo transitivo; iii) sujeito intransitivo ativo (*Actor* ou *Sa*): marcado pelos prefixos da série I afixados ao verbo intransitivo; iv) sujeito intransitivo inativo (*Undergoer* ou *So*): marcado pelos prefixos da série II afixados ao verbo intransitivo. Observe-se que através dos prefixos pessoais pode-se identificar, além das funções sintáticas, uma divisão na classe de verbos intransitivos, pois há um grupo de intransitivos que marca seu sujeito (*S*) igual ao sujeito transitivo (*A*) e um outro que marca seu sujeito igual ao objeto transitivo (*O*), conforme será mostrado a seguir.

2.1. MORFOLOGIA FLEXIONAL E MARCAÇÃO DAS FUNÇÕES SINTÁTICAS NUCLEARES

Os sujeitos intransitivos são identificados através das Séries I e II de prefixos pessoais. Os verbos intransitivos que recebem a série I são chamados de ativos, pois geralmente indicam atividades ou ações. Os verbos que recebem a série II são chamados de inativos, pois geralmente indicam processos e estados[3]:

(1) Séries de prefixos pessoais

Pess.	*Série I*	*Série II*	
		Antes de radical iniciado por C	*Antes de radical iniciado por V*
1	**k –**	**ɨ –**	**g –**
2	**m –**	**o –**[4]	**w –**
1+2	**kut –**[5]	**wɨ –**	**ugw –**[6]
3	**Ø –**	**i –**	**y –**

---

[3] Inventário segmental Ikpeng: a) Consoantes: /**p, t, k, g, tʃ, m, n, ŋ, r, l, w, y**/; b) Vogais: /**i, ɨ, u, e, o, a**/.

[4] Alomorfes do morfema **o**-: /o-/ diante de consoante e da vogal /e/ (Ex.: **o-nki-lɨ** 'Você dormiu'; **o-etpam-lɨ** 'Você nasceu'); /a-/ diante de consoante seguida de /a/ (Ex.: **a-laktetke-lɨ** 'Você cuspiu'); /w/ diante da vogal /a/ (Ex.: **w-aginum-lɨ** 'Você chorou').

[5] Alomorfes do morfema **kut**-: /kut-/ diante de consoante (Ex.: **kut-poŋ-lɨ** 'Nós o encontramos'); /kutʃ-/ diante da vogal /i/ (Ex.: **ma kutʃ-ip-ta** 'Vamos tomar banho'); /kw-/ diante da vogal /a/ (Ex.: **kw-aranme-lɨ** 'Nós corremos'); /kur-/ diante das demais vogais (Ex.: **kur-origu-lɨ** 'Nós dançamos').

[6] Esse morfema apresenta o alomorfe /uk-/ quando ocorre diante de radicais nominais iniciados por consoante oclusiva. Veja-se o caso de **uk-pari-Ø** 'nosso amigo'.

Abaixo, são apresentados três paradigmas de verbos intransitivos. Em (2), está /*aranme*/ 'correr', um verbo tipicamente ativo. Em (3i), tem-se um verbo inativo iniciado por vogal (*-aginum-* 'chorar'), situação na qual empregam-se as formas C/VC e, em (3ii), um inativo iniciado por consoante (o verbo *-lakte-* 'cuspir'), situação na qual se empregam as formas V/CV. Assim, a Série II assume a forma V/CV ou C/VC, dependendo do segmento que inicia o radical[7]:

(2) a. *karanmelɨ*
k-aranme-lɨ 'Eu corri'
b. *maranmelɨ*
m-aranme-lɨ 'Você correu'
c. *kwaranmelɨ*
kut-aranme-lɨ 'Nós corremos'
d. *aranmelɨ*
Ø-aranme-lɨ 'Ele correu'

(3) i) Radical *V*-inicial
e. *gaginumlɨ*
g-aginum-lɨ
'Eu chorei'
f. *waginumlɨ*
o-aginum-lɨ
'Você chorou'
g. *ugwaginumlɨ*
ugw-aginum-lɨ
'Nós choramos'
h. *yaginumlɨ*
i-aginum-lɨ
'Ele chorou'

ii) Radical *C*-inicial
i. *ɨlaktetkelɨ*
ɨ-laktetke-lɨ
'Eu cuspi'
j. *alaktetkelɨ*
o-laktetke-lɨ
'Você cuspiu'
l. *wɨlaktetkelɨ*
wɨ-laktetke-lɨ
'Nós cuspimos'
m. *ilaktetkelɨ*
i-laktetke-lɨ
'Ele cuspiu'

Nos verbos transitivos, a marcação das funções sintáticas é orientada pela hierarquia de pessoa se estiverem envolvidas a primeira ou segunda pessoa, onde 1 > 2 > 3. Observe-se, nos exemplos abaixo, que o sujeito (*A* ou *actor*) é marcado quando: i) a 2.ª pessoa e a primeira inclusiva são agentivas numa relação em que a terceira é afetada (cf. 4b e 4c); e ii) está envolvida apenas a terceira pessoa em verbos

[7] Nos exemplos citados, o morfema **-lɨ** indica passado recente (REC).

do grupo 'ver' (**-enen-**) (cf. 4a). O objeto transitivo (*O* ou *undergoer*) é marcado quando a 1.ª pessoa, a 2.ª pessoa e a primeira inclusiva são afetadas numa relação em que a terceira é mais agentiva (cf. 5a-c). No entanto, quando *O* é terceira e *A* primeira pessoa e quando a terceira pessoa é relacionada a verbos do grupo 'matar' (**-wot-**) ou 'encontrar' (**-pon-**), marca-se *O* (cf. 5d-f). Nas relações envolvendo 1.ª e 2.ª pessoas, marca-se *A* na relação 1A2O e as duas pessoas na relação 2A1O (cf. 6):

(4)	a. 3×3	**Ø**-eneŋ-lɨ (3A-ver-REC)	'Ele o viu'
	b. 2×3	**m**-eneŋ-lɨ (2A-ver-REC)	'Você o viu'
	c. 1+2×3	**kur**-eneŋ-lɨ (1+2A-ver-REC)	'Nós o vimos'
(5)	a. 3×1	**g**-eneŋ-lɨ (1O-ver-REC)	'Ele me viu'
	b. 3×1+2	**ugw**-eneŋ-lɨ (1+2O-ver-REC)	'Ele nos viu'
	c. 3×2	**o**-eneŋ-lɨ (2O-ver-REC)	'Ele te viu'
	d. 1×3	y-eneŋ-lɨ (3O-ver-REC)	'Eu o vi'
	e. 3×3	**t**-wo-lɨ (3O-matar-REC)	'Ele o matou'
	f. 3×3	**i**-woŋ-lɨ (3O-encontrar-REC)	'Ele o encontrou'
(6)	a. 1×2	**k**-ineŋ-lɨ (1A-ver-REC)	'Eu te vi'
	b. 2×1	**ugw**-eneŋ-lɨ (2A1O-ver-REC)	'Você me viu'

A marcação da primeira inclusiva em construções transitivas precisa ser revista em futuras pesquisas.

3. FUNÇÕES SINTÁTICAS PERIFÉRICAS OU OBLÍQUAS

As funções sintáticas periféricas ou não-nucleares são indicadas por elementos gramaticais livres que ocorrem após o SN, ou seja, por posposições. As posposições aqui apresentadas são as indicadoras de locação estática (cf. 7), movimento (cf. 8), a que indica recipiente, meta e benefactivo (cf. 9), o instrumental (cf. 10), o comitativo (cf. 11) e a experiencial indicadora de medo (cf. 12):

(7) Locação estática

mapo: a. [Poktʃo **mapo**] etʃi-lɨ
posto no AUX-REC 'Eu fiquei no posto'

parap: b. y-anmetpo-lɨ-ŋmo [muy **warap**]
1A3O-empurrar-REC-COL canoa dentro
'Eu os empurrei dentro da canoa'

pok: c. Ø-eneŋ-lɨ petkom kaneta [omriŋo **wok**]
3A3O-ver-REC mulher caneta banco sobre/em
'A mulher viu a caneta sobre o banco'

(8) Movimento

tʃina: a. k-araŋ-tʃi [poktʃo **tʃina**]
1Sa-ir-NPAS posto para
'Eu vou para o posto'

paran -tup: b. [owro warantup] Ø-egakte-lɨ
casa de dentro:POSP 3Sa-sair-REC
'Ele saiu de dentro da casa'

para-ktʃi: c. k-ara-naŋ [g-ew-rɨ waraktʃi]
1Sa-ir-CONT 1-casa-POS para dentro:POSP
'Eu estou indo para dentro da casa'

(9) Recipiente, benefactivo e meta

a. petkom t-eru-lɨ anat [aŋpi **ɨna**]
mulher 3-dar-REC milho menino para
'A mulher deu milho para o menino'

b. aŋpi i-mate-lɨ atʃi [petkom **ɨna**]
menino 3-acender-REC fogo mulher para
'O menino acendeu o fogo para a mulher'

c. tʃimna waymɨn Ø-ero-lɨ [egak ɨna]
nosso-EXC cunhado 3Sa-ir-REC buruti para
'Nosso cunhado foi para a palha de buruti' (i. é, 'buscá-la')

(10) Instrumental

ugwon Ø-etpu-lɨ yay [oke **ge**]
homem 3A3O-cortar-REC lenha machado com:INST
'O homem rachou madeira com machado'

(11) Comitativo
k-ineŋ-lɨ petkom **pak**
1A2O-ver-REC mulher com 'Eu te vi com a mulher'

(12) Experiencial indicadora de "medo"
g-eraŋɨtke-lɨ [akari **uŋno**]
1So-assustar-se-REC cachorro com medo
'Eu fiquei com medo do cachorro'

A posposição **ɨna** pode indicar também o "causee" nas orações transitivas causativizadas (como em 13a) ou o experienciador em construções não verbais (como em 13b):

(13) a. yokore Ø-enem-po-lɨ ikpeŋ yukutpot [kumare **ɨna**]
Iokoré 3A3O-ver-CAUS-REC Ikpeng foto Kumaré para
'Iokoré fez Kumaré ver foto Ikpeng'
b. karake oren akari [ɨ-na]
bonito este cachorro 1-para
'Eu gosto deste cachorro' (Lit.: 'Para mim, este cachorro é bonito/bom')

Note-se, portanto, que a posposição **ɨna** rege SNs demovidos, originalmente, sujeitos transitivos, como se pode ver acima (ex. 13a). Isso nos sugere que essa posposição possui um estatuto diferente das demais, pois ela desempenha um papel importante não apenas em construções transitivas causativizadas, mas nas orações não-verbais com experienciador.

4. Considerações finais

O trabalho procurou mostrar quais são os mecanismos de marcação das funções sintáticas encontradas em Ikpeng, demonstrando que a) o sujeito intransitivo apresenta uma cisão, pois há um grupo de intransitivos que apresenta um sujeito que é marcado como o sujeito transitivo, e um outro, em que o sujeito é marcado como o objeto transitivo; b) a marcação do sujeito (A/*Actor*) e do objeto (O/*Undergoer*) de verbo transitivo é orientada, prioritariamente, pela hierarquia de pessoa (onde 1 > 2 > 3); c) as funções periféricas são marcadas por posposição; d) o fato de a posposição **ina** marcar o *causee* e o experienciador em construções não-verbais sugere ter esta posposição um estatuto diferente das demais.

Pretende-se, em futuras pesquisas, verificar os reflexos da distinção nuclear vs. não-nuclear na ordem de constituintes, na formação do verbo dependente e na organização da oração causativa. Além disso, serão investigadas as diferenças gramaticais entre os diversos tipos ou grupos de posposições encontrados na língua.

REFERÊNCIAS BIBLIOGRÁFICAS

COMRIE, B. *Language universals and linguistic typology*. 2. ed. Oxford: Basil Blackwell, 1989.

CROFT, W. *Syntactic categories and grammatical relations*. Chicago/ Londres: The University of Chicago Press, 1991.

DIXON, R. M. W. *Ergativity*. Cambridge: Cambridge University Press, 1994.

______ & A. Y. AIKHENVALD. A typology of argument-determined constructions. In: J. Bybee et al. (org.) *Essays on language function and language type*, p. 71-113. Amsterdam: John Benjamins, 1997.

FOLEY, W. & R. D. VAN VALIN Jr. *Functional syntax and Universal Grammar*. Cambridge: Cambridge University Press, 1984.

GILDEA, S. *On reconstructing grammar: comparative Cariban morphosyntax*. Oxford: Oxford University Press, 1998.

PACHECO, F. B. *Morfossintaxe do verbo Ikpeng (Karíb)*. Tese de Doutorado. Campinas: UNICAMP, 2001.

PALMER, F. R. *Grammatical roles and relations*. Cambridge: Cambridge University Press, 1994.

VAN VALIN, R. A synopsis of Role and Reference Grammar. In: R. D. Van Valin, Jr. (org.) *Advances in Role and Reference Grammar*. Amsterdam/ Philadelphia: John Benjamins, 1993.

13

POSSE EM KATUKÍNA E VALÊNCIA DOS NOMES

*Francesc Queixalós**

> Il nous semble cependant important, du point de vue de la théorie linguistique, qu'un phénomène aussi remarquable que l'existence, dans certaines langues, d'une classe de substantifs désignant des "possessions inaliénables" se révèle susceptible d'interprétation proprement linguistique, alors qu'on a trop tendance, à notre avis, à le traiter comme un fait de mentalité, comme une "curiosité" relevant de la psychologie des peuples.
>
> Gabriel Manessy

0. INTRODUÇÃO

Neste trabalho, pretendo fornecer uma reformulação de natureza sintática da tradicional distinção semântica entre posse alienável e posse inalienável. Utilizarei principalmente os dados recolhidos por mim nas variedades da língua Katukína (família Katukína) faladas nos rios Itaquaí e Biá, estado do Amazonas (também conhecidas como Kanamarí e Katukína, respectivamente).

* CELIA (IRD-CNRS) & LALI (Universidade de Brasília).

1. A NATUREZA PREDICATIVA DO NOME

A idéia de que os nomes são predicados por natureza, como os verbos, procede da lógica e apresenta duas vertentes. Uma é que os nomes devem ser vistos como vindo do léxico já providos de valência. Veja, por exemplo, a interpretação que Frege (1984 [1891]) dá ao sintagma genitivo. Para Frege — cuja preocupação central, importa salientar, não era a linguagem humana, e sim a natureza das noções aritméticas — *a capital do Império alemão* é uma expressão em que um elemento, *a capital de*, não é por si saturado, motivo pelo qual precisa de um complemento *x* para instituir uma expressão completa. Destarte, *a capital de x* é uma função, *x* é seu argumento, o valor de *x* é *Império alemão*. Essa organização é paralela à de *César conquistou as Gálias*, em que *César* é o argumento que satura a função *conquistou as Gálias* (1984 [1891] : 33-34). A intuição importante aqui é a de expressão não saturada, que abrange tanto verbos, quanto nomes. Já na lingüística, Benveniste (1974 [1967] 150-151) analisa exemplos do sânscrito védico no ensejo de mostrar que nomes como filho devem ser vistos como funções de duas variáveis. Portanto, a estrutura argumental desses vocábulos é a de *filho-de*. Seus dois argumentos, 1) *x*: aquele que é filho, e 2) *y*: aquele de cujo filho se trata, entram numa função *f(x, y)*, ou seja *x (é) filho (de) y*. Outros nomes são de um argumento só.

A outra vertente retoma os avanços da lógica proposicional: os nomes, além de serem elementos que precisam ser saturados, não têm vocação para desempenhar funções outras senão predicativas. Sua ocorrência nessas outras funções é derivada da sua função primária, predicativa. Bach (1968) acha várias vantagens no tratamento da negação e de outros tópicos da gramática do inglês ao considerar que *the professors signed a petition* é obtido a partir de [*the* ones who were *professors*] *signed* [something which was *a petition*]. As implicações dessa proposta, feita no quadro da gramática gerativa, não receberam na época a atenção que mereciam. A primazia da predicatividade também foi retomada por estudiosos de línguas não européias, achando nela as bases de um modelo destinado a dar conta, de uma maneira simples e inteligível, de certos fenômenos gramaticais originais. Lemaréchal

(1991), examinando as línguas filipinas, interpreta as célebres marcas nominais *ang* e *ng* do Tagalo, assim como o *a* do Palau, como o rastro da derivação para uma função argumental de um elemento predicativo por natureza, seja nome ou verbo. Launey (1994) aplica a idéia ao Nahuatl, sistematizando o conceito de onipredicatividade (todas ou quase todas as entradas lexicais são predicados; as funções argumentais são assumidas por predicados — incluindo os nomes — que se subordinam). Queixalós (2001) atribui a mesma função dos morfemas filipinos — de fato equivalente à do operador iota do cálculo proposicional (Blanché 1957 : 163) — ao sufixo nominal *-a* da família tupí-guaraní, chamado por outros autores de caso argumentativo (Rodrigues 1996, 2001b) ou caso nuclear (Seki 2000).

A conjugação das duas vertentes da predicatividade do nome desemboca na convicção — mais notável nas produções de cunho gerativista — de que existe um paralelo estreito, embora não total, entre a estrutura da sentença e a estrutura do sintagma nominal (por exemplo Abney 1987; Godard 1988).

2. A VALÊNCIA NOMINAL EM KATUKÍNA

Todo nome pode ser o núcleo de um predicado nessa língua, sem precisar de nenhum elemento verbal comparável a uma cópula. A ordem não marcada é predicado – argumento:

(1) poako itowun 'isso é (um) remo'
remo#isso

Direi que o nome *poako* institui uma predicação de valência 1, e, portanto, que ele é um predicado monovalente.

Vejamos agora uma construção com predicado nominal e dois argumentos:

(2) a-obatyawa Wahio 'Wahio é (a) esposa dele'
ele-esposa#Wahio

O elemento representado por Wahio tem as mesmas propriedades sintáticas que o argumento representado por *itowun* em (1). O elemento representado pelo prefixo *a-* pode se manifestar também por meio de um sintagma nominal:

(3) Yowai na-a-obatyawa Wahio 'Wahio é (a) esposa do Yowai'
Yowai#CasoProcl-ele-esposa#Wahio

O nome *obatyawa* institui uma predicação de valência 2; portanto, ele é um predicado bivalente. A seguir a estrutura em constituintes desses três exemplos[1]:

(4) [poako] [itowun]
(5) [a-obatyawa] [Wahio]
(6) [Yowai na-a-obatyawa] [Wahio]

Itowun de (4) e *Wahio* de (5) e (6) representam o argumento externo do sintagma predicativo que fica à sua esquerda. *a-* de (5) e *Yowai...a-* de (6) representam o argumento interno do sintagma predicativo cujo núcleo é *obatyawa*[2]. A diferença entre os dois núcleos predicativos que aparecem em (4) e (5), respectivamente, de não ser ou de ser habilitado a ocorrer com um argumento interno, é captada comumente em termos semânticos na distinção entre duas classes de nomes: os de posse alienável e os de posse inaliénavel[3].

[1] Para as justificações, veja Queixalós (no prelo).

[2] Externo e interno entendem-se, para o Katukína, em termos de constituência. Embora minha análise da seqüência *na-a-*, pronunciada [*na*], permita preservar a integridade do paradigma de pessoa (*a-* continua sendo prefixo de terceira pessoa) e incorporar certos indícios diacrônicos (*na-* seria um antigo sufixo casual de argumento interno que acabou sendo procliticizado ao núcleo), existe uma análise alternativa, atraente por outros motivos: em vez de uma seqüência *na-a-,* se tem um único prefixo *na-*, semelhante àquelas marcas que, em línguas de várias famílias sul-americanas (Rodrigues 1953, 2001a; Cabral & da Costa 2003), intermediam um núcleo e seu complemento, revelando adjacência entre ambos. O ponto comum às duas análises é que o fato da adjacência recebe obrigatoriamente explicitação morfológica ("caso procliticizado" ou "prefixo relacional de contigüidade").

[3] Picanço (2003) chega à mesma conclusão sobre a base de dados de outra natureza extraídos de outra língua: em Mundurukú (tronco Tupí), os padrões de verbalização

O paradigma de prefixos pessoais é

(7)

	singular	plural
1°	i-	tyo-
2°	no-	na-
3°	a-	ma-

O paradigma dos pronomes livres é

(8)

	singular	plural
1°	adu	adik
2°	idik	idiki
3°	anyan	anyan hinuk

As formas possessivas adnominais e pronominais são

(9)

	singular	plural
1°	atya	ityowa
2°	inowa	idiki nawa
3°	awa	mawa

A última sílaba de todas as formas de (9), com exceção da primeira, é analisável como um elemento divalente, de distribuição nominal, sem conteúdo semântico mais concreto do que 'coisa, bem'. Assim o mostram os exemplos a seguir, cuja estrutura é idêntica à de (5) e (6), respectivamente:

(10) [a-wa] [itowun] "isso é dele"
ele-bem#isso

---

dos nomes inalienáveis e dos nomes alienáveis são diferentes e revelam que a distinção sintática entre essas duas classes reside na presença ou ausência, na estructura argumental do nome, do possuidor como argumento interno. (Agradeço a Aryon Rodrigues por ter chamado minha atenção sobre este trabalho.)

(11) [Wura na-a-wa] [hak] "a casa é do Wura"
Wura#CasoProcl-ele-bem#casa

Chamo *wa* de nome genérico relacional (NGR). Ele é utilizado para aumentar a valência dos nomes monovalentes. Dito em termos semânticos, serve para permitir a associação de um possuidor a um nome da classe dos alienáveis.

(12) [poako] [itowun] 'isso é (um) remo'
remo#isso

(13) {a-wa poako} [itowun] 'isso é o remo dele'
ele-bem#remo#isso

(14) [Yowai na-a-wa poako] [itowun] 'isso é o remo do Yowai'
Yowai#CasoProcl-ele-bem#remo#isso

Os NGR têm recebido diferentes denominações nas publicações lingüísticas, sendo as mais comuns as de classificadores genitivos ou possessivos (por exemplo, Seiler 1995; Grinevald 2000), denominações que tornam opaca sua verdadeira função. Antes de aprofundar esse tema, quero chamar a atenção sobre outro problema que o Katukína ajuda a entender. Trata-se da estrutura do sintagma entre chaves {} de (13), que tem sido, às vezes, analisada em outras línguas ou em tipologia geral como contendo uma aposição: "isso é [o remo, o bem dele]" (por exemplo Dourado 2002: 97; Seiler 1995: 285). A minha hipótese é a de que a estrutura do sintagma genitivo provido de NGR não é plana, como dá a entender a idéia de aposição. Bem pelo contrário, manifesta uma hierarquização resultante da composição de duas seqüências presentes independentemente em outras construções da língua: 1) núcleo + argumento externo; 2) núcleo + argumento interno. Eis dois exemplos de 1), com núcleo nominal e com núcleo verbal, nessa ordem:

(15) [poako$_{\text{NÚCL}}$] [itowun$_{\text{ARGEXT}}$] 'isso é (um) remo'
remo#isso

(16) [kitan$_{\text{NÚCL}}$] [Wura$_{\text{ARGEXT}}$] 'Wura dorme'
dormir#Wura

Agora vejamos três exemplos de 2), um com núcleo nominal, um com núcleo verbal, e outro com núcleo posposicional. Unicamente as seqüências entre chaves {} devem ser consideradas.

(17) {[a$_{\text{ARGINT}}$-]obatyawa$_{\text{NÚCL}}$} [Wahio] 'Wahio é (a) esposa dele'
ele-esposa#Wahio

(18) {[a$_{\text{ARGINT}}$-]bu$_{\text{NÚCL}}$} [tukuna] 'ele criou os humanos'
ele-fazer#humanos

(19) [kitan] [Wahio] {[a$_{\text{ARGINT}}$-]katu$_{\text{NÚCL}}$} 'Wahio dorme com ele'[4]
dormir#Wahio#ele-com

O sintagma genitivo com NGR (20) só faz conjugar uma seqüência núcleo + argumento externo como a de (15), com uma seqüência argumento interno + núcleo como a que se encontra entre chaves {} em (17), tendo, o conjunto, o NGR *wa* como núcleo e o nome *poako* como argumento externo:

(20) [[a-]$_{\text{ARGINT}}$ wa$_{\text{NÚCL}}$] [poako$_{\text{ARGEXT}}$] 'o remo dele'
ele-*NGR*#remo

Uma leitura literal seria 'o remo ((que) é) o bem dele'. Compare-se (20) com (17) ou (18): o sintagma tem estrutura de sentença bivalente. Assim sendo, a sentença em (13) deve ser vista como a composição de duas estruturas sentenciais encaixadas, cada uma com seu núcleo e seu argumento externo. Só a de núcleo *wa* é capaz de ter um argumento interno. O elemento *poako* participa das duas estrutu-

4 A identidade formal entre "possuidor" de nome, "agente" de verbo transitivo e objeto de posposição do Katukína, a qual justifica a generalização expressa pela denominação "argumento interno", tem um paralelo bem claro em outras línguas, por exemplo na família tupí-guaraní (com a diferença de que nela o "paciente" e não o "agente" da construção transitiva básica é que figura na classe assim constituída). O Katukína tem propriedades de língua fortemente ergativa. Sobre a valência dupla das adposições, cf. Hale & Keyser (1998).

ras: na mais abrangente, a de {} em (21), ele é o núcleo de um predicado nominal "(ser) remo":

(21) {[[a-]$_{\text{ARGINT}}$ wa$_{\text{NÚCL}}$] [poako$_{\text{ARGEXT}}$]$_{\textit{NÚCL}}$} {itowun$_{\textit{ARGEXT}}$}
ele-NGR#remo#isso 'isso é o remo dele'

Uma leitura literal seria: "{isso} {(é) [o remo] [((que) é) o bem-de [ele]]}".

O Panará (Dourado 2002 : 97) fornece prova adicional para algumas das funções no sintagma genitivo, tais como identificadas em (20). Prestemos atenção ao exemplo a seguir:

(22) Tεseya y-õ puu 'roça de Teseya'
Teseya#*Prefixo-NGR*#roça[5]

O "prefixo" de (22) cumpre o papel de marcador de adjacência (cf. nota 2 acima) entre um núcleo, aqui o NGR *õ*, e o seu complemento, aqui o nome do possuidor Tεseya[6].

De outro lado, a ordem em (22) não é fixa. Pode-se ter

(23) puu Tεseya y-õ 'roça de Teseya'
Roça#Teseya#*Prefixo-NGR*

Embora as ordens (22)-(23) constituam uma indicação a favor da construção apositiva, elas também são compatíveis com a possibilidade de *puu* ser o argumento externo do núcleo *õ*, pois da mesma forma, a posição de um nome sujeito pode variar em relação a seu predicado nominal (Dourado 2003, comunicação pessoal):

(24) Akə tɔpɨtũ ~ tɔpɨtu Akə 'Akâ é chefe'

---

[5] Glossa justalinear adaptada; FQ.

[6] Nos termos de Dourado (2002 : 103): "Nos sintagmas nominais o núcleo é o SN possuído para a posse inalienável, e o SN referente ao termo "posse" [o NGR: FQ] para posse alienável".

3. Os NGR

Aqui, quero justificar a denominação de *nomes genéricos relacionais*, que me parece a mais apropriada para traduzir a natureza do *wa* Katukína e de formas comparáveis de outras línguas.

3.1. Nomes

Os NGR são nomes. Eles têm a distribuição própria dos nomes, como a de núcleo de sintagma nominal, prefixável pelo paradigma de pessoa. Em Katukína

(25) [Yowai na-a-*obatyawa*] 'esposa de Yowai'
Yowai #*CasoProcl*-ele-esposa

(26) [Yowai na-a-*wa*] 'coisa de Yowai'
Yowai #*CasoProcl*-ele-bem

Eles são identificados como nomes, ora distribucionalmente, ora etimologicamente em várias outras línguas (Manessy 1964; Mattei-Muller1974; Rodrigues1997; Grinevald 2000; Dourado 2002; Ribeiro 2002).

3.2. Genéricos

Uma morfossintaxe em que a construção do sintagma possessivo se faz mediante o aumento da valência do nome que refere o elemento possuído terá tendência de captar, para efetuar a intermediação entre o nome do possuidor e o nome do possuído, os nomes com as duas propriedades semânticas a seguir:

- referir a coisa possuída de maneira genérica;
- evocar o modo de interação entre o possuidor e a coisa possuída (Grinevald 2000), como transporte, alimentação, armamento, etc. (Por isso é tão comum a dupla de NGR "animal de estimação" / "animal de caça".)

Dependendo do leque de possibilidades que oferece o léxico, o paradigma dos NGR, ou "classificadores genitivos", como sabemos que também são denominados, será mais ou menos extenso, oscilando entre um (em Parkatêjê, Ferreira 2001) e uma dezena (em Karirí, Rodrigues 1997) ou bem mais (em Panare, Mattei-Muller1974). Sistemas com NGR único como o Katukína (*wa*) ou as línguas da família Jê (variantes de *õ*) indicam que a natureza do mecanismo independe da quantidade de NGR envolvidos no sistema. A função do(s) NGR é sempre a mesma: incrementar a valência da construção, podendo envolver um NGR ou duas dúzias deles. Mais uma vez, observamos que a função classificatória é parasítica, ou seja, ela pega carona em uma outra função bem mais central na gramática (quantificação, rastreamento da referência, localização espacial, ou, no caso dos NGR, aumento de valência). Uma observação diacrônica de Rodrigues (1992) ilustra perfeitamente esse ponto. A grande maioria dos "marcadores de posse alienável" do Kipeá começa pela vogal *u*, a qual poderia ser cognata do NGR Jê único *õ*. O NGR original *u* teria recebido o acréscimo de outros morfemas "mais específicos", esses sim, de natureza classificatória. Assim sendo, a denominação "classificadores" para os NGR parece inapropriada, pois exclui os sistemas de tipo Katukína ou Jê: obviamente um NGR único não classifica nada.

2.3. Relacionais

É sabido que as mudanças de valência têm efeitos incrementais e efeitos recessivos. A valência como correlato sintático da distinção "inaliénavel" / "alienável" mostra que, mesmo em termos semânticos, tal distinção é insuficiente, já que o que está por trás não é uma questão de "posse", seja qual for o significado que dermos a esse termo[7], e sim a natureza mais ou menos relacional dos elementos. Em outras palavras, existem noções unicamente concebíveis como sendo dependentes de outras noções ("concepts that are inherently relational" nas palavras de Fillmore 1968: 61, cujo interesse estava nos papéis semânticos e não na valência dos nomes ou na noção de posse). Os nomes "inalienáveis", junto com os verbos transitivos e as

[7] Sobre a dificuldade para identificar uma noção unitária de posse, cf. Seiler (1995).

posposições, são elementos altamente relacionais. Seiler (1995 : 277, 279) estabelece um paralelo com as noções de relação interna / relação externa da lógica relacional. Os dois tipos de posse que ele postula, posse inerente / posse estabelecida ("established"), remetem ao fato de a posse inerente ("inalienável"), que ele também chama de *íntima*, ser expressa através de uma relação interna, imediata, e a posse estabelecida ("alienável"), que também chama de *não íntima*, ser expressa com ajuda de um terceiro elemento que desempenha um papel de mediador, de conector, entre os dois primeiros

Um NGR como o *wa* Katukína é só isso, um elemento altamente relacional. Sua natureza relacional e seu conteúdo semântico vazio são aproveitados de duas maneiras: 1) para constituir, junto com a marca de pessoa, uma forma equivalente aos pronomes possessivos e 2) para permitir a um nome menos relacional adquirir as propriedades relacionais de um nome "inalienável". Vejamos esse segundo ponto com mais detalhe.

Ribeiro (2002, 2003) estabelece um paralelo entre as construções genitivas com NGR e as construções verbais aplicativas. O paralelo se justifica perfeitamente. O NGR tem, junto ao nome monovalente, exatamente a mesma função de um morfema aplicativo junto ao verbo: a de abrir uma nova vaga de argumento para um participante inicialmente não previsto na estrutura lexical do núcleo nominal/verbal. Comparemos o NGR Katukína

(27) [poako$_{\text{NÚCL}}$] [itowun$_{\text{ARGEXT}}$] 'isso é (um) remo'
remo#isso

(28) {[[a$_{\text{ARGINT}}$-]wa$_{\text{NÚCL}}$] [poako$_{\text{ARGEXT}}$]$_{\textit{NÚCL}}$} {itowun$_{\textit{ARGEXT}}$}
ele-*NGR*#remo#isso 'isso é o remo dele'

com um aplicativo Sikuani (Queixalós 1998)

(29) awiri tüpa 'o cachorro morreu'
cachorro#morreu

(30) {awiri $_{\text{ARGEXT}}$} {[[ne$_{\text{ARGINT}}$-]to$_{\text{NÚCL}}$-] [tüpa$_{\text{ARGEXT}}$]$_{\textit{NÚCL}}$}
cachorro#eu-*Aplicativo*-morrer
'meu cachorro morreu'(lit.: 'o cachorro me morreu')

Devemos considerar que em (28) 'remo', ao mesmo em tempo que é um núcleo lexical monovalente instituindo um sintagma {*a-wa poako*}, cujo argumento é *itowun*, 'isso', é também um argumento do sintagma [*a-wa*] cujo núcleo divalente *wa* o põe em relação com o argumento 'ele'[8]. Paralelamente devemos considerar que em (30) 'morrer', ao mesmo tempo em que é um núcleo lexical monovalente encabeçando um predicado {*netotüpa*}, cujo argumento é *awiri* 'cachorro', é também um argumento da seqüência {*ne-to-*} cujo núcleo bivalente *to* o põe em relação com o argumento "eu" (literalmente: 'o morrer (do cachorro) tem a ver comigo')[9]. Os papéis que cumprem tanto o NGR Katukína *wa* quanto o aplicativo Sikuani *to* são idênticos. A constatação do paralelismo entre construções como as de (28) e (30) leva Ribeiro, em seu estudo sobre o Karirí (2002), a dar a denominação de aplicativos nominais aos NGR[10]. Uma ressalva a ser feita a essa inovação terminológica, potencialmente fecunda para a tipologia gramatical, é que nela se pressupõe a completa gramaticalização dos NGR, embora muitas línguas mostrem que os NGR têm ainda uma natureza nitidamente nominal, como o próprio Ribeiro salienta acerca das línguas Jê (2002 : 35).

A função incremental que caracteriza os NGR deve ser vista como integrada a um mecanismo mais global de mudança da estrutura argumental dos núcleos nominais. As línguas Aruak são conhecidas pela flexibilidade com que sua gramática trata a distinção entre "nomes alienáveis" e "nomes inalienáveis". Em Achagua (Meléndez

---

[8] Esta dupla função define o que Marantz, na sua versão da teoria X-barra, chama de "argumento de modificador" (1985: 39).

[9] Sobre a relação de regência entre o morfema aplicativo e o argumento interno, cf. Craig & Hale (1988: 329). Na p. 330 os autores contemplam também a relação entre o morfema aplicativo e o verbo, considerados *sisters*. Na linha de raciocínio de Marantz, o verbo *tüpa* pode ser visto, à sua vez, como um argumento de modificador (1985: 39, 256).

[10] O paralelismo vai tão longe que, assim como aplicativos podem se associar a verbos transitivos para permitir a entrada de um novo participante diferente daquele indicado pelo objeto já presente na construção (para exemplos Sikuani, cf. Queixalós 2000), existem indícios de que um NGR pode ser acrescentado a um nome bivalente para introduzir um possuidor mais extrínseco do que o originalmente presente na valência do nome possuído (Ribeiro 2002: 37). Esta observação leva Ribeiro a chamar o NGR de "morfema alienador".

1998), *e:da* 'rede' é um nome bivalente. Ele se combina diretamente com o seu argumento interno, que pode ser representado pelo prefixo de pessoa:

(31) nu-e:da 'minha rede'
eu-rede

Já *auli* 'cachorro' é um nome monovalente. Ele não tem argumento interno e portanto não pode receber o prefixo de pessoa: **nu-auli*. Isso só é possível mediante a presença de um dos dois NGR da língua, no caso *ihira*, "animal de estimação".

(32) nu-ihira auli 'meu cachorro'
eu-*NGR*#cachorro

Assim como o NGR tem um efeito incremental sobre a valência, um sufixo especializado *-ʃi* tem um efeito recessivo. Por exemplo, em (33), 'rede' perde sua capacidade de associar um argumento interno:

(33) e:da-ʃi 'rede'
Rede-*Recessivo*

Ora, como qualquer outro nome monovalente, *e:da-ʃi* poderá se combinar com um argumento interno, o "possuidor", somente com a intermediação de um NGR que aumente sua valência, no caso *ʃina:* 'bem':

(34) nu-ʃina: e:da-ʃi 'minha rede'
eu-*NGR*#rede-*Recessivo*

A diferença semântica entre (31) e (34) reside não exatamente na posse "alienável" / "inalienável" das redes, mas no fato de a rede bivalente de (31) ser uma criação do referente do seu argumento interno ('eu fabriquei a rede'), enquanto que a rede monovalente de (34) é só uma aquisição do mesmo ("eu adquiri a rede")[11].

4. A PRIMAZIA DA "INALIENABILIDADE"

Aqui, procurarei mostrar que a oposição bivalente ("inalienável") / monovalente ("alienável") não é simétrica. Pelo contrário, ela tem as propriedades das oposições privativas de Trubetzkoy (1964). No caso, o termo não marcado da oposição é o bivalente ("inalienável"). Seiler (1995: 284) expressa a mesma opinião em relação à posse que ele chama de inerente. A seguir, apresento uma formulação sintática desta hipótese.

Uma visão das coisas diretamente determinada pelo senso comum nos faz pensar que, se entre dois termos A e B existe uma relação de simples a complexo e se pode ser postulado um caminho de derivação de um termo para o outro, esse caminho vai do termo simples ao termo complexo. Entre as contribuições da Gramática Relacional à teoria lingüística está a idéia de que nem sempre é assim. A chamada Hipótese da Inacusatividade (Perlmutter 1978, Harris 1982) supõe que a compreensão da estrutura argumental dos verbos intransitivos passa pela derivação das construções monovalentes a partir de construções bivalentes. Esta é exatamente minha colocação, aqui, a respeito da distinção entre nomes monovalentes ("alienáveis") e nomes bivalentes ("inalienáveis"). Em vários sentidos que explicitarei no decorrer da argumentação, a estrutura relacional dos nomes bivalentes é simples, primária, original, não marcada, se comparada com a dos nomes monovalentes. A idéia pode ser formulada assim:

(35) Se uma língua apresenta uma oposição entre nomes monovalentes ("alienáveis") e nomes bivalentes ("inalienáveis"), os correlatos formais dessa oposição indicam a construção com nome bivalente como sendo mais básica do que a construção com nome monovalente.

[11] De igual maneira, em Apinajé, o tratamento de 'cesta' como bivalente implica um possuidor-criador da cesta, enquanto seu tratamento como monovalente associado a NGR supõe um possuidor-adquirente da mesma (Ham, Waller & Koopman 1979, citado por Ribeiro 2002).

A seguir algumas ilustrações de (35).

1) O paradigma de marcas de posse que acompanha os nomes bivalentes é fonologicamente mais simples. Esta observação é feita, entre outros, por Seiler, a respeito dos prefixos de posse do Tunica (Seiler 1995 : 281). Eis agora os dois paradigmas do Katukína:

	com divalentes	com monovalentes
1º	**i-**	**atya**
2º	**no-**	**inowa**
3º	**a-**	**awa**

A contribuição do NGR *wa* à formação das marcas de posse para monovalentes ainda é evidente em algumas pessoas: a terceira é claramente *a-wa*; já a forma da segunda não é tão transparente. A forma da primeira, *atya*, é opaca. O que o Katukína sugere é que diacronicamente temos o seguinte percurso:

· Existem duas construções possessivas e um só paradigma de pessoa:

(36)	com divalentes	com monovalentes
	pessoa-NOME	*pessoa-NGR NOME*

Esta situação é ilustrada em todas as línguas em que a posse com nomes monovalentes se faz mediante o(s) NGR, como o Panare (Mattei-Müller 1974); a maior complexidade da construção com monovalentes se deve à presença do NGR;

· A seqüência pessoa-NGR se fossiliza em marca pessoal de posse com monovalentes;

· A marca de posse decorrente entra num processo de desgaste fonológico que torna cada vez menos visível a presença do NGR original.

A seguir dou uma ilustração africana deste percurso. Com ajuda de dados comparativos da família mande, Manessy (1964) mostra que o Kpelle, língua da Libéria, passou de uma etapa (36) em que se tinha

(37) ku wɔ heɣe 'nossa vestimenta'
nosso#*NGR*#vestimenta

a uma etapa em que a seqüência *ku wɔ,* já fossilizada, teria padecido de mudanças fonológicas que, ao obscurecer sua etimologia, resultaram em um segundo paradigma de posse:

(38) kuo heɣe 'nossa vestimenta'
nosso#vestimenta

A maior complexidade das marcas de posse com monovalentes pode não proceder da presença de um NGR diacronicamente identificável. É o caso dos paradigmas do Sikuani, em que a seqüência fonológica *ha* das marcas para monovalentes não se identifica com nada semelhante a um NGR:

	com bivalentes	com monovalentes
1º	ta-	taha-
2º	ne-	niha-
3º	pe-	piha-
4º	wa-	waha-

2) Uma construção genitiva NOME + NOME será mais compacta se o nome determinado ("possuído") for bivalente, e mais analítica se o nome determinado ("possuído") for monovalente. Esta é a distinção estabelecida por Seiler em termos de relação interna e relação externa (veja acima). Aqui, devemos distinguir — o que nem sempre é fácil — entre duas estratégias equivalentes na elaboração da construção analítica: com NGR ou com adposição. Esses dois elementos são, em efeito, equivalentes em termos relacionais: por sua natureza diádica, ambos são criadores de valência, permitindo, assim, a entrada do argumento cujo referente é o "possuidor". O Katukína — cf. (25), (14) — ilustra a estratégia com NGR, assim como o Trumái (Guirardello 1999 :76-85). O Kayapó (Andrés Salanova, com. pess.) é

bem claro a esse respeito. A construção genitiva com bivalente consiste em uma simples justaposição dos nomes.

(39) kube bãm 'pai do branco'
branco#pai

Já a construção genitiva com monovalente precisa da presença de um elemento intermediador, o NGR[12]:

(40) kube ñõ krit 'animal de estimação do branco'
branco#*NGR*#animal de estimação

Nas línguas Djaru e Warrungu, da Austrália, o elemento intermediador é uma adposição, que só ocorre na construção com monovalente, já que a construção com bivalente se faz pela simples justaposição dos nomes (Tsunoda 1992), o que não deixa de lembrar o francês medieval, em que as construções com bivalentes, e só elas, podem se fazer sem recorrer à preposição (Herslund 1996)

(41) la fille le roi 'a filha do rei'

Sabemos que a presença da preposição se generalizou posteriormente, contribuindo para apagar a distinção entre nomes bivalentes e monovalentes no francês de hoje.

3) Em diacronia, existe uma afinidade no nível sentencial entre posse com nome monovalente e surgimento de um verbo "haver". Em verdade, não são dois tipos de elementos — NGR e adposição — que intermediam um nome monovalente e o nome do seu "possuidor", mas três, pois os verbos chamados "de posse" (*haver*, *ter*) cumprem exatamente a mesma função, embora no nível da sentença e não mais do sintagma[13]. A equivalência funcional entre verbo de posse e NGR é

---

[12] Salanova analisa diferentemente de mim o *ñõ* como "posposição genitiva", embora ele apresente uma distribuição original em relação às outras posposições. Também Guirardello considera o NGR como sendo um "genitive marker".

[13] Devem ser distinguidas duas formas sentenciais básicas de expressão da posse. Uma, às vezes caracterizada como o tipo *mihi est*, feita de: um verbo 'ser', um sintagma mais ou menos oblíquo — freqüentemente locativo — incluindo a referência

observada no fato tipológico de que, se uma língua possui NGR, ela carece de verbos possessivos (Seiler 1995 : 286). Já a afinidade entre verbo de posse e nome monovalente é observada no fato de que, quanto mais um verbo é capaz de estabelecer uma relação de posse, menos ele é compatível com nomes bivalentes: *eu tenho um carro* seria mais natural do que *eu tenho um pai* (Seiler 1995: 291, 293). É notável também que em Sikuani, quando, por exemplo, o falante quer lembrar ao seu interlocutor que este tem mãos para trabalhar, não usa o verbo *xaina* 'ter' com o nome bivalente *kobe* 'mão', mas o verbo *ruka* 'estar pendurado' — que tipicamente expressa a posição das partes do corpo — em uma construção locativa equivalente a 'mãos estão penduradas em ti'. Sabemos que nem todas as línguas apresentam um verbo 'ter', e que o surgimento deste pode ser datado (nas escalas relativas da diacronia lingüística, claro, e para famílias bem conhecidas). Em muitos casos, a origem etimológica de verbos de posse ainda é visível (Creissels 1996 : 152). Na expressão sentencial da posse, a predicação que o verbo 'ter' instaura (tipo *habeo*) é uma inovação em relação à predicação locativa instituída pelo verbo 'ser' (tipo *mihi est*) (Benveniste 1966 [1960]). A família céltica confirma plenamente: 1) o caráter inovador de 'ter', dedutível do fato que, na família, só o Bretão e o Córnico conhecem esse verbo e que sua etimologia ainda é transparente; 2) a cronologia entre o tipo *habeo* e o tipo *mihi est*: nessas línguas, 'ter' tem sua origem numa construção em que, justamente, um proclítico pessoal oblíquo se combina ao verbo de existência (Hewitt 2002), ou seja, literalmente *mihi est.*

4) Uma situação de simetria entre construções com bivalentes e construções com monovalentes pode evoluir de maneira a introduzir assimetria, ora complexificando as construções com monovalentes, ora simplificando as construções com bivalentes. A existência de

ao possuidor, e um sintagma nominal incluindo, em função de sujeito, a referência à coisa possuída. A outra, o tipo *habeo*, que inverte a hierarquia sintática entre os dois participantes fazendo-a coincidir com a hierarquia de saliência (possuidor > possuído), promovendo assim a expressão do possuidor à função de sujeito de uma construção transitiva — embora estática — e relegando a expressão do possuído à função de objeto.

NGR ou de adposições genitivas ilustra a complexificação das construções com monovalentes. Exemplos de simplificação das construções com divalentes podem ser mais difíceis de aduzir. Voltemos ao Sikuani. A falta de comprovação de que *ha* proceda de um antigo NGR é talvez uma indicação de que o paradigma de posse para nomes bivalentes não passa de uma simplificação fonológica do paradigma para nomes monovalentes:

	com monovalentes		com divalentes	
1º	taha-	→	*taa →	ta-
2º	niha-	→	*nia →	ne-
3º	piha-	→	*pia →	pe-
4º	waha-	→	*waa →	wa-

Embora a hipótese não careça de verossimilhança fonológica, o exemplo Caríbe a seguir (Eliane Camargo, com. pess.) talvez seja mais convincente. A situação de simetria que prevalece em Aparaí é reconstruída para o protocaríbe:

(42) y-munku-ru 'meu filho'
eu-filho-*PosseInalienável*

(43) y-tapyi-ny 'minha casa'
eu-casa-*PosseAlienável*

O Wayana inova eliminando um dos dois sufixos. O resultado é uma construção com nome divalente ("inalienável") mais simples:

(44) ï-kanawa 'minha canoa ("posse inalienável")'
Eu-Canoa

(45) ï-pakolo-n 'minha casa'
Eu-Casa-*PosseAlienável*

O antigo sufixo de "posse inalienável" só ocorre em Wayana em construções lexicalizadas:

(46) ï-emsi-lï-mna 'eu sou um sem-filha'
Eu-Filha-*PosseInalienável*-Sem

5. Considerações finais

A distinção entre "posse alienável" e "posse inalienável", identificada nas línguas do Pacífico por Lévy-Bruhl (1914), passou indevidamente da etnografia à lingüística. Ela prejudica, como salienta Manessy no excerto acima, a inteligibilidade de um fenômeno bem espalhado nas línguas do mundo. Prejudica a inteligibilidade no nível semântico, porque situa o fenômeno em um âmbito abrangente demais, identificando como posse coisas que não têm a mais remota conexão com posse — "meu ombro", "meu nome", "meu pai", "meu lado" —, e porque o situa também em um âmbito estreito demais — não se trata só de poder ou de não poder se separar de um objeto, como mostra o exemplo Achagua mencionado[14]. Prejudica também a inteligibilidade no nível morfossintático, porque o exotismo etnográfico que representa para o falante de línguas européias o tratamento diferenciado dos termos de anatomia e de parentesco tem impedido uma observação mais objetiva do fenômeno no nível formal. Em gramática não existe posse, existem referentes para saturar valência nominal. A melhor confirmação deste aforismo um tanto cru talvez seja fornecida, *a contrario*, pelas múltiplas descrições apresentadas mais ou menos no seguinte padrão: a língua tem três classes de nomes, os necessariamente possuídos, os possuíveis, e os não possuíveis. Observamos invariavelmente que a última classe contém nuvens, ventos,

[14] Mais dois exemplos. "Relato" em Sikuani recebe tanto um tratamento de divalente ("inalienável") quanto de monovalente ("alienável"). No primeiro caso, "relato de Fulano" pode significar que Fulano é a personagem do relato, ou que ele é o narrador. Com a marca de "posse alienável", Fulano só pode ser o narrador (Queixalós 1998 : 111). "Meu irmão" em gbaya — África Central — com tratamento de divalente ("inalienável") é uma expressão vocativa, e com tratamento de monovalente ("alienável") é uma expressão referencial (Moñino 2003 : 194-195).

rios e montanhas. Esta abordagem constitui uma descrição etnográfica da língua. O que a gramática mostra são duas classes de nomes, divalentes e monovalentes. "Nuvem" é um nome monovalente. O fato dele não entrar em construções "possessivas" não é uma questão de gramática, e sim de sociedade. É plausível que: 1) o dia em que os falantes precisarem comunicar sobre nuvens como sendo da propriedade particular de alguém, eles logo inserirão "nuvem" em construções "possessivas" sem mudar nada na gramática[15] e 2) caso a língua disponha de NGR, essas construções"possessivas" serão necessariamente com NGR.

Se levamos a sério a natureza predicativa dos nomes, constatamos que, em efeito, tudo se reduz a uma questão de valência, e que a diferença formal, mas também semântica, entre 'ombro' e 'bicicleta' não dista muito da diferença entre 'cortar' e 'andar'. 'Cortar' e 'ombro' são simplesmente noções mais inerentemente relacionais do que 'andar' e 'bicicleta' — e 'nuvem', claro. Assim como núcleos verbais recorrem a mecanismos regulares e produtivos de mudança de valência, núcleos nominais podem aumentar ou diminuir a valência para modificar sua estrutura argumental e traduzir, destarte, diferentes enfoques semânticos de uma aparente mesma realidade. Os chamados 'classificadores genitivos' não são outra coisa distinta desses dispositivos de mudança de valência. Sua função classificatória é secundária. Isso justifica o paralelo com as construções aplicativas, paralelo que creio ser capaz de nos levar a um melhor entendimento, tanto das construções de núcleo nominal, quanto das construções de núcleo verbal. Para essa classe de morfemas, denominações que salientam sua natureza relacional parecem mais apropriadas, seja *aplicativos nominais* (Ribeiro), seja *Nomes Genéricos Relacionais*. É fácil deduzir, nessa perspectiva, que um sintagma genitivo provido de um NGR está longe de ser estruturalmente amorfo, possuindo, bem pelo contrário, uma organização interna análoga a da sentença transitiva.

Finalmente, a maneira como os sistemas gramaticais, particularmente no âmbito da morfologia, tratam tal distinção sugere que as construções monovalentes ("alienáveis") são, em algum sentido, mar-

[15] Cf. "Hey, you, get off of my cloud!", Rolling Stones, década de 60.

cadas — ou derivadas — em relação às construções divalentes ("inalienáveis") mais básicas. As implicações diacrônicas desta proposta não têm recebido uma atenção sistemática, que eu saiba. Minha intuição é que deveríamos esperar poder observar, na evolução dos sistemas gramaticais, que:

1) o surgimento da distinção entre duas classes de nomes se faz mediante a criação de uma construção "alienável", ora genitiva com NGR ou adposição, ora predicativa com um verbo de tipo "haver", sempre nessa direção. Manessy (1964) mostra que em proto-Mandé só existia a construção genitiva compacta, e que a construção analítica, com um elemento intermediador, foi o resultado de uma inovação[16];

2) Simetricamente, a eliminação da distinção passa pela generalização da construção "alienável"; aqui vem à tona a observação de Moñino (2002:196) acerca do Sango — África Central —: a língua possui três construções genitivas, uma compacta para termos de parentesco e anatomia, duas analíticas — com preposição — para os outros nomes (segundo o nome seja animado ou não); no início do século vinte o Sango se tornou língua franca; no processo desapareceu a distinção tripartite, tendo sobrevivido unicamente uma das construções analíticas (a de preposição para *não animado*[17]).

---

[16] O Mundurukú, segundo os dados de Picanço (2003), combina a estratégia NGR ("possessive prefix *e-* separating the possessed noun from its possessor") com uma estratégia mais leve (e aparentemente mais recente): "most nouns designating culturally basic items *no longer* require possessor specification [...], although they take the same set of possession markers as obligatorily possessed nouns when possessed" (sublinhado meu: FQ).

[17] O sublinhado almeja salientar que não é alheia a este fato do Sango — que diz respeito às condições sociais de utilização da língua como fator de mudança diacrônica — a freqüência com que, no bojo de uma sociedade tradicional em situação de contato, o uso da construção com NGR é reforçado pela necessidade de expressar posse em relação a noções emprestadas referindo objetos manufaturados. No que tange ao surgimento do verbo «haver», Webb (1977) demostrou que há uma correlação estatística não-aleatória entre línguas providas deste verbo e sociedades complexas baseadas na aquisição e controle da propriedade.

REFERÊNCIAS BIBLIOGRÁFICAS

ABNEY, S. *The English Noun Phrase and its Sentential Aspect.* Tese de doutorado. Cambridge, M.I.T, 1987.

BACH, E. "Nouns and Noun Phrases", in BACH, E. & HARMS, R. T. (eds.), *Universals in Language.* New York: Holt & Rinehart, pp. 89-122, 1968.

BENVENISTE, E. "'Etre' et 'avoir' dans leurs fonctions linguistiques". *Problèmes de linguistique générale.* Paris: Gallimard, pp. 187-207, 1966 [1960].

BLANCHE, R. *Introduction à la logique contemporaine.* Paris: Armand Colin.

CABRAL, A. S. A. C. & COSTA, L. S. da. Xikrín e línguas tupí-guaraní: marcas relacionais, ms. UnB, 2003.

CRAIG, C. & HALE, K. "Relational Preverbs in some Languages of the Americas: Typological and Historical Perspectives". *Language* 64.2, pp. 312-344, 1988.

CREISSELS, D. "Remarques sur l'émergence de verbes avoir au cours de l'histoire des langues". *Faits de langues* 7: La relation d'appartenance, pp. 149-158.

DOURADO, L. "A expressão da posse em Panará". In CABRAL, A. S. A. C. & RODRIGUES, A. (orgs.), *Línguas indígenas brasileiras. Fonologia, gramática e história,* t. I, Belém: UFPA, pp. 96-103, 2002.

FERREIRA, M. "Aspectos das classes de palavras em Parkatêjê". In CABRAL, A. S. A. C. & RODRIGUES, A. D. (orgs.), *Estudos sobre línguas indígenas I,* Belém: UFPA, 2001.

FILLMORE, C. J. "The Case for Case". In BACH, E. & HARMS, R. T. (eds.), *Universals in Language.* New York: Holt & Rinehart, pp. 1-88, 1968.

FREGE, G. "Función y concepto". *Estudios sobre semántica.* Barcelona: Ediciones Orbis, 1984 [1891].

GODARD, D. "Sujet et compléments génitifs dans le Groupe Nominal". In MILNER, J. C. (dir.), *Recherches nouvelles sur le langage.* Paris: DRL Université de Paris 7, pp. 7-50, 1988.

GRINEVALD, C. "A morphosyntactic typology of classifiers". In SENFT, G. (ed.), *Systems of Nominal Classification.* Cambridge: Cambridge U. Press, pp. 50-92, 2000.

HALE, K. & KEYSER, J. On the syntactic projection of argument structure, ms. Cambridge: MIT Department of Linguistics, 1998.

HARRIS, A. "Georgian and the Unaccusative Hypothesis". *Language* 58.2, pp. 290-306, 1982.

HERSLUND, M. "Partitivité et possession inaliénable". *Faits de langues* 7: La relation d'appartenance, pp. 33-42, 1996.

HEWITT, S. "The Impersonal in Breton". *Journal of Celtic Linguistics* 7, pp. 1-39, 2002.

LAUNEY, M. *Une grammaire omniprédicative. Essai sur la syntaxe du nahuatl classique.* Paris: Editions CNRS, 1994.

LEMARECHAL, A. *Problèmes de sémantique et de syntaxe en palau.* Paris: Editions CNRS, 1991.

LEVY-BRUHL, L. "L'expression de la possession dans les langues mélanésiennes". *Mémoires de la Société de Linguistique de Paris 19.2*, pp. 96-104, 1914.

MANESSY, G. "La relation genitivale dans quelques langues mande". *Proceedings of the 9th International Congress of Linguists*, La Haye, pp. 467-475, 1964.

MARANTZ, A. *On the nature of grammatical relations.* MIT Press, Cambridge, 1985

MATTEI-MULLER, M. C. "El sistema de posesión en la lengua panare''. *Antropológica 38*, pp. 3-14, 1974.

MELÉNDEZ, M. A. *La lengua achagua: estudio gramatical.* Lenguas aborígenes de Colombia, Descripciones. Bogotá: CCELA, 1998.

MOÑINO, Y. "Une sémantaxe euro-africaine en Amérique: les constructions génitives en palenquero". In LANDABURU, J. & QUEIXALOS, F. (dirs.), *Faits de langues: Méso-Amérique, Caraïbes, Amazonie*, vol. 1, pp. 187-206, 2002.

PERLMUTTER, D. "Impersonal passives and the unaccusative hypothesis". *Proceedings of the Annual Meetings of the Berkeley Linguistics Society* 4, pp. 157-189, 1978.

PICANÇO, G. "Alienability and Argument Structure", ms., http://br.groups.yahoo.com/ group/etnolinguistica/, 2003.

QUEIXALOS, F. "Le suffixe référentiant en émérillon". In QUEIXALOS, F. (resp.), *Des noms et des verbes en tupi-guarani : état de la question.* Munique: Lincom Europa, pp. 115-132, 2001.

_______. "Ergativitat i relacions gramaticals en Katukina". *Tipologia i llengües amérindies*. Universitat de Barcelona, (no prelo).

RIBEIRO, E. R. "O marcador de posse alinável em Karirí: um morfema Macro-Jê revisitado". Liames 2, pp 31-38, 2002.

_______. "Beyond alienability: genitive constructions and 'nominal aplicatives' in Macro-Jê and Tupi", ms., 2003.

RODRIGUES, A. D. "Morfologia do verbo tupí". *Letras* 1, pp. 121-152, 1953.

_______. "Um marcador Macro-Jê de posse alienável". 500 anos: memória e diversidade, *Anais da 44ª Reunião Anual da SBPC.* São Paulo, 1992.

_______. "Nominal classification in Kariri". *Opción* 13.22, pp. 65-79, 1997.

_______. "Flexão relacional no tronco lingüístico Macro-Jê". *Boletim da ABRALIN*, nº 25, pp. 219-231, 2001a.

______. "Sobre a natureza do caso argumentativo". In Queixalós, F. (resp.), *Des noms et des verbes en tupi-guarani: état de la question*. Munique: LincomEuropa, pp. 103-114, 2001b.

SEILER, H. "Cognitive-Conceptual Structure and Linguistic Encoding: Language Universals and Typology in the UNITYP Framework". SHIBATANI, M. & BYNON, Th. (eds.). *Approaches to Language Typology*. Oxford U. Press, pp. 273-325, 1995.

SEKI, L. *Gramática do Kamaiurá*. Campinas: UNICAMP, 2000.

TROUBETZKOY, N. *Principes de phonologie*. Paris: Klincksieck, 1964.

TSUNODA, T. "The possession cline in Japanese and other languages" CHAPPELL, H. & MCGREGOR, W. (eds.), *The Grammar of Inalienability*. Mouton de Gruyter: Berlin-New York, pp. 565-631, 1996.

WEBB, K. E. "An evolutionary aspect of social structure and a verb 'have' " *American Anthropologist* 79, pp. 42-49, 1977.

14

ASPECTOS MORFOSSINTÁTICOS DOS DÊITICOS PRONOMINAIS EM AGUARUNA (JÍVARO)

Angel Corbera Mori

0. INTRODUÇÃO

Todas as línguas possuem pronomes demonstrativos, mas suas características funcionais, formas e usos variam de uma para outra. Três critérios básicos definem os demonstrativos: a) os demonstrativos funcionam como expressões dêiticas em construções sintáticas específicas, b) eles ocorrem em situações pragmáticas de uso, c) são definidos mediante traços semânticos específicos. O estudo dos dêiticos de uma língua deve incluir a estrutura morfológica, os traços semânticos, as funções sintáticas e os usos pragmáticos. Sobre a base desses pressupostos, apresento neste trabalho uma descrição preliminar das características morfossintáticas dos pronomes demonstrativos na língua Aguaruna (Jívaro).

1. CARACTERÍSTICAS MORFOLÓGICAS

O Aguaruna apresenta três raízes básicas que são relacionadas com os pronomes demonstrativos:

(1)

jujű	'este (a)',	'isto'[1]
anú	'esse (a)',	'isso'
áu	'aquele (a)',	'aquilo'[2]

Uma quarta raiz {nú ≈ nunú}, traduzida como 'aquele (a)' [não visível], ocorre freqüentemente em textos narrativos, principalmente mitos, como nos textos coletados por Chumap Lucía & García-Rendueles (1979) e Larson (1978, 1996).

As formas citadas em (1) são as bases que recebem as marcas morfológicas que correspondem a toda palavra nominal em Aguaruna (Corbera, 2000). Como os pronominais possuem características dos nomes, afixos nominais acoplam-se a esses pronominais, alguns deles são: {-shakam} 'aditivo', {-ke} 'restritivo', {-sha}'dubitativo', {-nau} 'genitivo', {-jaĩ} 'instrumental', {-ka} 'definido ou tópico', {-ka} 'interrogativo', {-na} 'objeto direto', {-chau} 'negativo'. Os dados em (2) mostram a formação de uma base pronominal + alguns desses afixos.

(2)

a)jujű - shakam mini - tī́ 'que este também venha'[3]
demons – também vir - 3imp

b) anu - ná - k sujű - ta - ja - i 'só isso vou vender'
demons-obj - tóp vender–fut - 1 - decl

c) án - jaĩ maán - ia - mi 'com isso vamos lutar'
demons-instr lutar - recip - 1pl.imp

[1] Os exemplos citados neste trabalho serão apresentados de acordo com a grafia usada nas escolas bilíngües.

[2] Esse demonstrativo é usado também para indicar a terceira pessoa do singular.

[3] As abreviações e símbolos usados neste trabalho são: 1, 2, 3, indicam pessoas; abl: ablativo; acus: acusativo; asp: aspecto; decl: declarativo; com: comitativo; cop:copulativo; demons:demonstrativo; dêit: dêitico; dim: diminutivo; dub: dubitativo; fut: futuro; gen: genitivo; imp: imperativo; int: interrogativo; instr: instrumental; lit: literalmente; loc: locativo; neg: negativo; nom: nominativo; nmlz: nominalizador; N.P: nome próprio; obj: objeto; pass: passado; pl: plural; poss: possessivo; recip: recíproco; rest: restritivo; tóp: tópico.

As bases demonstrativas também hospedam dois sufixos adicionais: o copulativo {-wai} e o diminutivo {-uchi}, como se vê em (3a) e (3b):

(3)

a) jujű - wai	'este (a) é'	b) jujű- ke - uch[4]
anú - wai	'esse (a) é'	anú – ke – uch
áu - wai	'aquele (a) é'	áu - ke – uch

As bases {jujű}, {anú} e {áu} funcionam como advérbios quando recebem o sufixo locativo {-ĩ}, como em (4):

(4)

jujű - (w)ĩ 'aqui' anú - (w)ĩ 'aí' áu - (w)ĩ 'lá'

Em suma, os demonstrativos em Aguaruna ocorrem como pronomes independentes, morfologicamente recebem ou não flexão nominal, dependendo de sua função sintática, como se verá na seguinte seção.

2. CARACTERÍSTICAS SINTÁTICAS

Segundo Diessel (1999), os demonstrativos nas línguas ocorrem em quatro contextos sintáticos diferentes: a) são usados como pronomes independentes em posições argumentais, b) podem co-ocorrer com o nome no sintagma nominal, c) funcionam como modificadores verbais e d) aparecem em orações copulativas e não verbais. Essas quatro ocorrências são identificadas funcionalmente como: a) pronominal, b) adnominal, c) adverbial e d) identificacional.

Em Aguaruna, não é necessário reconhecer categorias gramaticais diferentes, pois as mesmas bases dêiticas adquirem as quatro funções citadas por Diessel.

2.1. Os demonstrativos como adnominais

Em Aguaruna, a relação dos elementos no sintagma nominal é [núcleo] + [modificador] quando se trata de nome + adjetivo, exem-

[4] O diminutivo {-uchi} se soma à base só depois do morfema restritivo {-ke}.

plos (5a); demonstrativos + núcleo quando a construção é determinante + nome, exemplos (5b-d):

(5)

a) míshu shuwín waká - m - e jegá̃- num
gato preto subir - pass - 3 casa - loc
'o gato preto subiu no teto da casa'

b) jujṹ ámpi á - ina - u ju - kí - ta
demons remédio ser – pl - nmlz levar-asp - 2imp
'leva estes remédios'

c) níi yuwá - tĩ́ anu - ná paámpa - n
3 comer – 3imp demons-acus banana – acus
'que ele coma essa banana'

d) áu jégã á - ina - u ditá - nu - i
demons casa ser – pl - nmlz 3pl - gen - cop
'aquelas casas são deles/as'

2.2. Os demonstrativos em posição argumental

Os demonstrativos pronominais são substitutos de um nome ou de um sintagma nominal (Schachter, 1985:25). Dadas suas propriedades nominais, esses pronominais recebem as categorias morfológicas que definem a classe nome em Aguaruna, entre elas os sufixos listados na seção (1) deste trabalho.

Os nomes plenos em Aguaruna levam marcas morfológicas quando ocupam posições argumentais, também os demonstrativos são identificados por casos morfológicos quando ocorrem nessas posições, como mostram os exemplos a seguir:

(6) *Em posição de sujeito*

a) jujṹ - ø kánu tu - tá - ya
demons-nom canoa dizer – nmlz – cop
'esta se chama canoa'

b) anú - ø mí - na yatsú -jũ - ĩ
demons -nom 1 - gen irmão - poss - cop
'esse é meu irmão'

Em posição de objeto

c) jujṹ - na ju - kí - ta - ja - i
demons - acus levar-asp - fut - 1 - decl
'vou levar este'

d) anu - ná - k sujṹ - k - ta - ja - i
demons-acus-tóp vender - asp - fut - 1 - decl
'venderei apenas isso'

2.3. Advérbios demonstrativos

Os advérbios demonstrativos são dêiticos locativos que se formam com o sufixo locativo{-ĩ }, ou seja, [[demonstrativo]locativo] →[advérbio demonstrativo]. Os exemplos em (7) mostram algumas construções com advérbios demonstrativos.

(7)

a) áme jujṹ- (w)ĩ pujú - sa - m tíkich yáji ukui - já - ta
2 demons loc ficar - asp - 2 outro cipó preparar-asp-2imp
'você fique aqui e prepare mais cipó'[5]

b) áme anú - (w)ĩ ekéem - sa - ta
2 aí - loc sentar - asp - 2imp
'você senta aí, por favor'.

c) áu - (w)ĩ túke pujú - s - cha - tta - me - k
demons-loc sempre ficar - asp - neg - fut - 2 - int
'você não ficará lá para sempre?'

[5] *Banisteriopsis Caapi.*

2.4. Identificadores demonstrativos

Os demonstrativos definidos como identificadores por Diessel (1999) empregam-se para focalizar a atenção do ouvinte sobre as entidades numa determinada situação ou contexto discursivo. Não há evidências fonológicas ou morfológicas na língua Aguaruna para postular os identificadores como uma classe distinta dos demonstrativos. As bases demonstrativas são interpretadas como identificadores ao receberem o sufixo copulativo {-wai} como em:

(8)

a) jujű - wai mí - na nuwá - g
demons - cop 1 - gen mulher – 1poss
'esta é minha mulher'

b) anú - wai akajű - n wíi sujű - tata - ja dú - ka
demons-cop espingarda-acus 1 vender – fut - 1 demons-tóp
'essa é a espingarda que (eu) quero vender'

c) áu - wai wíi pujú - s - bau - k
demons-cop 1 viver - asp - nmlz – tóp
'esse é o lugar onde morei'

3. Características semânticas

Dois tipos de traços definem semanticamente os demonstrativos: a) traços dêiticos relacionados com a localização do referente e seu centro dêitico, b) traços qualitativos vinculados às propriedades do referente.

3.1. Traços dêiticos

Segundo Anderson & Keenan (1985), os dêiticos espaciais de uma língua podem ser caracterizados como sistemas "distance-oriented" ou como "person-oriented" (op. cit.: 282). Assumo, neste artigo, que o Aguaruna está orientado pela distância e não pela pessoa. Sendo assim, os demonstrativos e os dêiticos adverbiais nessa língua podem ser definidos pelos traços semânticos [próximo], [mediato] e [distante]:

(9)

Traços	jujű	jujű - (w)ĩ	anú	anú - (w)ĩ	áu	áu – (w)ĩ
próximo	+	+	-	-	-	-
mediato	-	-	+	+	-	-
distante	-	-	-	-	+	+
	'este'	'aqui'	'esse'	'aí'	'aquele'	'lá'

Adicionalmente, duas palavras que servem como indicadoras de orientação geográfica, tomando como referência o sentido da corrente das águas dos rios, poderiam ser tratadas também como expressões dêiticas. A primeira *nujĩ́ - num* 'rio acima' (lit. 'em seu nariz') significa navegar contra a corrente do rio, a segunda *tsumú – num* 'rio abaixo' indica viajar seguindo a direção das águas dos rios, como se vê em (10):

(10)

a) tsumú - num wé - a - ja - i 'vou rio abaixo'
rio abaixo-loc ir - asp - 1 - decl

b) nují - num wé - a - ja - i 'vou rio acima'
nariz – loc ir - asp - 1 - decl

3.2. Traços qualitativos

Os traços qualitativos dos demonstrativos provêm informações sobre a animacidade, sexo, número, humanidade, entre outros, do referente. Dos seis traços qualitativos descritos por Diessel (1999)[6], somente a categoria número pode ser considerada relevante para os demonstrativos do Aguaruna. Nesta língua, os demonstrativos adquirem as características de plural quando ocorrem em conjunção com o verbo nominalizado {á-ta} 'ser', 'haver' (Corbera, 2000).

6 Os traços citados são "ontology, animacy, humanness, sex, number [e] boundedness" (p. 47)

4. Características pragmático-discursivas

A função primária dos demonstrativos é a de orientar o ouvinte nos contextos discursivos, focalizando sua atenção nos objetos, as localizações e as pessoas. Segundo Halliday & Hasan (1976), os demonstrativos são elementos de referência, isto é, não possuem interpretação semântica por si mesmos, eles remetem a outras construções do discurso necessárias para sua interpretação. Nesse sentido, a referência pode ser textual (ou endofórica) e não textual (ou exofórica). A exofórica é a dêixis não textual por se tratar de elementos que denotam entidades localizadas fora do texto lingüístico. A referência endofórica, por sua vez, remete-nos a uma entidade interna que se encontra no próprio texto. Essas referências são tratadas como anafóricas quando a palavra dêitica ocorre depois da expressão correferente, e catafóricas quando a palavra dêitica se posiciona antes da expressão correferente (Halliday & Hasan, 1976; Beugrande & Dressler, 1997).

Diessel (1999) inclui na referência endofórica os dêiticos discursivos e os dêiticos de reconhecimento ("recognitional uses"). Os discursivos fazem referências a proposições, não sendo, portanto, correferentes com um SN precedente. Os dêiticos de reconhecimento indicam que o ouvinte é capaz de identificar o referente com base em seu conhecimento compartilhado com o locutor. Neste artigo, limitar-me-ei apenas a mostrar dados em que é possível identificar os usos anafóricos e os discursivos.

4.1. Uso anafórico

Os demonstrativos anafóricos são correferentes com o nome ou o sintagma nominal caracterizado como seu antecedente. Essa relação pode ser vista nos seguintes dados:

(11)

a) nuéva vída – k tikíma yáig - chi, *ju - ná - k* dekás
nova vida – tóp muito pequeno-dim demons-acus-tóp verdade

yakta - uchí - n tá - ja - i
povo - dim - acus dizer-1 – decl
'Nova Vida é muito pequenina, eu digo que é um povoado muito

pequenino' (Larson, 1996:185)

b) kúntin á - ida - u - shkam ashí ayá - wa - i; úntsu imá
animal ser – pl - nmlz-também todos há - 3 - decl mas só

páki á - ina *áu* - *k* ju - í - g káun - chau - wa - i
javali ser - pl dêit-tóp dêit- loc – tóp vir(pl) – neg - 3 - decl
'há também toda classe de bichos de caça, mas só os javalis, esses não vêm por aqui' (Larson, 1996: 185)

Essas duas construções fazem parte de um texto expositivo em que o falante descreve a aldeia onde vive. Em (11a), o anafórico *ju-ná-k*, inclusive com marcas de acusativo e de tópico, refere-se à aldeia 'Nueva Vida', um sintagma nominal cuja função é ser o sujeito sintático da primeira oração. Como *junák* leva a marca {-na} 'acusativo', deve ser interpretado como correferente do sintagma nominal objeto, ou seja, *yákta- uchi-n* 'aldeia-diminutivo-acusativo' da segunda oração. Em (11b), o anafórico *áu-k*, marcado com {-k} 'tópico', tem como antecedente o sintagma nominal pluralizado [páki á-ina] 'os javalis'.

4.2. Uso de dêiticos discursivos

Os dêiticos discursivos não têm como antecedente um nome ou um sintagma nominal. Os discursivos focalizam a atenção do ouvinte sobre o significado expresso por uma oração, um parágrafo ou mesmo uma história completa. Os demonstrativos em (12) podem ser considerados como dêiticos discursivos.

(12)

a) *Ju – ná* ashí adáijag júјai tsuwáamatia jíi
esse-obj todo mencionado isso-com um-que-cura olho

najamín achiijátkamtaig
isso-que-faz-doer se-nos agarra
'Tudo isto que tenho mencionado são as coisas que usamos quando curamos uma dor de olhos'. (Larson, 1996:192).

b) *Dú – ka* áyatak áugmatmawai. Tíkich wáinkaush atsáwai.
isso-tóp só relato-é outro aqueles-que-viram não-há

Tújash múun áugmatiag jiikíu áinawai.
mas adultos contando-relatos uns-que-o-sabem eles-são

Jú – ka múun pachíaku túnawai
isso-tóp adultos aqueles-que-lembram eles-o-contam
'Isto é apenas um relato. Não há ninguém que tenha visto quando isto ocorreu. Mas os velhos o relatam. Relatam-no os velhos que se lembram'. (Larson, 1987:283)

Os demonstrativos em (12a) e (12b) não se referem a um nome ou sintagma nominal específico. Eles ocorrem em textos narrativos quando o falante conclui sua exposição fazendo um resumo do narrado. Em (13), ao contrário, o demonstrativo é um dêitico discursivo catafórico, pois funciona como introdutor da história a ser narrada:

(13)
Núna múun áunmatainak. Túke, Étsa numpí dakák tukuáu ása
'Isto contavam os velhos. No lugar que Etsa sempre esperava ((os) macacos), perto do númpi para caçá-los, (aí mandou o homem, dizendo-lhe:...)'.
(Chumap Lucía & García-Rendueles, 1979:122).

5. Considerações finais

Apresentei uma descrição preliminar dos demonstrativos em Aguaruna. Considerei as características morfológicas, sintáticas, semânticas e os usos pragmático-discursivos dessas palavras funcionais. Contudo, como se pode notar, mais estudos sistemáticos são necessários para conseguir entender o funcionamento dos demonstrativos, sobretudo, em se tratando dos usos pragmático-discursivos.

Diferentemente da tipologia apresentada por Diessel (1999), não encontrei evidências mórficas ou fonológicas para se reconhecer categorias diferentes no sistema dêitico da língua Aguaruna. Nessa língua, todas as categorias dêiticas têm em comum os demonstrativos {jujű}, {anú} e {áu}.

REFERÊNCIAS BIBLIOGRÁFICAS

ANDERSON, S. & KEENAN, E. Deixis. In : Timothy Shopen (ed.) *Language typology and syntactic description* vol. 3: 259-307.Cambridge: Cambridge University Press, 1985.

BEUGRANDE, R. de. *Introducción a la lingüística del texto.* Barcelona: Ariel, 1997.

CORBERA MORI, A. Aspectos de la morfología nominal Aguaruna (Jíbaro). In : Hein van der Voort & Simon van de Kerke (eds.). *Indigenous Languages of South America*, p. 213-223. The Netherlands: Leiden University, 2000.

CHUMAP LUCÍA, A. & GARCÍA-RENDUELES, M. 1979. *Duik muun...Universo Mítico de los Aguaruna*, t. 1. Lima : CAAAP, 1979.

DIESSEL, H. *Demonstratives: form, function, and grammaticalization.* Amsterdam: John Benjamins Publishing Company, 1999.

HALLIDAY, M. A. K. & HASAN, R. *Cohesion in English.* London: Longman, 1976.

LARSON, M. *The functions of reported speech in discourse.* Texas: University of Texas at Arlington, 1978.

_______. La estructura del texto Aguaruna. In: Ågot Bergeli (ed.). *Estudios lingüísticos de textos de la Amazonía Peruana*, p. 157-220. Lima: SIL, 1996.

SCHACHTER, P. Parts-of-speech systems. In: Timothy Shopen (ed.). *Language typology and syntactic description.* vol. 1: 3-61. Cambridge: Cambridge University Press, 1985.

15

A CONSTRUÇÃO GENITIVA EM CAXINAUÁ (PÁNO)

Eliane Camargo

0. INTRODUÇÃO

A literatura lingüística (Creissels. 1995, 1997, Mithun. 1999, Payne. 1997) que trata das construções genitivas aponta para três conjuntos prototípicos de relação que o elemento possuidor tem com o elemento possuído: a relação entre uma pessoa e os membros de sua família, a relação entre uma pessoa e as partes de seu corpo e a relação entre uma pessoa e os objetos que tem à sua disposição de maneira mais ou menos permanente. Essa relação pode diferenciar uma posse de propriedade inerente de uma posse de propriedade inalienável e/ou ainda de uma posse de propriedade alienável. Para Creissels (1997), a posse inerente provém geralmente de conceito social. Na posse inalienável, o elemento possuído está intrinsecamente ligado ao elemento possuidor, como as partes do corpo humano, termos de parentesco e objetos culturalmente apreendidos como inalienáveis. Já na posse alienável, o elemento possuidor não depende do elemento possuído, podendo transferi-lo para outra pessoa. Do ponto de vista semântico, as relações de posse descritas acima não são pertinentes em caxinauá, língua que distingue a relação entre +humano e -humano.

O presente estudo propõe uma análise descritiva da construção genitiva em caxinauá[1]; mostrando os critérios morfossintáticos que a definem, bem como a relação semântica que o elemento possuidor mantém com o elemento possuído. Por outro lado, mostra a forte afinidade morfossintática entre as construções genitiva e locativa. O sintagma genitivo apresenta ainda propriedades de sujeito quando está em uma construção predicativa bi- ou trivalencial. Essas três construções compartilham um mesmo tratamento morfológico.

1. A CONSTRUÇÃO GENITIVA

A distinção optada em caxinauá, que elege a dicotomia «+humano ∞ -humano» como o traço semântico pertinente na relação de posse, remete à categoria da humanitude[2]. Esta regrupa os elementos humanos e os assimilados, i.e., aqueles não humanos, porém concebidos enquanto tal, na relação de pertença, em que recebem o mesmo tratamento morfológico que os primeiros. A lua e alguns animais compõem esta restrita classe dos assimilados.

Na escala hieráquica dos elementos, os elementos humanos situam-se num extremo, ao passo que os elementos não humanos ocupam a outra ponta. A ordem dos elementos ocupada nessa escala é descrita como a pessoa, seguida dos nominais humanos e então dos não humanos (Silverstein, 1976, Dixon, 1994 e Payne, 1997). Em caxinauá, essa escala é, nas construções genitivas, ocupada pelos clíticos de 1a e 2a. pessoas, o demonstrativo **ha** (também de valor anafórico/catafórico) e os nomes, que remetem aos humanos e assimilados, são os elementos que compõem a categoria de +humanitude. Os elementos, tais como animais, vegetais e objetos, compõem a categoria -humanitude que, ao contrário, não são especificados morfologicamente. Na escala hierárquica dos elementos, o demonstrativo **ha**, que marca a posse tanto de elementos humanos como a de elementos não humano, é indicado no meio da escala.

[1] Língua falada na bacia dos rios Juruá-Purus, entre o Peru e o Brasil. Os dados analisados foram coletados na região do alto rio Purus (Peru), entre 1994-1999.

[2] Termo emprestado a G.Lazard (1994).

+humanitude ↔ -humanitude

clíticos > humanos > demonstrativo > animados > inanimados

O sufixo **-an** e suas variantes **-in** e **-n** (ver §4.) marcam o caso genitivo em (pro)nomes, com exceção da 3a. pessoa do singular, que recebe o morfema do caso instrumental **-wən**. Essa marcação afeta o elemento determinante (de), ou seja, o elemento possuidor +humano.

1.1. Os clíticos e o demonstrativo

Determinados por natureza, os pronominais em função genitiva são marcados por -**n** ou -**wən**:

Os clíticos, representados pelas 1a. e 2a., são marcados pelo sufixo genitivo -**n** :

I. CLÍTICOS

SINGULAR		PLURAL
1a.	ə-**n**	nu-ku-**n**
2a.	mi-**n**	ma-tu-**n**

(1a) ə-**n** bakə (1SG[3]-GEN filho) 'o meu filho'
(1b) mi-**n** bakə (2SG-GEN filho) 'o teu filho'
(1c) nu-ku-**n** bakə (1-PL[4]-GEN filho) 'o nosso filho'
(1d) ma-tu-**n** bakə (2-PL[5]-GEN filho) 'o filho de vocês'

De uso exofórico, a 3a. pessoa é, na construção genitiva, marcada pelo demonstrativo **ha**[6], ao qual prendem-se os sufixos -**n** e -**wən**:

[3] As abreviaturas empregadas são: A(gente), ASP(ecto estado), ASS(ertivo), C(onsoante), Da 'determinante', D(eterminad)o, dem(onstrativo), GEN(itivo), INSTR(umental), INTER(rogativo), lit(eral), LOC(ativo), P(aciente), PL(ural), PROG(ressivo), S(ujeito), SG 'singular', V(ogal).

[4] A forma de plural *-ku* é um especificador da 1a. pessoa.

[5] A forma *-tu* especifica a 2a. e 3a. pessoa do plural que remete a um plural homogêneo, referindo-se às pessoas do grupo social do enunciador ou àquelas que lhe são próximas por consangüinidade ou aliança.

[6] A partícula *ha* remete ao pronome demonstrativo e o pronome de 3a. pessoa, comumente empregado quando se faz referência a uma pessoa/animal de quem/do qual se fala ou quando ignora-se o nome da pessoa.

II. DEMONSTRATIVO EXOFORICO

SINGULAR		PLURAL
3a.	ha-**wən**	ha-tu-**n** ha-bu-**n**

À combinatória ha-pl-, que remete às formas do plural[7], associa-se o sufixo genitivo -n (2). A marca de instrumental -wən prende-se ao pronome ha, especificando a 3a. pessoa do singular (3):

(2a) *ha-tu-**n** hiwə* (3-PL-GEN / casa) 'a casa deles'
(2b) *ha-bu-**n** hiwə* (3-PL-GEN / casa) 'a casa deles'
(3a) *ha-**wən** hiwə* (3-INSTR / casa) 'a casa dele'
(3b) *ha-**wən** bakə* (3-INSTR / filho) 'o filho dele'

1.2. Os humanos e assimilados

Os humanos. A relação entre o elemento possuidor com elementos possuídos seja de natureza material (4), seja de natureza de parentesco (5a-b) seja ainda anatômica (5c) é marcada pelo morfema genitivo -{a/i}n. Somente o termo determinante, representado por um elemento +humano, recebe a marca de caso:

(4) huni-**n** hiwə (homem-GEN / casa) 'a casa do homem'
(5a) madia-**n** bənə (maria-GEN / esposo) 'o esposo da Maria'
(5b) huni-**n** bakə (homem-GEN/ filho) 'o filho do homem'
(5c) huni-**n** taə (homem-GEN / pé) 'o pé do homem'

As construções genitivas em que o elemento possuidor +humano não recebe o sufixo de caso são agramaticais, mesmo marcando uma leitura de indeterminação: *ainbu taə 'pé de mulher', *ainbu hiwə 'casa de mulher', *madia hiwə 'casa de Maria'.

Não raro nas línguas amazônicas, ao menos, ao designar a posse de um animal, este só é representado enquanto 'animal domesti-

[7] O sufixo *-bu* indica um plural heterogêneo que se refere às pessoas em geral, sem especificação da relação que o enunciador venha a ter com elas.

cado/de estimação'. O caxinauá não foge à regra. Esta língua admite como elemento possuído os animais de criação (kaman 'cachorro' (6a), o animal de caça morto (6b), destinado ao consumo, e eventualmente algum animal de caça vivo como 'macaco' ʂinu, que pego vivo destina-se geralmente à troca ou à venda fora de território caxinauá. No mais, o animal de caça vivo (6c) não entra na relação de posse.

(6a) *huni-**n** kaman* (homem-GEN / cachorro) 'o cachorro do homem'
(6b) *huni-**n** ɟuinaka* (homem- GEN / caça) 'a caça do homem'
(6c) **huni-**n** anu* (homem-GEN / paca) 'a paca do homem'

Os elementos assimilados. Na relação entre os elementos que pertencem à categoria da +humanitude, encontram-se alguns elementos animados não humanos, como duas espécies de formigas[8] (hisis e hima) e uma espécie de pássaro (ʂanə). Tais animais não são considerados humanos pelos caxinauás, que apreendem-nos sob uma percepção cultural na qual tais formigas trabalham como os homens e conhecem uma organização com 'chefe' como a deles, como sugere o enunciado: hisis ʂanən ibu haja, huni kuin kəska-ki 'a formiga hisis (*sp.*) tem chefe como os caxinauás'. Da hisis, em particular, ressaltam a limpeza de seus terreiros e também pelo o fato de terem perto do rio puinti 'cagatórios' limpos.

Com o pássaro ʂanə 'saí-azul', há um simbolismo intimamente ligado às visões provocadas pelo alucinógeno niʂi paə 'ayahuasca': ele traz imagens de aldeias despovoadas[9]. A construção abaixo, hoje cristalizada, remete à metáfora relacionada a um plano simbólico de poder, àquela do 'mestre do pássaro ʂanə':

(8) *ʂanə-**n** ibu* (*ʂanə*-GEN / homem) 'o chefe político'

A construção em (9a) 'netos da lua' é uma metáfora que remete às estrelas mais brilhantes e visíveis até a aurora. Trata-se de

[8] Aparentemente, para os caxinauás as abelhas não entram nessa categoria de animados com uma chefia e com um trabalho organizado.

[9] Kensinger informa que suas pequeninas penas eram presas em um cinto usado somente pelos chefes de aldeia, atribuindo-lhes o poder de reunir/compor uma 'aldeia' (comunicação pessoal, 1994).

uma construção genitiva em que o sufixo -n intervém, outorgando à lua (uṣə) o traço +humano. Isto corrobora com o saber caxinauá para quem a lua é a cabeça de um personagem mitológico (jubə nawa) que a teve decepada após ter cometido incesto com sua irmã[10]. O paradigma (9a-b) evidencia esse tratamento +humano dado ao termo 'lua' ao receber a marca genitiva -n:

(9a) *uṣə-**n** baba* (lua-GEN / neto) 'o neto da lua'
(9b) *madia-**n** baba* (Madia-GEN / neto) 'o neto de Maria'

1.3. Os elementos não humanos e os inanimados

O elemento possuidor, representado por um elemento não humano, seja animal, seja material, não é marcado pelo caso genitivo, a ordem De > Do, porém, se mantém. Para os determinantes, representados por elementos animados não humanos, a relação entre os elementos pode ser do tipo biológico (10a), anatômico (10b) ou ainda material (10c, 11). Ao comparar as construções (10-11), nota-se que as estruturas compartilham o mesmo traço semântico, a de -humano:

(10a) takada bakə (galinha / filhote) 'pinto' (lit. filho de galinha)
(10b) takada taə (galinha / pé) 'pé de galinha
(10c) takada hiwə (galinha / casa) 'galinheiro' (lit. casa de galinha)
(11a) tamu ṣau (bochecha / osso) 'osso de rosto'
(11b) hi punɟan (árvore / braço) 'galho de árvore'
(11c) mani mutsa (banana / mingau) 'mingau de banana'

2. A MORFOLOGIA DO GENITIVO

A marca do genitivo apresenta variantes morfofonológicas, que afetam todos os (pro)nominais, com exceção da 3a. pessoa do singular, especificada pelo caso instrumental.

[10]Os caxinauás, referindo-se à imagem que vemos na lua, enunciam ser a cabeça do personagem mitológico que lá está em pé: *ɟubə nawa buṣka ni-a-ki* (yube / nawa / cabeça / em.pé-est-ass) 'a cabeça do *Yube Nawa* está em pé (lá no alto)'.

2.1. O sufixo -{A/I}N

A forma plena do caso genitivo **-an** agrega-se ao lexema, cujo núcleo da sílaba final é a vogal posterior /u/ (12) ou quando a sílaba final é indicada por um coda silábico (13), representado pelas consoantes coronais /n/, /s/, /ʂ̧ /:

(12a) ainbu-**an** hiwə (mulher-GEN casa) ‘casa de mulher’
(12b) madiu-**an** hiwə (madiu-GEN casa) ‘casa de Mário’
(13a) busən-**an** hiwə (busən-GEN casa) ‘a casa de Busã’
(13b) sian-**an** hiwə (sian-GEN casa) ‘a casa de Siã’
(13c) elias-**an** hiwə (elias-GEN casa) ‘a casa de Elias’

O alomorfe **-in** prende-se ao nome com sílaba final CVC, tendo como núcleo a vogal anterior alta /i/, produzindo uma harmonia vocálica:

(7a) hisis-**in** hiwə (hisis-GEN casa) ‘a casa da hisis’

Nos demais contextos, aparece a consoante **-n**, que se prende à sílaba final de palavra do tipo CV (4), aos clíticos (1) e ao demonstrativo exofórico no plural (2).

2.2. O sufixo -WəN

A marca de caso instrumental **-wən**[11] agrega-se ao pronome demonstrativo **ha**, cuja combinação **ha-wən** remete à 3a. pessoa do singular em função genitiva (3b, 14)[12]:

(14a) ha-**wən** nupə (dem-INSTR faca) ‘a faca dele’
(14b) huni-**n** nupə (homem-GEN faca) ‘a faca do homem’

---

[11] O instrumental *-wən* associado a nomes não animados: ***nupə-wən*** *mi-n caci-a* (faca- INSTR / 2SG-A / furar-ASP) ‘você o furou com faca’.

[12] Em isconahua (páno), a forma *-wïn* prende-se a todas as pessoas do singular: *ʔïwïn* ‘mí’, *mïwïn* ‘tú’, *hawïn* ‘su’ (Loos,1978:173). Esses dados podem sugerir que o caxinauá talvez também tenha conhecido uma forma *-wən* que marcasse todas as pessoas, como é o caso da combinação «nome/pessoa-*wən taə a-*» que remete à função de razão ‘por causa de’: *ə-wən* ‘por minha causa’, *mi-wən* ‘por tua causa’, *ha-wən* ‘por causa dele’: *ha-wən taə-a, mi-n dətə-a-ki, pubən-i-dan* (3-INSTR / começar-ASP / 2SG-A / bater-ASP-ASS / valente-ASP-*dan*) ‘Por causa dele, você bateu (nele) enraivecido’.

No caxinauá moderno, a construção **hawən** 'dele/a' parece neutralizar a dicotomia « +humanos ∞ -humanos », pois a forma **hawən** remete tanto a um elemento humano (15a) como a um elemento não humano (15b-c).

(15a) huni-**n** piti (homem-GEN comida) 'a comida do homem'
(15b) kaman piti (cachorro comida) '(a) comida de/o cachorro'
(15c) ha-**wən** piti (dem-INSTR comida) 'a comida dele'

As construções acima mostram que com **ha-wən** 'dele/a' pode referir-se indiferentemente a um elemento possuidor +humano (15a) como a um -humano (15b-c).
Com o elemento possuidor em função de tópico, a construção **ha-wən** refere-se tanto ao elemento possuidor humano (16a), como ao elemento possuidor não humano (16b):

(16a) *huni-**n*** *ha-**wən*** *piti* 'lit. do homem, a comida dele'
homem- GEN dem- INSTR comida
(16b) *kaman* *ha-**wən*** *piti* 'lit. do cachorro, a comida dele
cachorro- GEN dem- INSTR comida

3. PREDICADO DE POSSE

O elemento determinante (pro)nominal, marcado pelo caso genitivo **-n** ou instrumental **wən**, ocupa a posição de predicado com a sufixação do operador de aspecto 'estado' **-a**. A interpretação desse sintagma genitivo sugere a leitura de adjetivos possessivos:

III. POSSE PREDICATIVIZADA

SINGULAR		PLURAL
1a.	ə-n-a	nu-ku-n-a
2a.	mi-n-a	ma-tu-n-a
3a.	ha-wən-a	ha-tu-n-a ha-bu-n-a

Essas construções de posse predicativizada são freqüentes em situações dialogais com perguntas do tipo 'de quem é esse/isso?' (17a), cuja resposta requer a predicativização do elemento determinante (17b-c):

(17a)	tsua-**n**-**a**-mən	na	bakə-dan
	quem-GEN-ASP-INTER	DEM	criança-dan
	'De quem é esta criança?'		
(17b)	madiu-**n**-**a**-ki		
	Mário-GEN-ASP-ASS		
	'É (a) do Mário'		
(17c)	ə-**n**-**a**-ki		
	1SG-GEN-ASP-ASS		
	'É (a) minha'		

Com os elementos pertencentes à categoria -humanitude, a predicatividade da relação da/do só é possível por meio da construção genitiva de 3a. pessoa:

(18)	na	kaman	hiwə-ki	ha-**wən**-**a**(-dan)	bəna-ki
	dem	cão	casa(-ass),	3-INSTR-ASP(-dan)	nova-ASS
	'Esta é casa do cão. É a (casa) nova dele.'				

4. Propriedades subjetais e locativas do genitivo

A construção genitiva, em que o determinante (pro)nominal é marcado pelo sufixo -{a/i}n, pode ocupar a função de sujeito. Enquanto o elemento possuidor ocupa a função subjetal[13], o elemento possuído ocupa(ria) a função objetal (20):

(19)	huni-**n**	bakə	(pə-ai)	'o filho do homem (está bem).'
	homem-GEN	filho	(bem-PROG)	
(20)	huni-**n**	bakə-ø	uin-ai	'o homem está visitando o filho.'
	homem-A	filho-P	visitar-PROG	

[13] A construção genitiva *hawən* não compartilha a propriedade subjetal com os demais valores pronominais. A 3a. pessoa do singular não é representada fonologicamente como argumento (*cf.* Camargo, 2002a-b).

Esta afinidade morfossintática, também conhecida nas construções locativas, evidencia um traço semântico comum às construções genitiva e locativa, indicadas por -{a/i}n. Este morfema marca a função locativa, 'na rede' (21) ou ainda 'na casa' (22), tendo a interpretação desta ora como genitiva ora como locativa, dependendo da situação de comunicação.

(21) disi-**n** bakə-ø uʂa-ai
rede-LOC criança-S dormir-prog
'a criança está dormindo na rede.'

(22) madia-**n** hiwə
maria- GEN/LOC casa
(a) 'a casa de Maria' (é nova bəna-ki)
(b) 'na casa de Maria' (tem comida piti haɟaki)

Essa relação semântica entre locativo e genitivo pode estar subjacente nas construções genitivas, como ocorre no francês oral em que as construções tête de Marie e tête à Marie designam uma construção genitiva, sendo a segunda marcada pela preposição locativa à, evidenciando uma relação estreita e direta entre o genitivo e o locativo. Em (23), por exemplo, o termo determinado é uma parte do corpo, o que deixa plausível a interpretação de localização do referencial, sendo a natureza do ponto de referência e de sua relação com a entidade localizada, o fator diferenciador:

(23) madia-**n** buʂka
maria-GEN cabeça
(a) 'a cabeça de Maria'
(b) 'a cabeça no corpo do indivíduo chamado Maria'

5. Considerações finais

Vale lembrar que, na escala hierárquica do léxico (Silverstein, 1976, e Comrie, 1989, entre outros), o elemento animado é superiormente tratado em relação ao não animado. Dentre os animados, há um grau onde a pessoa está acima do nominal humano, que, por sua vez, está acima do nominal não humano. O léxico caxinauá indica claramente que a relação hierárquica entre +humano e -humano prevalece, podendo ser um parâmetro significante para a tipologia páno – como sugere o estudo comparativo em curso entre o caxinauá e o marúbo.

Os dados apresentados evidenciam a correlação universal entre relação gramatical, papel semântico e características semânticas do sintagma nominal, pois categorias semânticas de posse e tipos de construções de posse estão relacionadas a outras categorias de base de marcação de caso. Essa relação gramatical entre os diferentes papéis semânticos só ocorre com as construções, marcadas pelo morfema -{a/i}n, especificador de sujeito, de locativo e de genitivo. Relação esta que confirma o postulado de Silverstein (1976), de Comrie (1978) e de Dixon (1994), que aponta, nas línguas ergativas, o caso ergativo também como marca do caso genitivo.

No que se refere à escala hierárquica dos elementos, em sistemas de marcação de caso cindido, o caso 'ergativo' é geralmente usado com o nome da direita até o meio da escala hieráquica. Em caxinauá, são os clíticos de 1a. e de 2a. pessoa[14] e os nomes que ocupam esta escala de agentividade. No singular, a 3a. pessoa não aparece como argumento pronominal, porém, na construção genitiva, vem marcada pelo instrumental, e uma das razões dessa marcação pode ser a de que com esta pessoa a relação deve ser diferente, a tal ponto que, com ela, a distinção entre a relação +humano / -humano é neutralizada.

Vale ainda dizer que é raro encontrar na literatura das línguas amazônicas a noção extralingüística de posse como um estatuto privilegiado na estrutura da área semântica que cobre as construções possessivas nessas línguas. Sobressai muito mais uma análise morfológica do que a própria relação semântica entre os elementos. As diferentes estruturas sintáticas mostradas acima não são exclusivas do caxinauá, que compartilha muitos dessas características morfossintáticas e desses traços semânticos com outras línguas páno, reconhecendo no morfema -{a/i}n[15] um valor possessivo. Falta, todavia, um questionamento sobre a plurifuncionalidade desse morfema. Vimos que, em

[14] No plural, as duas 3a. pessoas aparecem como agentes somente para tirar a ambigüidade, ao passo que são obrigatórias como pacientes.

[15] Essas línguas pános conhecem o morfema *-n*, porém suas variantes são encontradas em caxinauá, em marúbo e em matsés (também neste volume).

caxinauá, questões relativas ao ponto de vista semântico-referencial ou da pragmática são, em alguns casos, explícitas em certas regras. Questões como essas ainda estão por serem explicitadas na literatura páno.

Referências bibliográficas

CAMARGO, E. Cashinahua personal pronouns in grammatical relations, *Current Studies on South American Languages*, Mily Crevels, Simon van de Kerke, Sérgio Meira, Hein van der Voort (eds.), Leiden, CNWS, pp. 149-168, 2002a.

_______. Ergatividade cindida em caxinauá, *Línguas Indígenas brasileiras: fonologia, gramática e história*, Ana Suelly A. C. Cabral e Aryon D. Rodrigues (orgs.), Belém, Gráfica Universitária, 2002b.

COMRIE, B. Ergativity, *Syntactic Typology*, W. Lehman (ed.), pp. 329-94, Austin: University of Texas Press, 1978.

COMRIE, B. *Language Universals and Linguistic Typology*. The University of Chicago Press, 1989 [1981].

COSTA, R. A expressão de posse em marubo. Comunicação apresentada na XVII ANPOLL, 2002.

CREISSELS, D. *Cuestiones de categorización en las construcciones posesivas*. Bogotá (ms), 1997.

CREISSELS, D. *Éléments de syntaxe générale*, Paris: PUF, 1995.

DIXON, R. W. *Ergativity*, Oxford, 1994.

LAZARD, G. 1994, *Actance*, Paris: PUF, 1994.

LOOS, E. La señal de Transitividad del Substantivo en los Idiomas Panos, Estudios Pano I, *Série Lingüística Peruana, 10*, Yarinacocha, CALAP, pp. 133-184, 1978.

MITHUN, M. *The languages of Native North America*. Cambridge University Press, 1999.

PAYNE, Th. *Describing Morphosyntax: A guide for Field Linguistics*. Cambridge University Press, 1997.

SILVERSTEIN, M. Hierarchy of features and ergativity, Dixon, R. (ed). *Grammatical categories in Australian languages*, (Linguistic Series, 22), AIAS, Canberra, pp. 112-171, 1976.

16

A CATEGORIA 'IDENTIFICATIVO' NA LÍNGUA MỸKY[1]

Ruth Monserrat

1. Em Mỹky, boa parte dos nomes, adjetivos e advérbios apresentam, em função predicativa ou não, um dos sufixos de uma categoria fechada que chamei de **'Identificativo'**. Por outro lado, outra porção bastante razoável deles não tem nenhum 'identificativo'. Nos nomes próprios pessoais e também em alguns nomes comuns relacionados a seres humanos alguns dos 'identificativos' são usados com bastante regularidade para marcar o sexo do referente; essa mesma oposição por sexo aparentemente se dá também com nomes de animais, embora os falantes em geral não admitam que dada forma de identificativo tenha algo a ver com o sexo do animal referido.

[1] O Mỹky é uma língua isolada, falada pelos povos Mỹky e Iranxe em duas regiões distintas do norte do Mato Grosso. Com quase 90 pessoas, a população Mỹky vive numa única aldeia, nas cabeceiras do córrego Escondido, município de Brasnorte. O povo Iranxe, com menos de 200 pessoas, vive na aldeia Cravari e ao longo do rio de mesmo nome, afluente do rio do Sangue, município de Diamantino. Os dois povos integram uma mesma língua - embora com algumas diferenças dialetais - e cultura, apesar do desnível entre os dois grupos em termos de relações com a sociedade nacional. Os Mỹky entraram em contato com a sociedade envolvente não indígena em 1971, enquanto os Iranxe estão em contato permanente com ela desde 1947. Os dois dialetos foram utilizados na análise da língua. A ortografia usada é a vigente na escola Mỹky.

Um sufixo 'identificativo' aparece também em construções verbais não finitas, sem marcadores número/pessoais subjetivos – a diferença das construções verbais finitas, em que eles são obrigatórios[2]. Inicialmente, eu estava chamando de 'infinitivos' os sufixos que ocorrem nessas construções. Mas, como eles tinham as mesmas formas que os 'identificativos', eu era obrigada a considerá-los homônimos destes. Parece-me agora mais coerente dizer que em qualquer situação o que se tem são sufixos 'identificativos', que ocorrem com nomes, adjetivos, advérbios e verbos, identificando seres, qualidades, estados, eventos, processos. Na parte 2, adiante, examino mais detidamente o comportamento sintático dos 'identificativos'. Nesta parte 1, fixo-me no 'identificativo' como categoria morfológica.

Os três 'identificativos' mais frequentes são: **-'u, -hu, -i/-y** (ao último corresponde **-li** em Iranxe). Alguns outros identificativos ocorrem com menor frequência que os mencionados. Não consegui detectar nenhuma regra para o emprego desse ou daquele representante do 'identificativo'. Os 'identificativos' **-hu** e –**'u** sofrem processo de harmonização com a vogal precedente, da seguinte maneira: A vogal do sufixo é ['**u**] quando a precedente é [**u, ɔ**]: **mjuhu** 'dente'; **mju'u** 'mãe'; **tohu** 'ir'; **po'u** 'engatinhar'. A vogal é [**y**] quando a precedente é [**y, ɛ, ə**]: **ky'y** 'queimar'; **tỹh̃** 'cozinhar'; **kare'y** 'andar'; **mjehy** 'bom, bem'; **mə'y** 'comprido', **moəhy** 'lavar'. A vogal é [**a**] quando a precedente é [**a**]: **ma'a** 'dia, luz', **mã'ã** 'campo', **nakaha** 'embrulhar, enrolar'. A vogal é [**i**] quando a precedente é [**i**]: **mihi** 'buraco'; **ĩhĩ** 'beber'; **ĩ'ĩ** 'colocar'; **a̲ti'i** [**əjti'i**] 'engolir'. Por outro lado, em um número bastante razoável de palavras com qualquer vogal final (exceto **e)** não há harmonização dos 'identificativos' considerados. Eles apresentam invariavelmente a vogal [i]: **mopa̲'i** 'mato'; **ma'i** 'grande'; **tutu'i** 'esp.pássaro'; **ku'i** 'esconder'; **mỹ'ĩ** 'mandioca';

[2] Assim, um verbo com Idf é necessariamente não finito, mas não é propriamente o Idf (já que nem todos os lexemas têm Idf) que define o caráter de finitude ou não-finitude do verbo e sim a presença ou não de N/P sujeito.

ahi 'paca'; **akohi** 'tucano'; **karuhi** 'jacutinga'; **nahi** 'um espírito'. Isso pode significar duas coisas: ou a forma com a vogal [i] é a mais neutra, menos marcada, mais básica, mais produtiva e as demais são formas opacas, cristalizadas; ou todas elas, inclusive as formas com [i] são igualmente cristalizadas. Não tenho condições de apoiar uma ou outra hipótese no momento. Apresento a seguir uma lista não-exaustiva da distribuição dos vários 'identificativos' por nomes, adjetivos, verbos e advérbios.

Exemplos do **'identificativo' -'u,** em suas variantes fonéticas **[-'u, -'i, -'a, -'y]:**

- nome: **mỹ'ĩ** 'mandioca'; **kje'y** 'pau, tronco'; **mã'ã** 'campo, bosta'; **kju'u** 'casa'; **u'i** 'fundo'; **mje'y** 'ferida'; **ao'u** 'pedra'; **ka'a** 'flecha'; **namy'i** 'mulher'; **mopa̲'i** 'roça'; **ju'u** 'vento'; **ona'a** 'cará'; **a'a** 'árvore'; **mju'u** 'mãe'; **pa̲'i** 'mato'
- adjetivo: **jepte'y** 'muitos'; **ma'i** 'grande'; **mjekju'u** 'lento'; **pytakao'u** 'muito forte'; **naky'i** 'bonito'; (e todos os derivados com o intensificador **-kao**);
- verbo: **pase'y** 'cantar'; **kare'y** 'caçar, andar'; **alỹ'ỹ (aỹỹ)** 'morrer'; **tâ'ĩ** 'escrever, pintar', **tã'ã** 'encher'; **taka'a** 'saber'; **paka'a** 'tomar banho'; **týpa'a** 'catar piolho'; **kõ'ũ** 'roncar'; **jamỹ'ỹ** 'mandar, enviar'; **kaa̲'y** 'abrir'; **to'u** 'cavar'; **o'u** 'plantar'; **alo'u (ao'u)** 'furar'; **a'i** 'trançar'; **ku'i** 'enrolar'; **tata'a** 'tecer, flechar'; **ĩ'ĩ** 'guardar, colocar'; **tamalo'u** 'puxar';

Exemplos do **'identificativo' -hu,** em suas variantes fonéticas **[-hu,-hi,-ha,-hy]:**

- nome: **muhu** 'chuva'; **mihi** 'buraco'; **mjuhu** 'dente'; **matohu** 'esp. macaco'; **ma̲hy** 'fruta'; **mĩhĩ** 'polvilho'; **kukuhi** 'esp gavião'; **kjorohu** 'morro, monte'; **irehy** 'sol';
- adjetivo: **mjehy** 'bom'; **irehy** 'quente'; **miaha** 'oco, vazio'; **mjuhu** 'afiado'; **ma̲hy** 'comprido'; **mjehy** 'bom'; **xaa̲hy** 'enforquilhado'; **irehy** 'quente, ensolarado'; **kaka̲hy** 'certo, correto'; **jayhy** 'fedido, podre';
- verbo: **paihi** 'rir'; **tỹhỹ** 'assar'; **ju'a̲hy** 'ferver'; **ta̲hy** 'cortar'; **alehy (aa̲hy)** 'costurar'; **kohu** 'raspar'; **kolehy (koa̲hy)** 'descascar'; **ĩhĩ** 'beber'; **ahi** 'olhar, espiar'; **jỹhỹ** 'doer'; **tatxehy** 'varrer';

- construção adverbial: **na̲namãhã** 'agora, hoje'; **tánamãhã** 'então, no outro dia', **unpjaha** 'lá'; **ijãnkjehy** 'no caminho';

Exemplos do **'identificativo' -i/-y (-li).** Em nomes, ocorre às vezes uma forma alternante a essas com **-xi**:

- nome: **ajã(ajãli)** 'bola'; **atjapai (atjapali)** 'raiz'; **a̲puwy (a̲puli)** 'sapé'; **iriwy/irixi (irili/irixi)** 'esp.cajuzinho'; **kaa̲rai (kalérali)** 'fuso'; **iwui (iwuli)** 'verão, tempo da seca'; **ma̲nãi (ma̲nãli)** 'rio'; **mjuwy (mjuli)** 'casca, couro'; **mapuwy (mapuli)** 'pena, pelo'; **kjaruwy (kjaruli)** 'íngua'; **tjukai (tjukali)** 'castanha';
- adjetivo: **takurai (takurali)** 'curvo'; **xikai (xikali)** 'amarelo'; **iwui (iwuli)** 'seco'; **jerai (jerali)** 'feio'; **ikapai (ikapali)/ikapaxi** 'pequeno'; **wátuhowy (wátuholi)** 'todos'; **kalỹnỹy (kaỹnỹli)** 'verde'; **mjuwyy (mjulyli)** 'cheiroso'; **kjaatai (kjalatali)** 'colorido, pintalgado';
- verbo: **tãi (tãli)** 'ralar'; **kayy (kalyli)** 'arrastar'; **sãõwy (sãlõli)** 'pingar'; **paai (palali)** 'rasgar'; **koy (koli)** 'descascar, raspar'; **kjanãi (kjanãli)** 'gostar'; **taka̲wyy (taka̲wyli)** 'marcar o rumo'; **utakaai (utakalali)** 'carregar, roubar';
- advérbio: **mokoowy/mokoori (mũkuloli/mũkulori)** 'antigamente';

Nos nomes próprios masculinos, o identificativo é normalmente **-i/-y/-wy (-li)** ou **-xi**, e nos femininos, **-u (-lu)** ou **-si**. Eis alguns nomes próprios masculinos regulares: **Janãi (Janãli)/Janãxi; Xinũi (Xinũĩi)/Xinũxi; Jama̲i (Jama̲li) /Jama̲xi;** tenho excepcionalmente dois nomes masculinos com **-si** como identificativo: **Tapura/Tapurasi, e Jowasi (Jolasi).** Exemplos de nomes próprios femininos: **Juruu (Jurulu) /Jurusi; Kapa̲tau (Kapa̲talu)/ Kapa̲tasi; Kamũ/Kamũnũ (Kamũlũ)/Kamũsi; Marikau (Marikalu)/Marikasi.**

Não se trata, em cada par, de variação do mesmo nome: um homem é **Janãxi** ou **Janãi (Janãli),** uma mulher é **Juruu (Jurulu)** ou **Jurusi** (eu mesma recebi o nome **Atusi** e tenho uma xará na aldeia que é **Atuu),** embora no uso corrente a omissão do sufixo torne os dois nomes do par iguais: **Janã, Juru, Marika, Kapa̲ta, Xinũ, Atu,** etc. Aliás, a palavra que significa 'xará' também apresenta oposição entre masculino e feminino, respectivamente: **jéwai (jéwali) / jéwau (jéwalu)**.

Há ainda certos outros objetos, seres animados, espíritos, 'yetás' (seres rituais sagrados) que apresentam um ou outro desses identificativos: **uawãxi (ulawãxi)** 'tipo de yetá'; **Wanãi (Wanãli)** 'ser mitológico'; **Inũi (Inũli)** 'ser mitológico'.; **jakowy (jakoli)** 'antropófago'; **namyy (namyli)** 'esposa'; **Kurai (Kurali)** 'designacão do povo Paresi'; **jakuwy (jakuli)** 'esp.de flauta e dança'; **mãxapuwy (mãxapuli)** 'tipo de yetá'; **Wanãi (Wanãli)** 'ser mitológico'; **Xĩkaruwy (Xĩkaruli)** 'ser mitológico'.

Em nomes de animais os identificativos que ocorrem com mais frequência são: **-i (-li), -xi, -si, -u (-lu), -'u, -hu:**

- **tiwakai (tiwakali) /tiwakaxi** 'jacaré'; **ikui/ikuy (ikuli)** 'tartaruga'; **mówy (móli)/móxi** 'caitetu'; **kaatai (kalatali)** 'borboleta'; **kawai (kawali)/kawaxi** 'tucura'; **tumãi (tumãli)/tumãxi** 'picapau'; **aãi (aãli)/aãxi (alãxi)** 'baitaca'; **matohu / matosi** 'macaco zogue-zogue'; **mjatai (mjatali)/mjatasi** 'mosca'; **kutanũ/kutãlu** 'cachorro do mato'; **maky'y/makyxi** 'cutia'; **pju'u** 'esp.marimbondo';

Com base na existência - nos nomes próprios e em palavras designativas de indivíduos ou grupos de humanos - de formas características para o sexo masculino e feminino, pode-se levantar a hipótese de que também nos termos referentes a animais as alternâncias **-li, -xi, -si -lu** estariam relacionadas ao sexo dos mesmos. Haveria uma forma neutra (**maky'y,** por exemplo, ou alguma outra sem identificativo) e formas marcadas para sexo (**makyxi** 'cutia macho'; **ma̲ksi** 'cutia fêmea').

Infelizmente, não consegui verificar uma regularidade sistemática nessas palavras: para um mesmo animal (aparentemente), por exemplo numa história, ora tenho a forma em **-xi**, ora em **-si,** ora ainda uma terceira ou quarta, por vezes sem relação explícita com sexo. Tendo a achar, apesar disso, que pelo menos para os identificativos em questão, utilizados na referência a seres animados (humanos, animais, espíritos), ainda persiste tal oposição, embora em processo de enfraquecimento.

Por outro lado, não há como atribuir significado coerente a essas e outras formas de sufixos identificativos em palavras que designam objetos, ações, eventos, qualidades, etc, ainda mais que existe, como já disse, grande número de palavras que, pelo menos nos meus dados, nunca apresentam qualquer 'identificativo'.

Exemplos de palavras **sem 'identificativo'**:

- nome: **tikãta** 'chefe'; **papy** 'rede'; **upa** 'cobra'; **ánũ** 'sapo'; **ijã** 'caminho'; **kataty** 'arara'; **kuratu** 'milho'; **maty** 'cabeça'; **pyri** 'cesto'; **xanã** 'sepultura'; **xĩta** 'espuma, esperma'; **xĩku** 'esp.papagaio'; **wãjaĩni□** 'urtiga'; **mipi** 'corda';
- adjetivo: **ka̲ja** 'gostoso'; **yty** 'liso'; **tupa** 'raso, curto'; **juwyri** 'frouxo'; **pata** 'baixo'; **opa** 'alto'; **jarõki** 'torto'; **maá̲ta** 'bonito'; **uiti** 'sujo'; **ika** 'doce'; **ura** 'brabo'; **nakata** 'branco, claro'; **kyty** 'preto'; **pãpy** 'leve'; **kotu** 'pesado'; **jamã** 'pequeno'; **mŷky** 'escuro'; **mjati** 'frio';
- verbo: **ãka** 'comer'; **kopy** 'carregar no braço'; **kunã** 'enrolar'; **jamã** 'dar'; **kapy** 'cobrir, tapar'; **xepa** 'remar'; **manánũ** 'trabalhar';
- numeral/advérbio: **numã** 'dois, poucos'; **kỹtapy** 'um, sozinho, solteiro'; **jotapy** 'outro, diferente'

O sufixo negativo **-pu** poderia, à primeira vista, parecer mais um identificativo, 'negativo' em relação à forma correspondente sem **-pu**, que pode em outras situações apresentar ou não um identificativo. Por exemplo, em **mjuhu** 'afiado', o elemento **-hu** é o 'identificativo', e em **jamã** 'pequeno' não há nenhum 'identificativo'; as formas negativas desses adjetivos são, respectivamente, **mjupu** 'cego' (sem seu 'identificativo' normal) e **jamãpu** 'grande'.

Por que, então, não interpretar **-pu** como 'identificativo negativo genérico'? O argumento mais forte contra essa interpretação é que **-pu**, à diferença dos 'identificativos' regulares, tem um significado próprio - não é semanticamente vazio como eles (ressalvados os casos mencionados) e, além disso, nunca pode ser omitido, ao contrário dos identificativos. Esse morfema é, portanto, um formativo lexical, que deriva, a partir de um adjetivo outro com significado contrário ou inverso.

2. Um sufixo 'identificativo' aparece também em construções verbais não finitas, sem marcadores número/pessoais subjetivos – à diferença das construções verbais finitas, em que eles são obrigatórios[3]. Inicialmente, eu estava chamando de 'infinitivos' os sufixos que ocorrem nessas construções. Mas, como eles tinham as mesmas formas que os 'identificativos', eu era obrigada a considerá-los homônimos destes. Parece-me agora mais coerente dizer que em qualquer situação o que se tem são sufixos 'identificativos', que ocorrem com nomes, adjetivos, advérbios e verbos, identificando seres, qualidades, estados, eventos, processos. Examino, então, mais detidamente, o comportamento sintático dos 'identificativos'.

Todos os predicados são verbais nessa língua. Um predicado é ativo ou não ativo. O ativo é expresso por um Verbo Ativo (que tem como radical um lexema verbal transitivo ou intransitivo, e não apresenta sufixos aspectuais estativos). O não ativo é estativo ou não estativo. O predicado não ativo estativo é expresso por um Verbo Estativo (que tem como radical um adjetivo primário ou construção adjetiva derivada, ou apresenta sufixos aspectuais 'estativos'). O predicado não ativo não estativo é expresso por um Verbo Não Estativo (que tem como radical um nome ou construção nominal, um advérbio ou construção adverbial).

No que diz respeito aos 'identificativos', o que torna as coisas complicadas é que, embora adjetivos e advérbios em função predicativa (ou seja, como verbos estativos), ou nomes em função predicativa (ou seja, como verbos não estativos) tendam a conservar o sufixo identificativo, isso nem sempre acontece, e ao mesmo tempo muitas vezes eles o conservam mesmo estando em função não predicativa (em **are'y maâ̱ta** 'eu (sou) bonito', por exemplo, o

[3] Assim, um verbo com Idf é necessariamente não finito, mas não é propriamente o Idf (já que nem todos os lexemas têm Idf) que define o caráter de finitude ou não-finitude do verbo e sim a presença ou não de N/P sujeito.

pronome pessoal 'eu', na função de sujeito, mantém o -'y 'identificativo' - que nesse caso particular tem um significado de ênfase: '<u>eu</u> sou bom'). Por outro lado, também os verbos ativos, de forma aparentemente aleatória, ora estão em forma finita (sem 'identificativo'), ora em forma não finita (com 'identificativo'). Vejamos, então, os exemplos.

A. <u>Verbo estativo</u>

a) em forma não finita:

- Juru (are'y, jãi, sẽĩ) x̃ip-jo-hu
  Juru (eu, nós, você) ter medo-estat-Idf
  'Yuru (eu, nós, você) está com medo'
- pijãpa jepte-'y
  estrela muito-Idf
  'há muitas estrelas' (ou 'as estrelas são muitas')
- anỹ mjopa̲ ma-'i
  ele roça grande-Idf
  'a roça dele é grande'
- jãi maka̲wa
  nós magro
  'somos magros'(sem Idf)

b) em forma finita:

- sẽĩ x̃ip-jo-si
  você ter medo-estat-2s
  'você está com medo'
- Juru x̃ip-jo-ø
  Juru ter medo-estat-3
  'Yuru está com medo'
- maka̲wa-re
  magro-1pl
  'somos magros'

B. <u>Verbo não estativo</u>

a) em forma não finita:

- Juru ka̲ára-n-kje-hy
  Juru fuso-def-loc-Idf

'Yuru está no fuso' (está fiando)

- kaa̱ manỹpja-ha
  cabaça for a-Idf
  'a cabaça está lá fora'
- are-'y tikãta
  eu-Idf chefe
  'eu sou o chefe'
- radio kapy
  rádio perto
  'o rádio fica perto'

C. Verbo ativo

a) em forma não finita:

- are (Tapura, jãi) to-hu
  eu (Tapurá, nós) ir-Idf
  'eu (Tapurá, nós) fui (foi, fomos)'
- jétanãkanã mía manânũ, kuratu o-'u
  com.yetá homem trabalhar (sem Idf), milho plantar-Idf
  'com a yetá os homens trabalham, plantam milho'
- mía kare-mtja-i
  homem caçar-fut.imed-Idf
  'um homem vai (agora) caçar'
- \- Are Jama̱-xi. Tapirape pai-hi.
  eu Jama̱-Idf. Tapirape rir-Idf
  '- Eu sou Jama̱xi. Os tapirapé riram.'
- tapirape paka-'a manãmĩkanã-hã kjuupa-i ximjo-hu
  tapirapé banhar-Idf água.lodosa-Idf feio-Idf ter.medo.estat-Idf
  'os tapiraé tomam banho, a água é lodosa, é feio, dá medo'
- are ximjo-hu, are mije-i jawujo-sa, ximjo-hu, jukajo-hu
  eu ter.medo-Idf eu pensar-Idf doente-discurso.inter, ter medo-Idf, enjoar-Idf
  'eu estava com medo; pensei, estou doente, estou enjoado'

b) em forma finita:

- Tapura to-mỹ
  Tapura ir-3
  'Tapura foi-se'
- mía manânũ-nama̱mjũ

homem trabalhar-habit.pl-3
'os homens trabalham'

- kanoa-kapy tapirape opyra-mỹ
  canoa-com tapirapé ir.chamar-3
  'os tapirapé chamaram para ir de canoa'

D. Sintagma nominal

- opa-jãta-i to siku-mỹ
  alto-carro-Idf ir cair-3
  'o avião aterrissou' (com Idf) SUJEITO
- namy tata-ma̲ s̃ika̲ papy-nỹ
  mulher tecer-3pl cinco rede-def
  'as mulheres teceram cinco redes' (sem Idf) SUJEITO
- jãta mja sawa-ré-ta-ni
  carro grande carregar-1pl-inf-pragm
  'estamos trazendo carro grande' (sem Idf) OBJETO
- jãta-i jamã-pju-pe, papy, ãwãka̲nã
  carro-Idf vender-obj.pl-1dual, rede, borracha
  'nós dois vendemos para eles o carro, rede, borracha' (com Idf) OBJETO
- wátuho mopa̲-'i xahtako-hu
  todos roça-Idf voltar-Idf
  'todos voltaram da roça' (sem Idf) SUJEITO
- wátuho-wy to-hu
  todos-Idf ir-Idf
  'todos se foram' (com Idf) SUJEITO

E. Sintagma adverbial

- ná̲namã mje-rakapjunama̲pi
  agora bem-estamos.com.eles
  'agora estamos bem com eles (os civilizados)' (sem Idf)
- ná̲namã-hã jãta-kyjak-jaka
  agora-Idf carro-ser.dono-estamos
  'agora estamos tendo carro'
- ta-nama̲-pi
  anaf-habit-1pl
  'assim estamos' (sem Idf)
- ta-i kewa-n a-pju-nama̲-pi-nã

anaf-Idf civilizado-def ver-obj.pl-1pl-disc
'então sempre vemos os civilizados' (com Idf)

Observação sobre a representação -ø para marcar a 3ª pessoa e também a omissão de uma categoria. O problema é que quando não está presente um Idf, há ambiguidade superficial, na 3ª pes singular, entre forma verbal finita e não finita (nas outras pessoas não há tal ambiguidade):

- mỹky pje'y ma-'i
  mỹky terra grande-Idf
  'a terra dos mỹky é grande' NÃO FINITA
- a) mỹky pje'y jamã
  mỹky terra pequeno
  'a terra dos mỹky é pequena' NÃO FINITA
- b) mỹky pje'y jamã-ø
  mỹky terra pequeno-3
  'a terra dos mỹky é pequena' FINITA

Compare-se com a oração seguinte, onde a presença de **–ju** atesta, sem ambigüidade, uma forma finita:

- Tapura mjopa 'i ma-ne-ju
  Tapura roça grande-hab-3
  'a roça de Tapurá costuma ser grande' FINITA

Abreviaturas

aleat aleatório; **anaf** anafórico; **aten** atenuativo; **cl=** pragmática: mesma classe; **cl≠** pragmática: classes diferentes; **cl≠:emp** classes diferentes: empatia; **compl** completo; **conces** concessivo; **concl** conclusivo; **culm** culminativo; **def** definido; **delim** delimitativo; **dimin** diminutivo; **disc** discurso; **disc.inter** discurso interior; **disper** dispersivo; **enf** enfático; **espec** especulativ; **est** estativo; **frust** frustrativo; **fut** futuro; **fut.imed** futuro imediato; **gen genérico; grad** gradual; **hab** habitual; **hab.impes** hábito impessoal; **ident** identificativo; **imper** imperativo; **imperf** imperfectivo; **indef**

indefinido; **infer** inferencial; **inint** ininterrupto; **intens** intensificador; **inter** interrogativo; **iter** iterativo; **lig** ligação oracional; **loc** locativo; **neg** negação **neg.abs** negação absoluta; **neg.def** negação definitiva; **ngrad** não gradual; **nom** nominalizador; **obj** objeto; **obl** oblíquo; **partic** particípio; **pas** passado **pas.rem** passado remoto; **perf** perfeito; **perfec** perfectivo; **perm** permansivo; **pl** plural; **pos** possuído; **pres** presente; **progr** progressivo; **recipr** recíproco; **refl** reflexivo; **result** resultativo; **SN** sintagma nominal; **subord** subordinador; **surpr** surpresa; **voc** vocativo; **1, 2, 3dual** 1ª, 2ª, 3ª pessoa dual; **1obj, 2obj, 3obj** 1ª, 2ª, 3ª pessoa singular objeto; **1pl.obj, 2pl.obj, 3pl.obj** 1ª, 2ª, 3ª pessoa plural objeto; **1s, 2s, 3s** 1ª, 2ª, 3ª pessoa singular sujeito; **1pl, 2pl, 3pl** 1ª, 2ª, 3ª pessoa plural sujeito

SOBRE OS AUTORES

Aryon Dall'Igna Rodrigues (Organizador) é professor emérito da Universidade de Brasília, onde criou o Laboratório de Línguas Indígenas e lidera, juntamente com Cabral, o Grupo de Pesquisa Línguas Indígenas. Doutorou-se em 1959 na Universidade de Hamburgo, Alemanha, com uma tese sobre a fonologia da língua Tupinambá. Foi professor nas universidades federais do Paraná e do Rio de Janeiro e na Unicamp. Na Universidade de Brasília, foi chefe do Departamento de Lingüística e coordenador-geral de pós-graduação de 1963 a 1965 e a ela reintegrou-se em 1988. Foi professor visitante na Universidade de Cornell e na Universidade da Califórnia/Berkeley, nos Estados Unidos, na Universidade de Leiden, na Holanda, e na Universidade de Münster, na Alemanha. Publicou o livro *Línguas brasileiras*: *introdução ao estudo das línguas indígenas*, o qual foi incluído entre os cem principais livros do século XX pela Câmara Brasileira do Livro. É autor de vários capítulos de livros publicados no Brasil, nos Estados Unidos e na Inglaterra, assim como de cerca de uma centena de artigos sobre questões de lingüística, principalmente sobre línguas indígenas brasileiras. É membro honorário da Linguistic Society of America (LSA) e da Society for the Study of the Languages of the Americas (SSILA).

Ana Suelly Arruda Câmara Cabral (Organizadora) é professora de lingüística na Universidade de Brasília, onde atua no Departamento de Lingüística, Línguas Clássicas e Vernácula e no Laboratório de Línguas Indígenas, liderando também, com Rodrigues, o Grupo de Pesquisa Línguas Indígenas. Depois de ter estudado em

Paris, fez seu doutorado na Universidade de Pittsburgh, nos Estados Unidos, com uma tese sobre a língua Kokáma do Alto Amazonas, defendida em 1995. Antes de se transferir para a Universidade de Brasília, foi professora da Universidade Federal do Pará, na qual orientou nove dissertações sobre línguas amazônicas. Tem, entre suas publicações, vários capítulos de livros e diversos artigos em revistas acadêmicas. Foi coordenadora do Grupo de Trabalho sobre Línguas Indígenas da Associação Nacional de Programas de Pós-Graduação em Letras e Lingüística (ANPOLL) e organizou um primeiro encontro internacional de especialistas em línguas indígenas sul-americanas em Belém, em 2001.

Eliane CAMARGO, pesquisadora do Centre d'Études des Langues Indigènes d'Amérique (CELIA), Paris, estuda principalmente as línguas Kaxinawá (Páno) e Wayána (Karíb).

Angel CORBERA Mori, professor adjunto do Instituto de Estudos da Linguagem da Universidade Estadual de Campinas (Unicamp), estuda a língua Aguarúna (Jívaro) do Peru e orienta estudos sobre línguas brasileiras da família Aruák.

Wilmar da Rocha D'ANGELIS, professor adjunto do Instituto de Estudos da Linguagem da Universidade Estadual de Campinas (Unicamp), estuda a língua Kaingáng (Jê) e orienta estudos sobre o Guaraní. Dedica-se também a programas de educação para povos indígenas.

Luciana Gonçalves DOURADO, professora adjunta do Instituto de Letras da Universidade de Brasília, estuda a língua Panará (Jê) e colabora em programas educacionais dos Panará.

Dulce FRANCESCHINI, professora adjunta da Universidade Federal do Amazonas, estuda a língua Mawé ou Sateré-Mawé (Tupí) e trabalha também com as comunidades indígenas estabelecidas em Manaus, AM.

Dioney Moreira GOMES, doutorando em lingüística na Universidade de Brasília, estuda a língua Mundurukú (Tupí).

Daniele Marcelle GRANNIER, professora adjunta do Instituto de Letras da Universidade de Brasília, estuda as línguas Guaraní antiga (Tupí-Guaraní) e Xerénte (Jê).

Marina Maria Silva MAGALHÃES, doutoranda em lingüística na Universidade de Brasília, estuda a língua Guajá (Tupí-Guaraní).

Ruth Maria MONSERRAT, professora adjunta na Faculdade de Letras da Universidade Federal do Rio de Janeiro, estuda as línguas Awetí (Tupí) e Mynký (Irántxe) e colabora em projetos educacionais para diversos povos indígenas.

Frantomé PACHECO, pesquisador no Departamento de Lingüística da USP, estuda a língua Ikpéng (Karíb).

Francisco QUEIXALÓS, pesquisador do CNRS e do IRD (França) e pesquisador associado no Laboratório de Línguas Indígenas da Universidade de Brasília, estuda as línguas Sikuáni da Colômbia e Katukína da Amazônia brasileira.

Eduardo Rivail RIBEIRO, pesquisador no Museu Antropológico da Universidade Federal de Goiás, estuda as línguas Karajá e Ofayé (ambas do tronco Macro-Jê).

Marília Facó SOARES, professora adjunta do Museu Nacional, Universidade Federal do Rio de Janeiro, estuda a língua do povo Tikúna (ou Tukúna) do rio Solimões e coopera em projetos educacionais desse povo.